sous la direction de
Michel Balard,
professeur à Paris I — Sorbonne

W0215364

Cités et royaumes du monde grec : espace et politique

Jean-Marie Bertrand

HACHETTE

Document de couverture : Le théâtre de Pergame. Photo Parra-Bordas-DIAF.

ISBN 2-01-017029-6

© Hachette, Paris, 1992

La loi du 11 mars 1957 n'autorisant aux termes des alinéas 2 et 3 de l'Article 41, d'une part, que les « copies ou reproductions strictement réservées à l'usage privé du copiste et non destinées à une utilisation collective », et d'autre part, que les analyses et les courtes citations dans un but d'exemple et d'illustration, « toute représentation ou reproduction intégrale, ou partielle, faite sans le consentement de l'auteur ou de ses ayants droit ou ayants cause, est illicite ». (Alinéa 1er de l'Article 40).

Cette représentation ou reproduction, par quelque procédé que ce soit, sans autorisation de l'éditeur ou du Centre français du Copyright (6 bis, rue Gabriel-Laumain, 75010 Paris), constituerait donc une contrefaçon sanctionnée par les Articles 425 et suivants du Code pénal.

Introduction

Les Grecs passent pour avoir inventé et construit la cité (*polis*). Les participants à la vie politique, les citoyens (*politai*) devaient trouver dans son cadre le « bien-vivre » et pouvoir y développer librement toutes les qualités intellectuelles et morales de l'honnête homme (*kalos kagathos*) en y exerçant toutes les responsabilités correspondant à leurs capacités. C'est Aristote qui a le mieux explicité comment la cité était la forme naturelle d'organisation de la société humaine, la seule aussi qui convînt à « l'animal politique » par excellence qu'était l'homme, « se formant pour permettre de vivre, elle existait pour permettre de vivre bien » (*Politique*, I, 1252b).

La cité est un groupe humain qui parle et s'exprime en des décrets signifiant sa volonté : « il a plu à la cité » disent les premiers textes inscrits pour publication, « il a plu au conseil et au peuple, un tel a fait la proposition, un tel l'a mise aux voix » proclament ceux des époques ultérieures, quand il parut nécessaire de mettre en évidence ce qu'étaient les rouages de la procédure de prise de décision. Ce sont les Athéniens qui décident, ou les Lacédémoniens, les Thébains et non des entités qui seraient Athènes, Sparte ou Thèbes. Ils sont des hommes regroupés entre égaux (l'égalité peut être arithmétique ou tenir compte de rapports de proportion, réservant aux uns et aux autres plus ou moins de droits et de devoirs), ils associent à leur vie quotidienne d'autres êtres humains qu'ils ne considèrent pas comme capables de participer à la parole collective : des esclaves, des paysans parfois qui vivent dans une situation de dépendance telle qu'ils sont « entre l'homme libre et l'esclave », des étrangers aussi. Les femmes jouissent d'un statut ambigu : elles n'ont pas accès aux droits politiques bien que l'on sache que c'est par elles que la cité se perpétue, mais leur rôle est essentiel dans le rapport au sacré, elles participent à nombre de cérémonies religieuses et parfois les président.

Réalité humaine, la cité se trouve implantée sur un terroir qui lui est territoire. Dans sa forme achevée, la cité est constituée « d'une ville et de la campagne » qui l'entoure (*polis kai chôra*). Cette formule même fait apparaître ce qu'est l'ambiguïté du terme *polis* qui désigne à la fois la *ville*, réalité géographique, et la *cité*, système d'organisation sociale, mais elle rend compte de ce que la cité doit participer de l'urbanité : le « bien vivre » est l'apanage des seuls hommes capables d'investir une partie de leur richesse en équipements collectifs, non directement productifs.

Les rapports que le groupe des citoyens entretient avec son terroir sont fort complexes : Alcée, le poète, avait, dès les origines, dit que « ce ne sont pas les pierres, ni les bois de charpente, ni l'art des charpentiers qui font la cité ; mais que, partout où se trouveront des hommes qui savent comment assurer leur salut, là se trouvent les remparts, là se trouve la cité » (Alcée, éd. Lobel-Page, fg. 103). Les implications de cette formule heureuse ne sont pas aisées à comprendre, mais on sait que durant l'expédition que les Athéniens menèrent en Sicile, en 413, le stratège Nicias voulut convaincre ses troupes qu'elles constituaient une cité partout où elles s'installaient : « ce sont les hommes qui font une cité, non des remparts ou des vaisseaux vides d'hommes », prétendit-il leur dire (Thucydide, *La Guerre du Péloponnèse*, VII, 77, 7). Le discours, nourri du souvenir des vers du poète, était de circonstance, et avait pour but de réconforter des soldats, coupés de leurs bases, engagés trop loin de chez eux dans une guerre qu'ils étaient sur le point de perdre. Pour ce faire, il prétendait dénier toute pertinence à l'idée selon laquelle ses hommes auraient été isolés : en supprimant pour eux la nécessité de se situer par rapport à leur territoire, en réduisant la cité à n'être plus que son armée, il pouvait les délivrer de toute inquiétude fondée sur leur éloignement par rapport à la ville, ce n'était que rhétorique de veille de bataille. Plus significative, car plus efficiente, fut l'attitude des rameurs de la flotte athénienne mouillée dans le port de Samos, escale lointaine mais commode pour qui devait garantir la sécurité des routes maritimes égéennes dans une période difficile. En 411, ils refusèrent de se rallier au gouvernement oligarchique dit « des 400 » qui venait de prendre le pouvoir à Athènes et avaient fait voter des réformes inacceptables pour les marins qui, en raison de leurs origines sociales, étaient, pour la plupart, des démocrates. Forts de leur nombre et de ce qu'ils tenaient les vaisseaux, ils n'acceptèrent pas d'avaliser ce qu'ils appelèrent la « défection de la ville, de la *polis* » (Thucydide, *La Guerre du Péloponnèse*, VIII, 76, 3) et se prétendirent les seuls à pouvoir légitimement délibérer, parce qu'ils étaient les plus nombreux, des affaires de la cité : pour eux, celle-ci n'avait de centre et de réalité que dans le lieu, quel qu'il fût, où ils se trouvaient réunis.

Les choses ne sont pas toujours aussi simples. Lorsque durant la seconde guerre médique (480), les Athéniens se furent réfugiés sur leurs vaisseaux, laissant dans l'île de Salamine leurs femmes et leurs enfants, la ville fut prise par Xerxès et incendiée, le territoire continental de la cité, l'Attique, était occupé. En revanche, le groupe humain que constituait la cité, n'était pas entamé ; bien au contraire, les Athéniens restaient redoutables puisque leur flotte était intacte. Lors, néanmoins, des ultimes délibérations de l'ensemble des Grecs associés dans la Ligue de Corinthe pour lutter contre les barbares, il se trouva un délégué, Adeimantos de Corinthe pour dire à Thémistocle (celui qui représentait Athènes à la réunion, qui avait été l'organisateur de la résistance et qui serait le responsable de la victoire), qu'il n'avait plus droit d'émettre un avis, car, en raison de la destruction d'Athènes, il était devenu un homme « sans cité », *apolis anèr*, un apatride. Il fallut que Thémistocle fasse admettre « que les Athéniens avaient une cité et une terre plus grande que tout autre Grec, car tant qu'ils auraient deux cents vaisseaux, il n'y aurait personne qui pourrait leur résister » (Hérodote, *Histoires*, VIII, 60 sq.). Hérodote, qui rapporte cet épisode, est persuadé de la validité de l'argumentation de Thémistocle, mais il comprend bien, aussi, quelle conception politique sous-tend le discours d'Adeimantos et il sait parfaitement qu'on ne peut lui dénier toute valeur. Aussi s'attache-t-il à démontrer qu'Athènes n'était pas véritablement détruite comme celui-ci l'avait pensé et que le débat, ainsi ouvert, était donc sans objet. Il explique que les dieux ancestraux étaient toujours sur l'Acropole car, « lorsque les bannis d'Athènes commandés par le roi pour offrir les sacrifices, le lendemain de l'incendie, montèrent au sanctuaire, ils constatèrent que de la souche de l'olivier qui se trouvait dans le sanctuaire d'Érechtée, avait poussé un rejeton d'une coudée » : c'était là preuve évidente que la déesse était toujours dans la citadelle et avec elle ses « enfants ».

Les Grecs pouvaient concevoir que le lien entre le groupe humain et son terroir se rompe sans que la cité disparaisse ; il n'existait pas néanmoins de cités durablement « sans territoire » : les hommes qui les composaient étaient si bien attachés à leur sol, que l'expérience de l'exil était vécue par tout groupe de citoyens comme particulièrement traumatisante, qu'il n'était pas d'exilés qui ne songent à rentrer chez eux quand ils avaient été chassés de leur domaine ancestral. Quelques anecdotes peuvent suffire à montrer combien chacun avait parfaitement conscience de ce qu'une cité devait vivre en un lieu donné et qu'elle ne pouvait être mouvante au gré des hasards et de la fortune des guerres.

En 457, les Spartiates réussirent à réduire les Messéniens révoltés depuis 462; certains purent quitter leur pays et les Athéniens les installèrent à Naupacte où ils auraient pu se fixer sans songer à autre chose qu'à mettre en valeur la région. Pourtant, ils ne voulurent pas oublier leurs origines : en 425, quand les Athéniens eurent conquis Pylos, les Messéniens dits alors « de Naupacte », fils des exilés de naguère, se précipitèrent pour s'y installer, arguant du fait que la ville « appartenait à l'ancienne Messénie ». Ils purent de là mener des expéditions et ravager la Laconie. En 421, ils furent chassés à nouveau; installés à Céphalonie, ils continuèrent avec leurs compatriotes de Naupacte à aider les Athéniens jusqu'à la fin de la guerre. En 404, les Spartiates vainqueurs les en expulsèrent et ils durent partir, les uns pour Cyrène, les autres pour la Sicile où ils fondèrent une ville. Quand le Thébain Épaminondas, trente ans plus tard, en 370, refonda Messène après avoir écrasé les Spartiates à Leuctres, ils accoururent pour participer à l'aventure. Le groupe politique, en dépit de ses déplacements successifs et du temps passé au loin, des terres défrichées et mises en valeur ailleurs, ne se sentait à sa vraie place que dans son domaine ancien.

Les Platéens se trouvèrent, à la même époque, dans la même situation. En 427, la ville fut détruite par Thèbes; ils s'installèrent à Athènes dont ils reçurent alors, ensemble, la citoyenneté. Ils ne voulurent pourtant pas se fondre dans la population de leur cité d'accueil, et gardèrent entre eux des liens étroits de solidarité. En 421, les Athéniens les logèrent dans Skionè dont ils venaient d'exterminer les habitants. En 404, les Spartiates les en chassèrent, mais, en 386, ce furent eux qui, pour faire pièce à Thèbes, les réinstallèrent en Béotie, sur le site ancien de leur ville. Les survivants, sans doute peu nombreux, des exilés de 427, leurs descendants, en tout cas, se retrouvèrent chez eux. Thèbes les chassa de nouveau en 373 et ils retournèrent à Athènes qui leur avait conservé leurs droits de bourgeoisie. Leur longue errance ne cessa qu'après 336, quand Thèbes eut été détruite par Alexandre.

Le groupe humain ne concevait pas, en fait, qu'il pût exister en tant que cité sans maîtriser un sol qui lui appartînt légitimement. Cette permanence n'était pas facile à obtenir car la reconnaissance, par d'autres que le groupe politique lui-même, de la légitimité à posséder un territoire, n'était pas possible. Les cités ne connaissaient, chacunes, que leur propre parole comme constitutive de droit. Il était impossible que les rapports s'établissant entre elles, les rapports interpoliades, fussent fondés autrement que sur l'exercice de la force, sur le jeu de la guerre, discours simpliste, dont les modalités d'énonciation étaient les seules à être claires pour tous. Désespérant, donc, d'être capables de parvenir à instaurer un ordre international qui pût garantir leur existence individuelle dans le cadre de la collectivité hellénique, les cités après diverses expériences malheureuses et des conflits sans nombre, choisirent de s'en remettre à la protection de garants extérieurs à leur monde propre. Leur soumission aux rois de Macédoine, à Philippe, à son fils Alexandre et à ses successeurs, les rois hellénistiques, leur permit de se perpétuer en leurs formes immuables et de ne pas avoir à remettre en cause les modalités de leurs rapports réciproques, les souverains finissant par accepter, au moins implicitement, qu'il en fût ainsi. Les bouleversements, que firent subir au monde grec, la grande expédition d'Alexandre, ne procurèrent pas, ainsi, de grandes modifications dans la façon de concevoir le politique, puisque ni la nécessité, ni la finalité, ni la forme même de la cité ne furent mises en question.

La cité, quelle qu'en fût la nature, resta donc le cadre essentiel de la vie hellénique, même s'il ne faut pas feindre d'ignorer que certains Grecs vécurent longtemps dans le cadre d'organisations tribales, les « peuples » (*ethnè*). On sait que, dans les périodes d'expansion du monde grec, aux temps de la colonisation puis à l'époque hellénistique, ce sont des cités que les Hellènes ont créées sur d'autres rivages ou d'autres continents, et qu'ainsi la forme politique nous apparaît, comme à eux, avoir été la plus caractéristique de ce qu'ils étaient, ou voulaient être. Le caractère complexe des rapports de l'homme à son territoire y apparaissait clairement à tous, ainsi que l'importance des interactions liant l'organisation sociale à celle de l'espace construit et vécu par le groupe des citoyens. Mais le besoin d'en justifier la rationalité aussi bien que la nécessité firent que toute analyse historique, toute réflexion théorique, toute action volontariste mettant en cause les institutions politiques, fut pour un Grec de l'Antiquité prétexte à construction de schémas d'organisation spatiale, à dessiner des images de terroirs : ces icônes étant les moyens les plus fiables pour décrire la société humaine. Nous essaierons, pour notre part, de nous maintenir dans le fil de cette pratique, décrivant l'espace pour comprendre ce qu'était le politique.

Nous montrerons de quelle façon les Hellènes ont marqué le sol où ils vivaient pour qu'il devînt territoire, comment ils ont su ritualiser leurs parcours pour signifier qu'ils en prenaient durablement possession, comment ils ont nommé les lieux, comment ils ont découpé leurs champs pour que les limites mêmes qu'ils leur donnaient fussent comme l'image de ce qu'était leurs groupes de semblables unis en une cité, ou de compagnons solidaires de leur roi. Chacun de ces gestes d'appropriation très subtilement raisonné permit que se produisît, notamment, ce que l'on appelle parfois le « miracle grec », la naissance d'une civilisation où les hommes policés ne perdaient pas contact avec la terre, la campagne, cultivée ou sauvage, tout en profitant des richesses de l'urbanité. On s'apercevra sans trop de difficulté que plus ils étaient maîtrisés et compris, mieux se portait la société politique. Dès que le rapport de l'homme à chacune des parties de ce milieu complexe que constituait la cité était perturbé, dès aussi que la simple perception des schémas d'organisation des territoires cessait d'être claire, dès que l'homme acceptait que l'on pût, pour des raisons d'opportunité ou de propagande idéologique les décrire d'une façon qui ne fût pas conforme à la réalité géographique ou humaine pourtant perceptible, la cité se décomposait. Quant aux royaumes gréco-macédoniens de l'époque hellénistique, ils ne surent pas trouver une forme qui pût leur procurer quelque stabilité et durée, car leurs souverains ne furent pas capables de donner aux gestes qu'ils inventèrent ou surent retrouver, l'efficacité nécessaire.

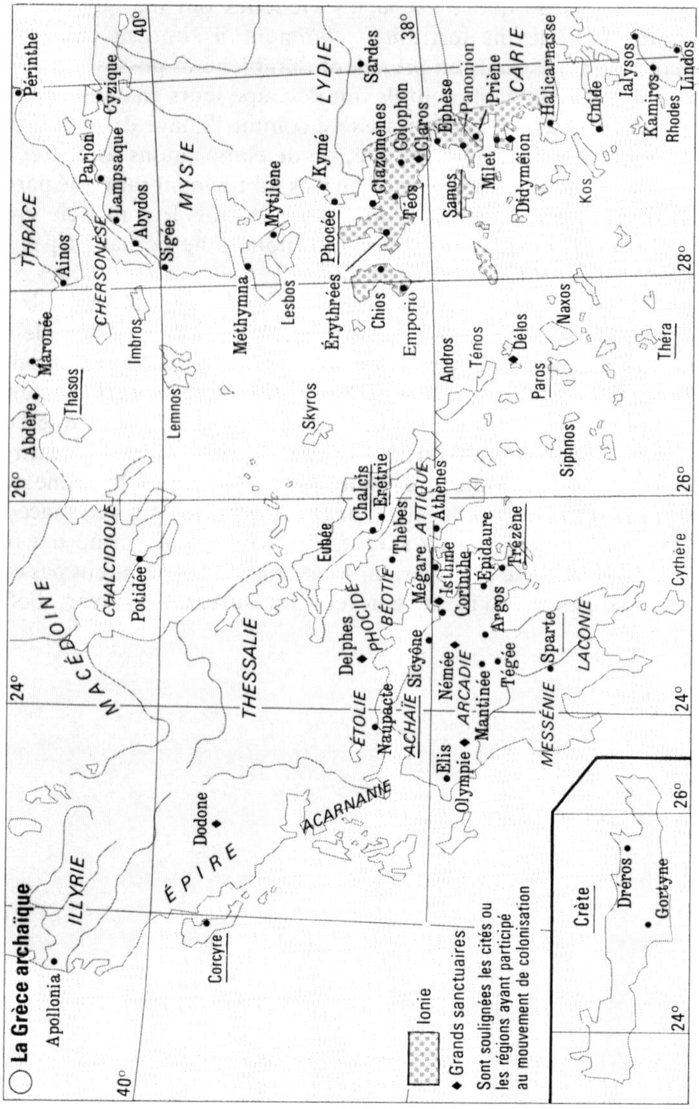
La Grèce archaïque
Ionie
Grands sanctuaires
Sont soulignées les cités ou les régions ayant participé au mouvement de colonisation
40°
24°
26°
28°
38°
ILLYRIE
ÉPIRE
MACÉDOINE
CHALCIDIQUE
THRACE
CHERSONÈSE
MYSIE
LYDIE
CARIE
THESSALIE
ACARNANIE
ÉTOLIE
PHOCIDE
BÉOTIE
ATTIQUE
ACHAÏE
ARCADIE
MESSÉNIE
LACONIE
Apollonia
Corcyre
Dodone
Potidée
Abdère
Thasos
Maronée
Ainos
Imbros
Lemnos
Sigée
Abydos
Lampsaque
Parion
Cyzique
Périnthe
Méthymna
Lesbos
Mytilène
Kymé
Phocée
Érythrées
Chios
Emporio
Clazomènes
Téos
Colophon
Claros
Éphèse
Sardes
Samos
Panonion
Priène
Milet
Didymeion
Halicarnasse
Kos
Cnide
Ialysos
Kamiros
Rhodes
Lindos
Skyros
Eubée
Chalcis
Érétrie
Thèbes
Athènes
Mégare
Isthme
Corinthe
Épidaure
Trézène
Argos
Delphes
Naupacte
Sicyône
Némée
Mantinée
Tégée
Elis
Olympie
Sparte
Cythère
Andros
Ténos
Délos
Paros
Naxos
Siphnos
Théra
Crète
Dréros
Gortyne

1
La cité et son territoire

*La lecture des traces laissées dans le sol, de celles qui stratifiées forment le corps des mythes, permet de comprendre ce que sont les continuités et les ruptures dans le système d'organisation des espaces occupés par les Grecs depuis l'époque pré-politique, quelle est la fonction des pôles ou des axes de développement d'un territoire devenant cité, comment se différencient les zones qui le constituent (ville/campagne/confins) et comment sont marqués, dans le paysage, les points et les lignes signifiants. Le territoire politique est totalité. Chaque zone y possède sa fonction économique et sa fonction symbolique spécifique. La cité trouve, dans leur diversité et leur complémentarité, à satisfaire tous ses besoins (*autarcie*). Des récits de fondation permettent aux membres du groupe politique de considérer le territoire dans des limites conçues comme naturelles comme consubstantielles à la cité. Toute terre acquise au-delà de ces limites est réputée étrangère ; elle est désignée comme* pérée.

NAISSANCE DES CITÉS

On constate que la géographie de la Grèce balkanique et insulaire a facilité la construction d'ensembles territoriaux clos et homogènes, de taille assez réduite, pour avoir été contrôlés sans peine par de petits groupes humains dont le nombre limité de membres garantissait la cohérence. Le compartimentage du terroir est de règle. Les surfaces planes, les versants peu inclinés, seuls propices à une mise en valeur durable, s'insinuent au cœur des reliefs ou entre les reliefs et la mer. Ils fournissent les moyens de développements agricoles de faible profit mais quasi autonomes, permettant l'enracinement de communautés qui se trouvent tout naturellement isolées de leurs voisines par les difficultés du relief ou la mer. Les déplacements sont pénibles, le plus souvent ils ne sont ni nécessaires ni souhaités. En Égée, si le marin ne quitte guère, durant ses voyages, la terre des yeux, car une île apparaît quand une autre s'efface à l'horizon, la mer n'est pas chemin pérenne puisqu'elle se ferme l'hiver, ni facile quand l'été souffle le vent du nord.

Le cadre géographique

Il ne faut pas jouer avec le concept de déterminisme géographique, ou celui de « frontières naturelles », auquel semblent parfois succomber ceux des archéologues qui, construisant des trames d'utilisation du sol, en fonction des régions et des époques, pensent pouvoir définir parmi les vestiges d'habitats découverts, ceux qui pouvaient être cité ou bien village dépendant d'un autre site. Les Grecs, en effet, ont vécu, dès les origines, leur hellénisme ailleurs que dans les Balkans ou les îles de l'Égée, notamment en Asie Mineure, sans que fussent fondamentalement différentes leurs pratiques du terroir. Néanmoins on doit bien constater que la cité grecque est née et a vécu dans un espace particulier. On doit se souvenir de ce que furent Stymphale ou Phénéos d'Arcadie : la ville installée sur une éminence dominait son lac et une plaine d'une platitude absolue, entourée de montagnes élevées qui, couvertes de forêts, ne sont franchissables que par de rares et spectaculaires cols situés à cinq cents mètres au-dessus de l'altitude des cultures. Argos ou Messène, du sommet de leur raide acropole, voyaient se dérouler en suivant la ligne d'horizon, le panorama de l'ensemble des régions de leur territoire, les collines qui fermaient celui-ci et la mer. Dans les îles, si la nécessité de composer avec les vents procurait des contraintes à l'implantation humaine, la ligne du rivage construisait un domaine clos.

Tout site de l'époque archaïque ou classique, ne fut pas habité depuis les origines ; le peuplement du monde grec s'est fait selon une suite de mouvements complexes, des périodes de contraction des habitats succédant à des moments où la prospérité multipliait les implantations.

La naissance de la ville

Les cités, quelque naturelle qu'en fût l'existence, mirent ainsi très longtemps à se constituer après que les palais mycéniens, qui avaient contrôlé l'espace grec jusqu'au XIIIe siècle, eussent disparu. Elles n'émergèrent de l'obscurité que dans le courant du VIIIe siècle, mais les premiers textes écrits, perpétuant le souvenir de leur parole sont plus tardifs encore.

La première manifestation perceptible que nous ayons de leur existence est le développement de villes, centres de terroirs dont on peut penser que, vraisemblablement, elles les exploitaient et les possédaient. Il n'y en a guère qu'un petit nombre qui, parfaitement atypiques sans doute, ne sentirent pas le besoin de s'urbaniser pour exister. Sparte est la plus célèbre d'entre elles : elle resta l'union de cinq modestes villages et ne construisit pas de monuments qui pussent témoigner de sa puissance. D'autres, moins brillantes, restèrent, dans des régions reculées, des associations de communautés rurales, isolées les unes des autres pour profiter chacune des avantages défensifs de leur site respectif; certaines ne se regroupèrent que fort tard : ainsi les membres de la cité d'Arcadès, en Crète du Sud, ne s'installèrent dans une ville commune située dans la plaine que lorsque l'empire romain eut apporté la paix dans l'île.

La naissance d'une ville se fit souvent lentement, par coalescence progressive, au long des siècles obscurs, de villages assez proches les uns des autres pour se vouloir solidaires et penser à regrouper en un même lieu des services communs. L'agglomération de Corinthe naquit ainsi de la concentration progressive des habitats de paysans installés aux pieds de l'Acrocorinthe, dans un endroit facile à défendre et à mettre en culture; leurs maisons, regroupées autour des diverses sources de la zone, devinrent les quartiers d'une ville, d'abord disjointe, mais dont l'unité se manifesta quand les tombes des familles creusées en limite de chaque secteur d'habitation, furent projetées vers l'extérieur de l'ensemble. Un carrefour de voies anciennes, où l'on a découvert des traces d'installation d'époque mycénienne, servit de centre. Vers le milieu du VIIIe siècle, un mur permit d'enclore le site. La ville d'Athènes, de même, se construisit par agrégation successive de populations venues, peut-être, de l'Attique progressivement abandonné, autour du noyau central que constituait l'Acropole : c'était une forteresse naturelle où avait été construit un palais mycénien; les temples des dieux essentiels y furent désormais installés. Érétrie, dans l'île d'Eubée, un des centres les plus brillants et les plus dynamiques de l'époque géométrique, possédant un important territoire (le bassin côtier qui s'étend du fleuve Lélas à l'antique sanctuaire d'Amarynthos), se forma du rassemblement des hommes dispersés en divers îlots de peuplement dans la région : progressivement ils se regroupèrent autour d'un port ouvert aux entreprises coloniales en direction de l'Occident aussi bien qu'au commerce avec l'Orient, et ils construisirent, petit à petit, à partir du VIIIe siècle, les premiers éléments d'une ville.

Le réseau des relations humaines, au gré des circulations et des nécessités de stationnements, se chargeait, en règle générale, de définir ou de pérenniser l'implantation des diverses zones d'échanges ou d'habitation et, progressivement, le développement des activités proprement urbaines chassait du voisinage des maisons, les jardins, les abris réservés aux animaux domestiques, le paysage de la ville devenant ainsi tout à fait spécifique. Comme on s'en doute bien, l'évolution ne se fit pas au même rythme dans l'ensemble du monde grec.

LES LIMITES DANS L'ESPACE POLITIQUE

Partout, néanmoins, réalité neuve, en sa forme comme dans sa fonction, la ville voulut, dès le moment où elle eut conscience d'exister, marquer l'espace d'une façon qui fît apparaître qu'elle était bien construction consciente, et signifier qu'elle maîtrisait bien le sol dans lequel elle s'enracinait.

La zone urbaine

C'était un jeu déjà ancien, en pays grec, que d'inscrire dans le sol les traces du passé. Cela s'était fait déjà dans un temps très reculé, à Lerne, notamment, qui semble avoir été une sorte de capitale régionale durant la seconde moitié du

Erétrie : noyaux d'urbanisation

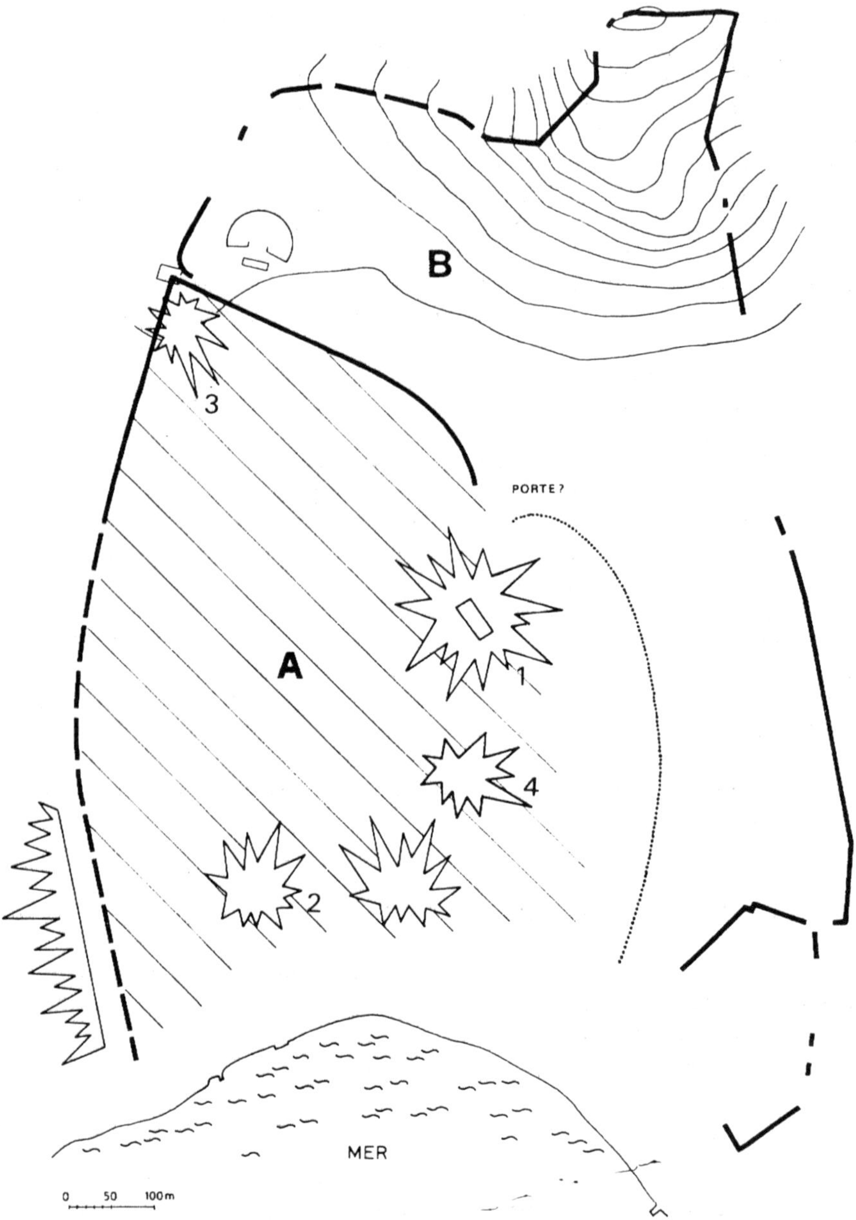

1) Le sanctuaire ; 2) Quartier d'habitation ; 3) Le quartier de l'Héroon ; 8) L'agora.
In Schnapp A., éd., *L'Archéologie aujourd'hui*, Hachette, 1980, p. 233.

IIIe millénaire. Les maîtres du pouvoir siégeaient alors dans un bâtiment monumental dit la « Maison des Tuiles ». Quand, vers 2000, tout y fut bouleversé, les nouveaux habitants de ce qui devint alors un modeste bourg, voulurent laisser apparentes les traces du passé de l'endroit : la « maison des tuiles » ne fut ni effacée ni réoccupée, elle fut, au contraire, recouverte d'une sorte de tumulus qui en protégeait les ruines et les conservait. Ce monument situé dans le village même, trace vivante de son passé brillant, éclairait peut-être son présent assez terne ; il était signe, surtout, de ce que la collectivité n'acceptait pas de se soumettre aux rythmes biologiques qui assurent le remplacement périodique de toute existence par une autre qui en reprend la fonction. Cette même volonté d'enracinement se manifesta, sous une forme semblable, durant toute l'histoire de Thèbes. La ville, dont la puissance égalait sans doute celle même de Mycènes, s'était construite autour d'une acropole, la Cadmée, un des palais les plus remarquables de l'époque mycénienne, que Cadmos avait, disait-on, bâti, et que la colère de Zeus avait détruit. Jusqu'à l'époque chrétienne, les Thébains interdirent que l'on touchât aux ruines. Le terrain remblayé qui les recouvrit resta vide et nul ne pouvait y pénétrer : ainsi, le centre même de la ville était affirmation perpétuellement répétée du souvenir, de la permanence ininterrompue de l'occupation du sol par ses habitants. La cité pouvait, ainsi, jouir de sa pérennité ; insensible aux aléas des ruptures historiques, elle pouvait assurer l'immortalité collective des hommes qui successivement la composaient. Souvent des ruines, vestiges du passé, purent servir à orienter les regards que les habitants portaient sur eux-mêmes, devenir le support de sanctuaires ; c'est auprès d'elles, qui légitimaient en quelque sorte leur présence, que les hommes se rassemblaient, sur une place, l'*agora*, qui devenait lieu de réunion et de parole pour que la cité pût réellement exister.

Outre qu'il se voulait centré, constituant un rapport en quelque sorte vertical avec le sol, l'espace urbain dut signifier que son extension était limitée, qu'il était clos et qu'il existait ainsi un dedans et un dehors de la ville. Cette limite fut parfois définie par la construction d'une enceinte fortifiée : l'existence de murailles, protégeant les habitants, était de nature à renforcer la valeur centralisatrice du site qui pouvait servir de point de repli à la population de tous les terroirs d'alentour en cas de troubles, assurer ainsi leur association puis leur cohésion. La nécessité pour la ville de se doter de remparts devint telle au cours de l'histoire grecque, que nulle cité, hormis Sparte, ne put en faire l'économie et que la statue d'une femme couronnée de tours crénelées devint, à l'époque hellénistique, le symbole même de la cité. À l'époque archaïque pourtant, il n'en existait pas partout, parce que les techniques de guerre n'étaient pas telles que des murailles fussent nécessaires à la défense du groupe et que des marques tout aussi signifiantes pouvaient suffire à marquer les limites du domaine urbain.

L'exemple de la construction d'Érétrie est particulièrement clair pour qui veut comprendre quel jeu de signes servait à structurer ce type d'espace. Sur le site de la ville qui se construisit à partir du début du VIIIe siècle, il semble que l'on commença par installer, quand il apparut qu'elle serait le centre du pays, le temple d'Apollon Porte Laurier, « déménagé », peut-être, et remonté à l'identique depuis son emplacement originel de Xéropolis-Lefkandi, ancienne capitale régionale. Cette volonté de le conserver tenait peut-être à ce qu'il passait pour avoir été bâti en branches de laurier par Apollon lui-même; quand fut, ensuite, entreprise la construction d'un nouveau temple plus monumental, on respecta les fondations de l'ancien et l'édifice fut construit de telle sorte qu'il en prolongeait les apparences. Le centre de la ville était donc ainsi, en son nouvel emplacement, volonté d'affirmer la continuité malgré la rupture que constituait le déplacement de l'essentiel du groupe humain depuis son ancienne résidence jusqu'à la ville nouvelle : une permanence volontaire, construite et non pas subie puisque la géographie et l'histoire s'étaient ainsi soumises à la technique et à la volonté de l'homme soucieux de maintenir le souvenir de ses origines. Auprès du temple se trouvait l'*agora*, lieu de rassemblement des hommes de la cité, lieu politique installé sur un terrain laissé libre de constructions, placé au centre d'un ensemble d'îlots d'habitation séparés les uns des autres par de larges vides interstitiels, se rejoignant progressivement au long des cheminements habituels. Au VIe siècle, le site avait acquis sa forme définitive, après aménagement des cours d'eau qui le bordaient et parfois y divaguaient. Sur la route de Chalcis, se trouvait, depuis les origines de la ville, la tombe d'un riche et puissant guerrier : ses funérailles avaient été grandioses, les offrandes s'accumulèrent, et un culte fut rendu au mort qui perdura jusqu'au Ve siècle. La zone funéraire était bien marquée par la mise en place d'un large triangle de dalles de pierre, limitée par un mur semi-circulaire, dont le caractère monumental tenait à ce qu'elle avait acquis une place essentielle dans le dispositif urbanistique : le héros se trouvait installé en situation de sentinelle, de premier défenseur de la ville, son mémorial, « devant la ville », *propoléôs*, signifiait la limite de l'espace urbain qu'il orientait aussi, projetant les regards de tous ceux qui lui rendaient hommage vers l'inquiétant voisin, Chalcis, la rivale du nord. Au VIe siècle, serait édifié là, comme une proue des remparts, le tombeau s'intégrant désormais aux murailles de la porte de l'Ouest. Amphion et Zétos, à Thèbes, Érechtée, à Athènes, étaient eux aussi installés dans cette position de veilleurs aux frontières de la ville.

La campagne

Au-delà de la ville se construisait aussi la campagne que celle-ci contrôlait et dont elle tirait sa subsistance. Celle-ci se territorialisait d'abord par le jeu de la culture et du labour. Mais l'homme ne peut se contenter de ce type d'évidence, aussi fallut-t-il qu'il écrivît dans la terre même les signes nécessaires.

Aux VIIIe et VIIe siècles, auprès de ruines antiques d'époque mycénienne, en général redécouvertes par accident (l'effondrement de la coupole enterrée d'un tombeau monumental, par exemple) ou par un effort conscient de remise au jour, s'organisèrent des rituels de type funéraire. Les hommes rendaient ainsi hommage à des êtres disparus qu'ils considéraient comme des « héros », puisqu'ils ne pouvaient les voir comme des humains ordinaires tant leurs tombes étaient imposantes, et impressionnants les restes des murs qu'ils avaient bâtis. Les cérémonies célébrées de cette façon ne prolongeaient pas, en un même lieu, un culte des morts antérieur aux siècles obscurs : n'importe quel type de ruines, d'ailleurs, qu'elles fussent anciens tombeaux ou demeures de vivants, pouvait servir de lieu sacrificiel et de prétexte à offrande (par exemple, les célébrations en l'honneur d'Acadèmos, en Attique, se faisaient sur les restes d'un habitat antique qui ne devint « tombe d'Acadèmos » que parce qu'on voulut les désigner ainsi). Ces gestes cultuels avaient pour fonction essentielle de signifier que les groupes des habitants mettant en valeur la campagne s'appropriaient le sol : en honorant des morts anciens, auxquels ils donnaient un statut prestigieux, ils s'en proclamaient les héritiers légitimes et garantissaient leur droit à vivre sur place. Une telle prétention avait surtout un sens là où ceux qui cultivaient le sol pouvaient en revendiquer la propriété ; aussi, n'est-on guère étonné de constater que, dans les régions où la paysannerie resta dans une situation de dépendance à l'égard de propriétaires vivant hors de l'environnement rural (en Thessalie, en Laconie, en Crète notamment), ce type de cultes locaux ne put se développer, ni se maintenir.

La localisation de ces cultes héroïques était aléatoire, dépendant des réalités que pouvait être la présence de vestiges suffisamment importants pour leur avoir servi de points d'ancrage, et de l'existence de groupes humains assez développés pour les desservir. La cité sut, quand elle se constitua, les associer en un réseau de significations explicites, laissant s'effacer les uns, soulignant les autres, pour créer des pôles de référence dans le territoire qu'elle contrôlait. Rares étaient les héros dont on cachait la tombe pour que la protection diffuse qu'elle procurait s'étende à l'ensemble d'un pays prétendument uni : telle était Dircè, femme du roi Lycos, dont seuls certains magistrats thébains connaissaient le tombeau et qui « venus de nuit, accomplissaient un certain nombre de rites où l'on n'utilisait pas le feu et dont ils effaçaient et faisaient disparaître les traces avant de se séparer et de rentrer chez eux par des chemins différents » (Plutarque, *Le Démon de Socrate*, 578B). En général, l'ensemble des lieux de culte étaient associés en un système dont les citoyens devaient connaître les divers éléments ; ils allaient rituellement, en procession, d'un lieu à l'autre, définissant par leur cheminement l'étendue de leur territoire, les endroits retenus pour les sacrifices étant distingués pour leur diversité et leur complémentarité fonctionnelle. Le cycle rituel le plus achevé (peut-être ne l'est-il à nos yeux que parce qu'il est celui qui a laissé les traces les plus évidentes) est, sans doute, celui qui permettait à la population d'Athènes, cheminant à la suite de Thésée, d'aller au fil de l'année, de place en place, vers Phalère puis vers le Sciron, vers Éleusis puis le cap Colias pour y accomplir les cérémonies initiées par le héros vainqueur du Minotaure. Une « géographie calendaire des cultes » s'était constituée qui, faisant intervenir chacun à son tour, selon son statut social, son sexe et son âge, permettait qu'à la fin du cycle annuel, aient été visités l'ensemble des terroirs nécessaires à l'existence harmonieuse du groupe politique et réunis par l'activité du roi, qui avait fondé la cité dans ses frontières et sa structure définitive. Le cycle des célébrations rituelles permettait, dans ses diverses étapes, une vue complète de la cité, de ses membres à chacun de leurs âges, comme de son territoire, en une sorte de panorama construit par juxtaposition d'images successives. D'autres modes de parcours, plus simples, étaient possibles : à Argos une procession annuelle partait de la ville pour atteindre le sanctuaire d'Héra, situé aux limites du territoire cultivé de la cité. Bâti sur une colline s'enfonçant entre le territoire de Mycènes et celui de Tirynthe, il était à la fois borne des activités humaines organisatrices et marque de possession. La cérémonie annuelle était comme « un labour sacré collectif dont la voie processionnelle aurait été le sillon », elle était réappropriation symbolique du terroir qu'elle organisait sur un mode bi-polaire puisqu'elle liait à la ville, lieu d'habitation permanent des hommes, le temple de la divinité protectrice et l'ensemble du territoire cultivé. Si la conjonction des deux lieux par la marche n'était que périodique, le rapport entre eux était néanmoins constant car, partout, de la ville comme de la campagne, on voyait le temple qui regardait l'une et l'autre. Cette organisation du territoire politique autour de deux centres associés l'un à l'autre par une voie sacrée était si parfaitement claire et signifiante aux yeux des Grecs qu'elle eut des développements secondaires : ainsi, à Athènes, la procession qui, chaque année, accompagnait les initiés pour la célébration des mystères d'Éleusis, avait fini par si bien ressembler à un parcours d'appropriation du sol que, lorsque, vers la fin de la guerre du Péloponnèse, en 407, alors que les Spartiates occupaient l'Attique depuis vingt ans, Alcibiade reprit le rituel de la procession que l'on avait pris l'habitude de faire partir par mer, les Athéniens y virent le signe qu'ils rentraient en possession de leur territoire. Ils lui en furent reconnaissants, car ils n'avaient cessé d'être malheureux de ce que Périclès l'avait abandonné pour replier tous les habitants à l'intérieur des longs-murs de la ville.

Les confins

Au-delà des zones cultivées se trouvaient les confins (*eschatiai*). C'était parfois des couloirs marécageux au long de fleuves erratiques, en général des zones de forêts ou de hautes terres arides, situées au-dessus de la ligne de sources : « c'était la région *au bout*, les terres de mauvais rapport et d'utilisation difficile ou intermittente, vers la montagne, ou dans la montagne qui bordait toujours le territoire d'une cité grecque ; elles jouxtaient la région frontière ou elles s'y fondaient », « elles étaient laissées à l'usage des bergers, des bûcherons et des charbonniers ». On les nommait « déserts » parce qu'elles n'étaient pas organisées de façon systématique et permanente par l'activité humaine qui ne cherchait pas à les soumettre à la géométrie et à la chronologie de ses labours régulièrement repris. La présence politique pouvait s'y dissoudre, le territoire se prolonger jusqu'à l'indéfini d'une frontière d'autant plus profonde qu'aucun voisin ne venait s'y adosser. Parfois, au contraire, la conjonction en un tel lieu de convoitises opposées provoquait des conflits irréductibles entre deux cités voisines qui voulaient se les approprier. Il pouvait paraître ainsi nécessaire de construire des fortins qui en assuraient la sécurité, de définir des lignes les englobant. Fleuves, crêtes, sommets que couronnait parfois un sanctuaire (ainsi, sur le mont Parnon, à l'endroit où les frontières d'Argos, Tégée et Lacédémone se rejoignaient) devenaient limites.

Les cités posèrent des bornes dans le sol. Le plus souvent univoques, elles étaient le langage de la seule cité qui les installait, et même s'il était possible que deux cités contiguës placent chacune les siennes à côté de celles de ses voisines, chaque signal se définissait dans sa projection, toute borne étant orientée « en direction de tel endroit ou contre tel voisin ». L'importance idéologique de tels bornages devint si grande qu'ils en vinrent à pouvoir être, à eux seuls, attestation de l'existence du politique : ainsi Panopée de Phocide n'avait, paraît-il, ni gymnase, ni rempart ; les habitants de la ville habitaient des huttes lamentables, néanmoins, comme son territoire était borné, nul ne pouvait douter qu'il s'agissait bien d'une cité véritable (Pausanias, *Périégèse*, X, 4, 1).

Cependant la marque de la limite n'était que métaphore réductrice du territoire politique, car celui-ci apparaissait comme un système complexe associant nécessairement l'ensemble des zones qui le constituaient. En témoigne le serment des éphèbes athéniens prêtés par « les dieux, Aglauros, Hestia, Enyo, Enyalios, Arès, et Athéna Areia, Zeus, Thallô, Auxô, la Conductrice, Héraclès, les bornes de la patrie, les blés, les orges, les vignes, les olives, les figues » (Plutarque, *Vie d'Alcibiade*, 15) : dans l'invocation aux dieux protecteurs de la ville, le foyer central *(Hestia)* et les divinités de l'Acropole (Athéna, Zeus) étaient nécessairement unis aux antiques divinités protégeant les cultures des champs labourés et des vergers, à ces cultures elles-mêmes ainsi qu'aux marques sacralisées des limites des confins.

Complémentarités

C'est grâce au fait que chaque zone de son territoire était liée aux autres par des liens de complémentarité que la cité trouvait à satisfaire la totalité de ses besoins dans l'ordre du profane comme dans celui du religieux, et qu'elle pouvait vivre dans la situation d'autarcie qui lui convenait.

❑ ***Sur le plan économique,*** il n'est pas besoin d'insister sur le fait que si la ville est le lieu des échanges et l'endroit où se trouvent installés les artisans qui procurent le luxe nécessaire, le territoire cultivé répond aux besoins alimentaires des membres de la cité, procurant le pain, le vin, l'huile dont la consommation habituelle est le signe de ce que l'on appartient bien au monde civilisé. Les produits recueillis dans les territoires de confins n'en sont pas moins essentiels : non cultivés, ceux-ci sont le domaine du petit bétail, ovins, des porcs aussi, animaux noirs et velus dont les descendants paissent encore aujourd'hui dans les forêts méditerranéennes. Une part très importante de l'activité de ceux qui y viennent est liée à l'exploitation de la forêt ; des ânes ou des mulets transportent le bois qui se vend en ville, des esclaves fabriquent du charbon, des citoyens aussi se consacrent à ce travail, si l'on en juge par les caricatures que brosse, des Acharniens, Aristophane. Un autre produit de bon rapport est le miel des ruches dont les abeilles font chanter toutes les montagnes.

❑ ***Dans l'ordre du symbolique,*** la différenciation entre les zones est essentielle. Au centre de la cité se trouve la déesse de la permanence du foyer, Hestia, autour de qui s'accumulent les richesses en hommes et en biens ; par le feu qu'elle procure, elle donne au groupe des citoyens la possibilité de se réunir en des banquets qui sont actes politiques. Aux frontières règne Hermès, Hermès *épitermios*, dont la représentation se confond parfois avec les bornes mêmes. Il est le dieu du mouvement et celui qui conduit les voyageurs, car il marque la route des premières pyramides de pierre (des sortes de cairns), celui qui égare aussi. Il est le dieu des bergers et celui des voleurs de bétail. Il est dieu de l'ambiguïté, protège tous ceux qui sont à la marge des statuts sociaux. Apollon, le dieu portant l'arc des combats non codifiés et des morts imprévues, a sa place, lui-aussi, dans l'obscurité des confins ; sa sœur Artémis, la chasseresse, y est chez elle, associée parfois aux Nymphes, en Caryatide, notamment, sur les hautes terres situées entre Argos et Lacédémone, entre Polyrrhénia et Kydonia en Crète, à Hyampolis où les Phocidiens célèbrent leurs longues guerres avec les Thessaliens voisins, à Amarynthos au bord du territoire d'Érétrie.

Les confins jouaient un rôle particulièrement important dans le fonctionnement de la cité, puisqu'ils étaient le lieu où se faisait l'intégration de ceux qui devaient lui appartenir. C'est aux frontières que la cité si bien réglée, si fière du bon ordre de son territoire, de ce que ses membres égaux les uns aux autres sont capables de se tenir à leur place, envoie ceux qui ont besoin de se situer dans le groupe qu'elle constitue. Les jeunes sont de ceux-là : temporairement rejetés par la cité dans les *eschatiai*, ils y participent à des rites qui leur permettent d'acquérir une existence sociale. Ils deviennent loups avant de revêtir l'armure de l'hoplite, hommes ils se travestissent symboliquement en femmes, fouettés jusqu'au sang sur l'autel d'Artémis *Orthia*, en Laconie, ils perdent ce que l'enfant en eux porte en lui d'animal, pour devenir des citoyens raisonnables. Ces rites ne pouvaient avoir pour cadre l'espace ordonné, aussi était-ce dans l'univers sauvage qui subsistait à l'écart des villes et des champs, qu'ils consacraient leur chevelure à Artémis. Cette réclusion nécessaire était accessoirement, pour les jeunes gens, apprentissage de la vie militaire, les éphèbes, *peripoloi*, ne cessant de mener leurs patrouilles au long des frontières du territoire, d'en garder les points forts en y tenant garnison. Quant aux jeunes filles, elles n'étaient pas exemptes de ce type de pratique : les petites filles d'Athènes allaient jouer les ourses au fond de l'Attique, à Brauron, participant en l'honneur de la déesse, dont on sait que, par ailleurs, elle recevait en offrande les vêtements des femmes qui venaient d'accoucher, à des mystères qui servaient de cérémonies de passage vers l'univers du mariage.

Il est donc normal que la cité ait voulu, expressément, signifier qu'elle les contrôlait. Les bornes servaient à cela, mais, si celles-ci étaient bien la manifestation de la capacité du discours politique à atteindre les limites extrêmes du territoire, elles étaient trop loin du centre du pouvoir, trop cachées aux regards, pour que chacun des citoyens pût se pénétrer de leur signification. Il fallut donc que les images des confins et de la frontière fussent placées au centre même de la ville. À Mégare, sur la grand-place, on avait installé la tombe de Coroibos, fondateur d'un temple d'Apollon dans les monts lointains de Géranos, ainsi que celle d'Orsippos qui avait assuré à la cité la possession de certains districts éloignés : organisant des célébrations en leur honneur, les Mégariens installaient la figuration des limites et leur caractère intangible au centre de l'espace politique. De même, le fondateur de Mégalopolis, vers 370, plaça dans l'agora le doublet de tous les temples des villes unies pour créer la cité neuve : c'était inscrire dans le sol de la ville-centre une sorte de modèle de l'espace contrôlé par elle, et tous les habitants, tous les visiteurs, pouvaient être sûrs que le mont Lycée lui appartenait, ainsi que Bassai ou Phigalie, puisqu'ils en voyaient la représentation; ce n'est que de façon accessoire que cela permettait d'offrir aux populations qui avaient quitté leurs villages ou leurs villes le moyen de sacrifier commodément à leurs dieux ancestraux. Les Athéniens, à proximité du Prytanée, avaient délimité un terrain qu'ils laissaient en friches, pour bien représenter, au cœur de l'espace construit, la terre sauvage. Ils avaient aussi, pour compléter le modèle, délimité un champ que, chaque année, un membre de la famille des Bouziges labourait, au nom de l'ensemble des citoyens, car la cité ne peut exister que dans sa totalité différenciée, et elle ne peut vivre sans avoir conscience de ce qu'elle est, ce qui implique qu'elle donne des images claires d'elle-même.

Ces jeux de représentation étaient essentiels pour permettre l'expression de l'unité de l'ensemble de l'espace de la cité. Ils permettaient aussi de dire clairement que chacune des zones du territoire devait être différente des autres pour pouvoir remplir sa fonction propre. Une cité confuse est une cité qui meurt et, chez les auteurs, la description de la subversion se fait souvent par la métaphore évoquant un terroir déstructuré.

Ainsi, Dion Chrysostome (au IIe siècle après J.-C.), dans une sorte de conte philosophique nourri de culture classique, décrit la ville rompue : « à l'intérieur de nos remparts, presque tout est emblavé ou transformé en pâturage, des gymnases, ils ont fait un champ, et chaque jour, les moutons font irruption sur le marché et s'en viennent brouter autour du palais du conseil et des bureaux de nos magistrats » (*Eubéenne, Discours* 7, § 38-39). Les terres agricoles de cette ville ne sont pas le champ que labourent chaque année les Bouziges : la ruralisation spontanée et non contrôlée de l'espace urbain est le signe de l'incapacité des citoyens à en protéger le caractère spécifique et à vivre des productions de la périphérie; les confins mêmes sont entrés dans la ville puisque les bergers y font paître leurs bêtes. Elle n'est plus qu'un désert car, pour Strabon, à l'époque d'Auguste, comme pour Chateaubriand, plus tard, le fait que les bergers soient sur le site des villes est le témoignage évident de leur abandon.

De même Plutarque évoque la désolation de la Sicile écrasée par la tyrannie en décrivant Syracuse comme une ville « où sur la place publique, devenue un désert, pousse une herbe si drue et si épaisse que les chevaux y broutent et que les palefreniers couchent sur le gazon », « les autres villes sont remplies de cerfs et de sangliers, si bien que les gens qui en ont le loisir chassent dans les faubourgs et autour des remparts » *(Vie de Timoléon*, 22, 4-5). Quand disparaissent les limites entre les diverses zones du territoire, la cité se dissout de son désordre même dans une sorte d'implosion qui confond les éléments de l'ensemble, et l'ensemble même.

L'UNITÉ TERRITORIALE

La cité est une totalité fonctionnelle. L'unité en est assurée par un jeu conscient de rituels signifiants qui constituent le territoire en une sorte d'organisme, et chaque élément est nécessaire à la vie de l'ensemble. Il semble impossible, pour cette raison, de penser pouvoir séparer telle ou telle partie du corps politique des autres organes qui le composent, sans mutiler la cité même et risquer de la faire mourir. Par partie du corps politique, il faut ici entendre partie du territoire appartenant à la cité, puisque chacune est une réalité non reproductible, alors que l'homme est remplaçable à l'identique par ses enfants, et les enfants de ses enfants, que seule la mort, sans exception aucune, de tous les hommes et enfants mâles d'une cité peut permettre de dire qu'elle n'existe plus. Si tel est bien le cas, donc, l'espace de la cité est une réalité pérenne et l'on peut penser qu'elle existe dans des frontières naturelles.

Les synœcismes

❑ ***Fonder la cité.*** On s'aperçoit néanmoins que la cité, quelque primordiale qu'en ait été l'existence, a dû être fondée pour pouvoir exister, que c'est l'histoire donc, qui en a construit la forme, et que la logique organiciste de la vie politique s'accommode volontiers d'autres principes de fonctionnement.

Le mécanisme de la création politique spontanée est décrit dans ce que l'on appelle « *l'Archéologie* » d'Aristote (*Politique*, I, 1252b) : « tout d'abord, il faut que s'unissent par couples les êtres qui ne peuvent exister l'un sans l'autre, tels la femelle et le mâle, se forme d'abord la famille. Les familles étaient disséminées, c'est ainsi que l'on vivait autrefois. Le village est une colonie de la famille. La communauté née de plusieurs villages est la cité parfaite, atteignant désormais, pour ainsi dire, le niveau de l'autarcie complète ».

Il faut néanmoins qu'intervienne un acte fondateur pour que la cité existe véritablement. Il est appelé *synœcisme*, il doit avoir été réalisé par un homme qui, par les moyens qu'il avait à sa disposition, la persuasion ou la force, a regroupé et associé pour qu'ils habitent ensemble des êtres appartenant à des communautés préexistantes, moins évoluées que la cité qu'il avait le grand mérite de constituer. Ce processus tenu pour aussi classique que nécessaire est décrit par Strabon : outre Élis « qui n'était pas encore fondée au temps d'Homère, dont le territoire était habité par une population disséminée dans des villages et naquit assez tard, du rassemblement dans la ville actuelle des villageois des alentours ; les autres localités du Péloponnèse dénombrées par le poète étaient, à l'exception d'un petit nombre, non des cités, mais des systèmes de villages (*organisation de dèmes*) à partir desquels les cités que nous connaissons aujourd'hui se sont constituées; ainsi les Argiens rassemblèrent cinq communes pour fonder Mantinée en Arcadie; à Tégée, on en compta neuf, autant à Héraia, de même sept ou huit participèrent à la fondation de la cité d'Aigion, sept à celle de Patras, huit à celle de Dymè » (*Géographie*, 8, 3, 2). La destruction d'une cité pouvait, à l'inverse, impliquer son *diæcisme*, c'est-à-dire la dispersion des habitants : quand les Spartiates eurent vaincu Mantinée, en 385, ils imposèrent à la cité de se diviser, les habitants durent reconstruire des maisons dans les anciens villages qu'ils avaient abandonnés un siècle plus tôt pour venir vivre en ville. Normalement, le *synœcisme* impliquait la construction d'une ville, du moins la transformation d'un des villages primitifs en une ville où venaient se rassembler la plupart des habitants désormais associés. Quand Rhodes fut construite sur un site vierge (de 411 à 407) et que l'île devint une seule cité regroupant Lindos, Camiros et Ialysos, la majorité des habitants vinrent habiter la ville nouvelle homonyme de l'île et il put s'y concentrer une puissance militaire et navale redoutable. Les déplacements de population pouvaient imposer, comme à Mantinée, la destruction des maisons abandonnées dont on récupérait les huisseries, les ferrures diverses et les tuiles aussi pour les réemployer. Parfois, il fallait prévoir des logements provisoires pour ceux qui venaient de la périphérie s'installer dans ce qui devenait le centre de la nouvelle cité. Ailleurs, pourtant, la communauté de vie pouvait n'être pas complète, et les villages primitifs restaient habités par une partie, au moins, de leur population originelle, qui pouvait ainsi cultiver ses particularismes : à Cos, par exemple, cité fondée vers 366, les habitants des villages savaient négocier avec la « *cité plénière* » pour la défense de leurs intérêts locaux spécifiques.

❑ ***Fonctions du récit du synœcisme.*** La nécessité d'introduire un *synœcisme* dans le récit de la construction d'une cité ne permet pas toujours de rendre compte de ce que l'on croit savoir, aujourd'hui, de l'histoire de sa naissance. Ainsi, Athènes, une des plus grandes cités de la Grèce classique, était dite avoir été fondée, dans ses frontières, par Thésée. Si l'on en croit l'historien Thucydide (*La Guerre du Péloponnèse*, II, 15, 2), ce fut lui qui « par toutes sortes de mesures, fut à même d'organiser l'Attique, abolissant les conseils et les magistratures des cités primitives au bénéfice de la cité actuelle, il mit en place un conseil unique, les magistrats se réunissant désormais en un seul *prytanée* ». L'Attique aurait été, ainsi, une région originellement partagée entre plusieurs cités qui auraient accepté de s'unir, abandonnant au profit d'une de leurs pareilles plus puissante leur autonomie, l'ensemble des magistrats locaux acceptant de siéger ensemble dans la ville. Il semble, en fait, que la réalité fut différente. On peut penser, en effet, que la cité athénienne se construisit par un mouvement centrifuge, que l'Attique déserté durant la période des siècles obscurs fut repeuplé progressivement à partir du centre lorsque la population d'Athènes, dans le courant du VIIIe siècle, recommença de s'accroître : la dispersion des habitants de la ville dans la campagne provoquant la construction de villages et une progressive colonisation du territoire. La fondation de la cité fut donc, en fait, peut-être, une réappropriation de l'Attique par la ville qui, siège ancien d'un palais mycénien, avait en quelque sorte vocation à dominer une terre où son acropole n'avait pas de possible rivale. Mais il n'était guère possible d'évoquer, dans les récits d'histoire, cette période de déshérence car, lors de la réinstallation des paysans à la campagne, avaient été multipliés les points d'ancrages de mythes héroïques, dont l'enracinement dans le terroir avait gommé le souvenir des moments d'abandon.

Les récits du *synœcisme*, dont il n'est guère possible, en l'état actuel de la recherche, de connaître les rythmes de constitution, servaient à construire une histoire d'Athènes qui permît de prétendre à une possession continue du sol et fût conforme, aussi, au schéma théorique de la mise en place des cités grecques. Deux raisons sans doute, justifient, d'ailleurs, que des villages anciens aient pu être décrits comme ayant été des cités, au sens plein du terme. La première tient à l'importance de certains d'entre eux, à l'époque historique : Acharnes pouvait fournir plus de mille hoplites à l'armée athénienne, un contingent plus important que celui que bien des villes grecques étaient capables de mettre en ligne en mobilisant la totalité de leurs ressources; Thoricos, un autre dème, possédait un théâtre et plusieurs places publiques. La seconde pourrait avoir été que les Athéniens auraient eu le sentiment qu'ils n'avaient pas, comme les autres Grecs, eu à parcourir toutes les phases de l'évolution humaine pour atteindre à la perfection de la forme politique. On peut se demander, en tout cas, si le caractère très unitaire d'Athènes, à toute époque historique, ne tient pas, d'une certaine façon, au caractère centripète de la constitution de son territoire. Les seuls irrédentismes potentiels étaient ceux des rares agglomérations, situées aux marges du territoire naturellement atteint par l'expansion démographique, et qui avaient été effectivement considérées par la communauté grecque comme des cités, au sens plein du terme, avant qu'Athènes même ait pu faire reconnaître ses propres frontières : ainsi, les quatre villes de la côte orientale de l'Attique, regroupées en une Tétrapole autour de Marathon, conservèrent, tout au long de l'histoire grecque, leurs particularismes religieux et le droit d'envoyer pour leur propre compte des ambassades à Delphes.

Les territoires composites

Il peut se faire qu'un territoire politique apparaisse comme naturellement dissocié. Certaines terres étaient considérées comme une *pérée*, une zone « d'au-delà », séparée par un fleuve, ou la mer, dans le cas fréquent d'une cité insulaire relativement proche de la côte, du reste du territoire. Aristote connaît bien les dangers qui risquent de disjoindre les cités dont le territoire est ainsi rompu : « une cause de dissensions dans les cités provient de la disposition des lieux de son territoire : ainsi, à Clazomène, les habitants de Chytos sont en conflit avec ceux de l'île, les habitants de Colophon le sont avec ceux de Notion, de même, en effet qu'à la guerre, les traversées de cours d'eau, si petits soient-ils, disloquent les phalanges, ainsi toute différence provoque des oppositions » (*Politique*, V, 1303). On sait que les Rhodiens, par exemple, ne cessèrent d'affirmer leur désir d'intégrer le domaine qu'ils possédaient sur le continent dans le système unitaire de leur découpage territorial mais, quelque longue qu'en ait été la possession, une sorte de déterminisme géographique, donnant à la cité des frontières naturelles aux rivages de l'île, interdit que pût s'accomplir la volonté du législateur désireux de l'unité politique.

Le cas le plus habituel de dissociation territoriale, qui englobe d'ailleurs le précédent, revenait à mettre en cause la validité de l'acte de regroupement originel des terroirs, puisque c'est le *synœcisme* fondateur qui conditionnait la capacité même de la cité à vivre dans ses frontières. Pour les Grecs, le droit d'un groupe humain à posséder son territoire ne pouvait naître, en effet, que de la permanence de l'occupation. Les Athéniens que leurs mythes faisaient autochtones, pouvaient prétendre ainsi à la légitimité absolue de la propriété sur leur domaine : « Si nous habitons cette ville, ce n'est pas après en avoir expulsé d'autres gens ni après l'avoir habitée déserte, ni après nous être réunis en mélangeant plusieurs peuples. Si belle et pure est notre naissance que la terre même dont nous sommes sortis, nous l'avons occupée sans nulle interruption, en fils du sol que nous sommes... », écrit Isocrate (*Panathénaïque*, 124). À l'inverse, Délos ne pouvait appartenir à ceux qui se disaient Déliens car l'île était création divine, et nul d'entre eux n'avait le droit de naître dans l'île, nul n'y pourrait mourir.

Entre ces deux situations extrêmes, chacun faisait remonter l'origine de ses droits aux limites que permettaient d'atteindre l'enquête historique qu'il présentait comme exhaustive : le récit de l'acte de fondation pouvant être considéré comme constitutif d'une légitimité incontestable à l'existence, car celle-ci était liée à la capacité de mémoire.

Le synœcisme originel pouvait être suivi de *synœcismes* partiels, quand la cité associait des terres nouvelles, déjà elles-mêmes ou non constituées en cités, au territoire poliade par l'effet d'accords de *sympolitie*. On connaît divers textes qui montrent bien comment se définissaient les rapports entre la cité et les territoires qu'elle intégrait, après qu'ils aient vécu leur propre histoire. Au début du IVe siècle, les habitants d'Hélisson, une petite cité d'Arcadie, « apportèrent leur territoire et leur ville à Mantinée de telle sorte qu'ils seraient désormais soumis à la législation de la cité de Mantinée », « la ville des Hélissoniens resterait dans son état actuel à tout jamais, les Hélissoniens constituant un village du territoire des Mantinéens » : ainsi, l'ancienne cité garderait sa forme matérielle, mais, de pôle structurant, elle deviendrait centre secondaire. La guerre, ou d'autres modes d'acquisition plus sophistiqués permettait parfois d'agrandir un territoire au détriment d'autrui et d'intégrer de force des hommes capables de produire des richesses neuves pour le groupe. Il existait ainsi, dans le domaine poliade, plusieurs zones de territoire dont les rapports à la cité pouvaient être différents. Le territoire milésien, par exemple, n'était pas organisé selon le même module dans les diverses régions qui l'avaient progressivement constitué. L'île de Salamine, quant à elle, ne fut jamais intégrée, quelque ancienne qu'en fût la conquête, au territoire athénien ni au système des circonscriptions territoriales; ainsi, la prêtresse d'Athéna qui n'avait pas le droit de manger des fromages faits dans l'Attique, en faisait-elle venir de l'île, territoire « réputé étranger » (Strabon, *Géographie*, 9, 1, 11). Les terroirs des confins attico-béotiens, Éleuthères, Drymos, l'Oropie, n'étaient pas réellement intégrés au territoire d'Athènes; quand la ville reprit possession, en 331, de cette dernière région, ce fut une terre neuve, une *Néa* différente par nature du territoire ancestral des Athéniens. Parfois on distinguait le territoire qui seul pouvait être considéré comme appartenant pleinement à la cité, parce qu'il passait pour originel (on parle alors de sa *pangktèsia*), de celui qu'elle avait pu acquérir au cours des siècles : à l'époque d'Hadrien la ville d'Abdère distinguait encore son *territoire propre* du reste de son domaine.

Il est bien évident que quelles qu'aient pu être les mesures d'intégration prises, la permanence de l'habitat en un même lieu, le maintien des cultes locaux sur place, le souvenir d'une histoire qui impliquait une existence antérieure différente empêchaient que les regroupements non originels fussent toujours durables, leur rupture n'étant que le retour à une situation primitive d'indépendance de chacun des éléments. En tout cas, le maintien des différenciations permettait de rendre plus complexe la notion de confins ou de *pérée*, puisque, les territoires adjoints étant le plus souvent périphériques, cela procurait une perception nouvelle de ce qu'était l'altérité des zones d'*eschatiai* : toutes n'étaient pas distinguées pour leur seule situation géographique ou leur valeur symbolique, certaines l'étaient aussi par leur histoire.

Il pouvait exister d'ailleurs aussi des pôles secondaires de centralisation sur les marges de l'ensemble territorial d'une cité. Ainsi des cités dites *périèques* étaient associées à Sparte dans le cadre de la cité officiellement désignée comme étant celle des Lacédémoniens : quelque mal connues qu'en aient été les institutions, on ne peut imaginer qu'elles n'aient pas été des cités au sens normal du terme et qu'elles n'aient pas vécu leur vie politique propre ; elles avaient tous les attribus d'une cité normale, mais elles constituaient comme une ceinture protectrice aux bords du territoire propre de la cité spartiate qui semblait les englober en temps de guerre, puisque les habitants devaient servir dans l'armée de la cité aux côtés des citoyens spartiates de plein droit.

La vision synchronique d'un territoire découpé en zones complémentaires nécessaires chacune à l'existence harmonieuse de l'ensemble formé, peut être ainsi associée à une vision diachronique d'une cité possédant un terroir construit par une agrégation progressive d'espaces polymorphes : elle devenait plus impériale, en quelque sorte, qu'unitaire. Les deux regards étaient d'ailleurs difficilement dissociables, car la cité, totalité fonctionnelle, aussi bien que réalité naturelle, avait toujours eu besoin de se définir, non seulement dans son rapport à ses membres, mais dans le contexte aussi de son voisinage.

DOCUMENT

■ Un synœcisme exemplaire : celui d'Athènes par Thésée

Après la mort d'Égée, une grande et admirable réforme vint à l'esprit de Thésée. Il réunit les habitants de l'Attique en une seule cité, et fit un seul peuple, fixé dans une seule ville, de ces hommes jusque-là dispersés, qu'il était difficile de gagner à l'idée de l'intérêt général et qui parfois même entraient en lutte ouverte les uns contre les autres. Il allait donc par les dèmes et les familles propager ses vues. Les simples particuliers et les pauvres acceptaient aisément le projet ; quant aux puissants, il faisait briller à leurs yeux la perspective d'un État sans roi et d'une démocratie qui, le réduisant lui-même aux attributions de chef de guerre et de gardien des lois, assurerait à tous l'égalité. Les uns furent réellement convaincus ; les autres, redoutant sa puissance, qui était déjà grande, et son audace, aimaient mieux céder à la persuasion qu'à la force. Ayant donc aboli, dans chaque État particulier, le prytanée, le Conseil et les magistratures, il créa un seul prytanée, commun à tous, et un seul palais du Conseil, à l'endroit où maintenant est établie la cité. Il nomma la ville Athènes et institua une fête commune, les Panathénées. Il offrit le sacrifice de la Réunion le 16 du mois d'Hécatombéon, et cet usage persiste encore. Ayant ensuite déposé le sceptre, comme il s'y était engagé, il organisa la cité, en commençant par les dieux ; car on lui avait apporté cette réponse de l'oracle de Delphes, qu'il consultait sur l'État : « Thésée, fils d'Égée, rejeton de la fille de Pitthée, mon père a mis en dépôt dans vos remparts le sort et le destin de bien des villes. Ne te tourmente donc pas trop en toi-même pour prendre des décisions ; tu seras l'outre qui, dans le gonflement des vagues, traverse la mer. » C'est la même réponse que donna plus tard de vive voix la Sibylle en s'adressant à la cité : « Outre, tu te mouilles ; mais il ne t'est pas permis d'enfoncer. »

Plutarque, *Vie de Thésée*, 24 (trad. Latzarus)

2

Systématisation de la construction des espaces politiques

Durant la période de colonisation, les Grecs ont fondé ex nihilo *des cités. Ils ont donc dû réfléchir à la façon dont ils allaient en organiser les structures. L'essentiel de l'organisation territoriale est, dans le cadre général des zones concentriques dont le marquage est systématisé, une double activité de partage du sol. Certains espaces sont réservés pour un usage collectif, l'essentiel du sol est découpé en lots distribués à chacun des membres de la communauté politique. À Athènes, refondée après la chute de la tyrannie, la réorganisation du corps politique passa par la mise en place des dix tribus, circonscriptions éclatées entre trois zones artificiellement définies du territoire.*

LA COLONISATION GRECQUE

Causes et modalités

Les territoires des cités de la Grèce archaïque se sont construits au cours d'un processus long et complexe, mais assez clair et assez maîtrisé pour que leur structure fût parfaitement discernable et analysable par tous ceux qui, à quelque époque que ce fût de l'histoire grecque, ont eu à en rendre compte. Les rapports du groupe au terroir semblent avoir été harmonieux. C'est au niveau de l'appropriation individuelle que se posèrent des problèmes et que naquirent des tensions, parfois si graves qu'elles provoquèrent des ruptures dans le groupe politique. Le fait que la propriété individuelle du sol fût fondée sur le droit d'héritage, imposait à la société le poids d'un passé d'autant plus lourd qu'il était difficile d'en accepter tous les acquis alors que la parole politique naissante, permanente création, rendait possible toutes les remises en cause. Des inégalités de fortune se perpétuaient ou se créaient, devenaient plus grandes encore par l'effet de la logique même des rapports économiques et cela faisait naître des difficultés irréductibles qui fragilisaient le tissu social. Les terres, mal exploitées par des habitants trop pauvres pour pouvoir le faire, ou trop riches pour le vouloir, pouvaient cesser d'être à même, en cas de difficultés naturelles (catastrophes météorologiques notamment), d'assurer la survie collective. Cela fut, en quelque sorte, l'une des causes du grand mouvement de colonisation qui jeta sur les mers nombre des Hellènes.

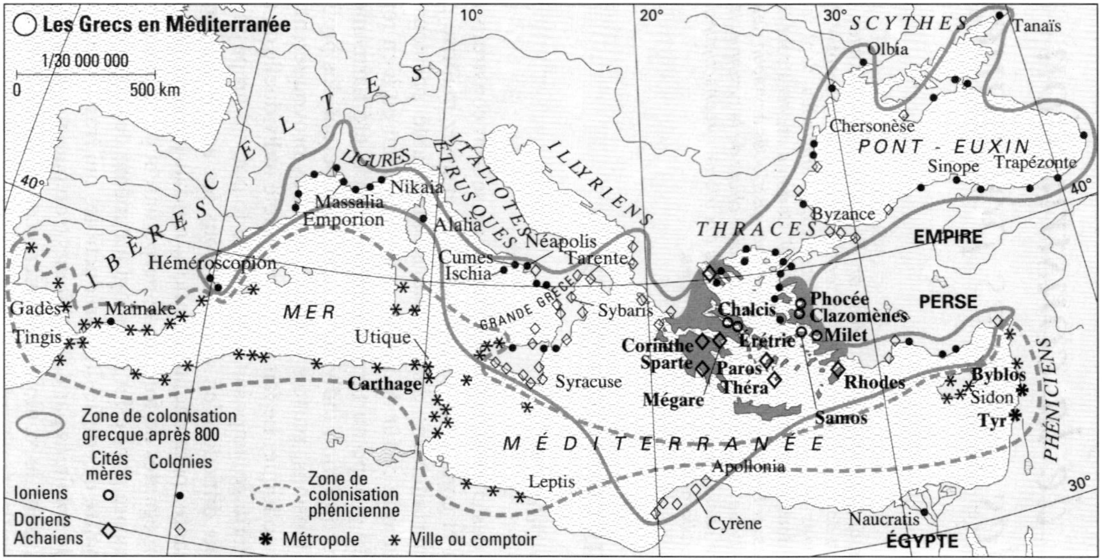

Les Grecs en Méditerranée

Du milieu du VIIIe au milieu du VIe siècle, les Grecs des îles, les Eubéens d'abord, puis nombre d'autres, des Balkans, des îles de l'Égée ou des côtes d'Anatolie, quittèrent leur pays pour l'Italie du Sud, la Sicile, l'extrême Occident où des Phocéens fondèrent Marseille, pour la mer Noire, l'Afrique où fut fondée Cyrène. Ce fut essentiellement par nécessité et non pour répondre à quelque désir d'aventure qu'ils s'en allaient au loin, la colonisation grecque étant le plus souvent le drame de l'individu chassé brutalement de sa patrie. Partout, ils fondèrent des cités, car il leur paraissait impossible de vivre hors du cadre qu'ils avaient défini comme le seul digne de leur humanité. Ces cités neuves furent conçues comme des modèles et parfois le restèrent.

Des gens originaires de cités différentes, qu'elles fussent voisines, comme Chalcis et Érétrie d'Eubée, ou non, pouvaient se regrouper pour le voyage. Parfois, ce fut une collectivité qui, pour assurer sa survie, imposait le départ à tels ou tels de ses membres, les obligeant à quitter leurs terres et leurs maisons. Ce fait même témoignait de la façon dont pouvait être considéré le territoire poliade. À Théra, par exemple, l'obligation faite à chaque famille d'envoyer un enfant en Libye fut l'occasion de signifier qu'il n'existait pas de limites entre l'intérieur et l'extérieur des maisons privées, car il était précisé dans le décret qui organisait le départ de la colonie que « celui qui ne voudrait pas embarquer, alors que la ville l'aurait désigné pour partir, serait passible de la peine de mort et ses biens seraient confisqués; celui qui l'aurait recueilli ou aurait tenté de le mettre en sûreté, un père le faisant pour son fils, un frère pour son frère, serait passible de la même peine que celui qui ne voudrait pas s'embarquer ». On ouvrait au regard de l'ensemble des membres du groupe, à l'action des magistrats, la demeure de chacun. C'est là le début, sans doute, de l'idée selon laquelle la cité doit être, dans tous les espaces qui dépendent d'elle, transparente à l'ensemble de ses membres, conception panoptique de la cité dont nous découvrirons les justifications dans l'œuvre des théoriciens du politique.

L'unité du monde grec

La construction même du monde colonial procura, d'abord, une nouvelle vision de ce qu'était l'univers qui s'offrait aux entreprises des hommes, au-delà de l'espace politique.

Homère avait, en racontant les errances d'Ulysse, laissé ouvert à l'imaginaire l'horizon occidental; les mythes décrivant les routes empruntées par le char du soleil, ou les chemins conduisant vers le pays des morts ne réussissaient pas à en construire des images claires, rationnelles et fonctionnelles. Parcouru, désormais, par des navires assurés de leurs routes, le monde grec se vécut, à la surface de la terre, comme un territoire spécifique, structuré par les escales maritimes et borné, vers l'intérieur des continents, par les terres trop éloignées de la mer pour qu'on cherche à s'y installer à demeure, abandonnées à des peuples indigènes avec lesquels on maintenait néanmoins des rapports plus ou moins étroits; le mythe d'Héraclès, civilisateur, fut « revu et corrigé ». On étendit aux limites du monde connu, l'opposition qui structurait l'espace de la cité et, dans cette perspective, le monde colonial était comme le territoire que la communauté des Grecs considérait comme lui appartenant; la bordure de la terre peuplée de cités devint comme une zone d'*eschatiai*, terrains laissés aux jeux des barbares incapables de s'insérer dans le cadre de la civilisation.

Chacune des cités coloniales était libre par essence. Elle gardait des liens avec la *métropole* qui avait fourni le feu brûlant à son foyer, mais le rapport de parenté qui l'associait à elle, n'impliquait (du moins à l'origine) l'établissement d'aucune relation institutionnelle de dépendance. Cela ne veut pas dire, pourtant, que le monde colonial fût absolument atomisé. Le jeu des solidarités, de voisinage, pouvait constituer des régions, comme la Grande-Grèce, ou la Sicile dont le temple de Naxos, implanté sur le site de leur première installation dans l'île, servait d'ultime étape à ceux des Siciliens qui s'embarquaient pour participer aux concours panhelléniques. C'est néanmoins l'ensemble des terres coloniales qui pouvaient être considérées comme appartenant à un certain type de territoire, associé de façon très spécifique au reste de l'Hellade. Le départ des colons s'était fait, en effet, sous l'égide d'Apollon, dont il ne faut pas imaginer que, depuis son sanctuaire de Delphes, il organisait les expéditions en fonction des connaissances géographiques dont ses desservants auraient été dotés. Les prédictions divines servaient à légitimer la désignation de celui qui devait être le conducteur de l'expédition, l'*œciste*, à indiquer aussi quels signes montreraient aux voyageurs qu'ils seraient arrivés au lieu propice à leur installation, car « les emplacements en étaient secrets et bien difficiles à trouver dans des régions si éloignées de la Grèce » (Plutarque, *Sur l'oracle de la Pythie*, 407-408a) : leur imagination et leur capacité interprétative pouvant se donner libre cours, quitte pour eux, si l'affaire tournait mal, à revenir consulter l'oracle pour demander des précisions nouvelles. Le temple se trouvait, ainsi, au centre de la nébuleuse des cités coloniales puisqu'elles étaient, par nature, toutes liées à Apollon *Archégète*, garant de leur naissance; comme celles-ci étaient aussi associées à leur métropole, quelque ténues qu'en fussent les obligations, par une infrangible parenté, les rapports croisés des uns et des autres donnèrent à Delphes le statut de centre unique du monde grec : Pindare raconte comment deux aigles partis des confins de la terre, d'autres disent des corbeaux, sont venus s'y rencontrer au terme de leur course. Résultat important de la colonisation, que cette construction d'un monde fait de trajets maritimes et non pas, comme le serait l'empire romain, d'un réseau de routes inscrites dans le sol de façon indélébile : l'ensemble des Grecs considéraient la mer Méditerranée, ses îles et ses côtes comme une sorte de territoire collectif centré sur un temple appartenant à tous.

Quelques fondations coloniales

Date de fondation	Colonie	Métropole
770	Pithécuses	Chalcis d'Eubée
757	Naxos	Chalcis d'Eubée
750	Mégara Hyblæa	Mégare
734	Syracuse	Corinthe
fin VIIIe	Sybaris	Achéens
	Crotone	Achéens
	Tarente	Sparte
680	Locres	Locridiens Ozoles
682	Thasos	Paros
vers 675	Géla	Rhodes
vers 660	Byzance	Mégare
vers 650	Istros	Milet
vers 650	Sinope	Milet
650	Sélinonte	Mégara Hyblæa
646	Olbia	Milet
630	Cyrène	Théra
600	Marseille	Phocée
580-600	Agrigente	Géla
550	Cités du Bosphore	Milet, Téos

La fondation des villes

À l'approche des pays neufs, les colons furent tout d'abord prudents : on a l'impression que, parfois, c'est avec la plus extrême circonspection que les premiers fondateurs osèrent se risquer en terre libre. Ainsi, les gens de Théra commencèrent, au lieu de s'installer en Libye, par coloniser une île sur la côte et ce n'est que parce que rien ne leur réussissait qu'ils revinrent auprès du dieu de Delphes lui demander quoi faire, finissant par admettre que c'est bien sur le continent africain qu'il devait se rendre (Hérodote, *Histoires*, IV, 156-157) ; l'îlot d'Ortygie fut d'abord Syracuse ; Olbia Pontique n'était, dans la seconde moitié du VIIe siècle, qu'un établissement de cabanes en terre battue, irrégulièrement disposées sur un petit îlot de l'embouchure du Dniepr.

❑ ***Des villes nouvelles.*** Quand, enfin, les colons osèrent toucher la terre ferme, ils surent fonder des villes neuves. Elles étaient bien différentes de celles qu'ils avaient quittées, comme si le voyage leur avait appris l'urbanisme, et comme si leurs épreuves leur avaient insufflé le désir de dessiner au sol l'image de la société politique nouvelle dont ils avaient rêvé, une société où l'homme serait personnellement maître du sol, comme il l'était de sa parole dans le groupe égalitaire des citoyens.

La ville se construisit par étapes : il fallait d'abord défricher, mettre en valeur, c'est seulement ensuite que l'on put construire. Partout, il semble que le développement urbain se fit selon un programme préétabli. Un plan était tracé au sol qui différenciait, sur le site choisi, les emplacements réservés aux activités publiques (culturelles ou politiques), des zones réservées à l'usage privé et partagées entre les membres du groupe des fondateurs.

L'implantation de ces diverses zones était naturellement primordiale dans le geste de la fondation. Rien ne pouvait imposer un choix de localisation à l'*œciste* responsable de la mise en place que des critères purement rationnels et fonctionnels : c'est l'homme, et c'est bien sûr le plus significatif, qui décidait notamment où habiteraient ses dieux, qui sanctifiait les lieux qu'il voulait bien leur octroyer ; la division originelle du territoire, l'organisation de l'espace privé, politique et religieux était, ainsi, un acte unique et rationnellement planifié. Ce n'est que de façon tout à fait exceptionnelle que des marques anciennes pouvaient imposer une localisation et une extension spécifique des domaines sacrés : dans la colonie athénienne et tardive de Bréa, une reconnaissance préalable du site avait permis de constater qu'il y existait, pour des raisons que nous ignorons, des terrains anciennement consacrés. L'*œciste* pourtant doté normalement des pleins pouvoirs, reçut l'ordre formel de faire en sorte que les terrains consacrés pour lesquels on s'était interrogé restent tels. En général, l'homme arrivait sur un sol où rien, sinon le terrain même, ne pouvait influer sur le choix qu'il ferait.

❑ ***L'exemple de Mégara Hyblæa.*** En Sicile, à Mégara Hyblæa, dont la fouille exemplaire permet que l'on doive toujours se référer à elle, fut fondée, dans le courant du VIIIe siècle, au centre d'une plaine côtière de 15 kilomètres de long sur 6 à 7 de profondeur, limitée par une zone de collines creusées par les vallées des fleuves côtiers. L'espace urbain y fut, dès l'origine, délimité de façon à ce que chacun des cinq sous-groupes que constituaient les habitants de la colonie reçoive un lieu d'habitation qui fût dans le même rapport au centre de la ville où étaient installées des aires d'activité publiques : la place, *agora*, siège du pouvoir politique des hommes réunis en assemblée, ainsi que les divers sanctuaires, l'*héroon*, construit en l'honneur du fondateur étant situé en position centrale, juste à la limite de l'agora. Ailleurs, à Sélinonte, à Agrigente, dans telle petite cité, établie en position défensive sur une acropole, on avait placé la zone sacrée, en limite du site, préférant la périphérie, moins contraignante sans doute pour le développement de la ville, et plus spectaculaire peut-être.

Une trame orthogonale était définie préalablement à la mise en construction des habitations individuelles. Les maisons, dès le VIIIe siècle, s'installaient au long de rues qui, parfois, ne seraient revêtues d'ailleurs que postérieurement aux constructions qui les bordaient, preuve de l'antériorité de celles-ci. À Mégara, « le plan primitif, tracé au sol, n'était pas un plan d'urbanisme avec des îlots séparés par des rues, mais une répartition de l'espace où le critère fondamental était celui de lots séparés, ici par un espace étroit (un pied et demi) où l'on construisit plus tard un mur médian, et là par un espace large (10 pieds) où l'on aménagea plus tard une rue séparée elle aussi du lot par un espace d'un pied et demi ». Cette mise en place d'une trame de partage de la zone urbanisable fut le système le plus courant, car la ville grecque ne semble pas s'être définie par rapport à des axes de circulation préalablement mis en place, mais en fonction d'un découpage. Ce qui signifie très clairement que l'on faisait en sorte que chacun des membres du groupe sache bien qu'il avait part égale au partage des sols, de même qu'il avait droit à une part des viandes des animaux que la cité offrait en sacrifices.

Ce plan tracé au sol, préalablement à toute installation, présentait l'avantage d'être évolutif. Les monuments civils et religieux se développaient à la mesure des possibilités financières du groupe, en fonction aussi de ses projets (l'agora d'une ville marchande n'avait pas le même aspect que celle d'une cité agricole comme Olynthe, où l'on installa des silos à blé ainsi que des stalles pour la présentation des chevaux) dans les cadres du réseau mis en place, les modifiant parfois mais sans les bouleverser : c'est le cas à Métaponte aussi bien qu'à Mégara, par exemple, où un temple fut construit sur les restes de deux maisons antérieures, en bordure du site sacré originel, en respectant les normes de la trame urbanistique primitive. Les zones d'habitation se transformaient progressivement : à la maison unique d'une seule pièce installée très au large sur sa parcelle, succéda la maison de deux ou trois pièces, ouvrant sur une cour fermée devenue comme le prolongement de la demeure, puis des bâtiments complexes finirent par s'implanter sur chaque terrain densifiant de façon sensible le parcellaire. Le site n'était pas d'ailleurs toujours entièrement habité dès l'origine. Les fouilles archéologiques permettent de connaître les étapes de l'extension des villes, à Métaponte, par exemple. Parfois des secteurs d'activités s'étaient développés dans les zones restées provisoirement libres, sans tenir compte du réseau primitif d'implantation, mais celui-ci restait présent à la mémoire et ne devait pas être remis en cause. Ainsi, l'on sait que des artisans avaient développé de façon quelque peu anarchique, dans la petite ville de Laos, colonie de Sybaris, tout un quartier d'ateliers; quand, la population s'accroissant, il fallut étendre la zone résidentielle, la rue fut tracée sur le trajet prévu depuis les origines de la ville et les maisons construites là où elles devaient l'être, les ateliers disparaissant des lieux où ils n'avaient rien à faire.

L'intérêt de ce type d'urbanisme, la simplicité même de sa mise en œuvre fit qu'il fut employé partout et à toute époque grecque, quand il fallut fonder des villes. Le plan orthogonal devenait ainsi comme l'expression même de l'hellénisme bâtisseur, au point que parfois on en imposait la régularité à des endroits qui ne pouvaient lui convenir : ainsi, Priène fut-elle, au IVe siècle, construite sur une pente si forte que les rues transversales étaient de bien incommodes escaliers. Cette façon de construire soumise à l'idéologie égalitariste ne s'interrompit que lorsque certains rois hellénistiques purent imaginer, après que le Carien Mausole eût fondé Halicarnasse, que la ville devait être d'abord le monument de leur grandeur et de leur richesse.

Mégara Hyblæa, plan topographique (1: 4000)

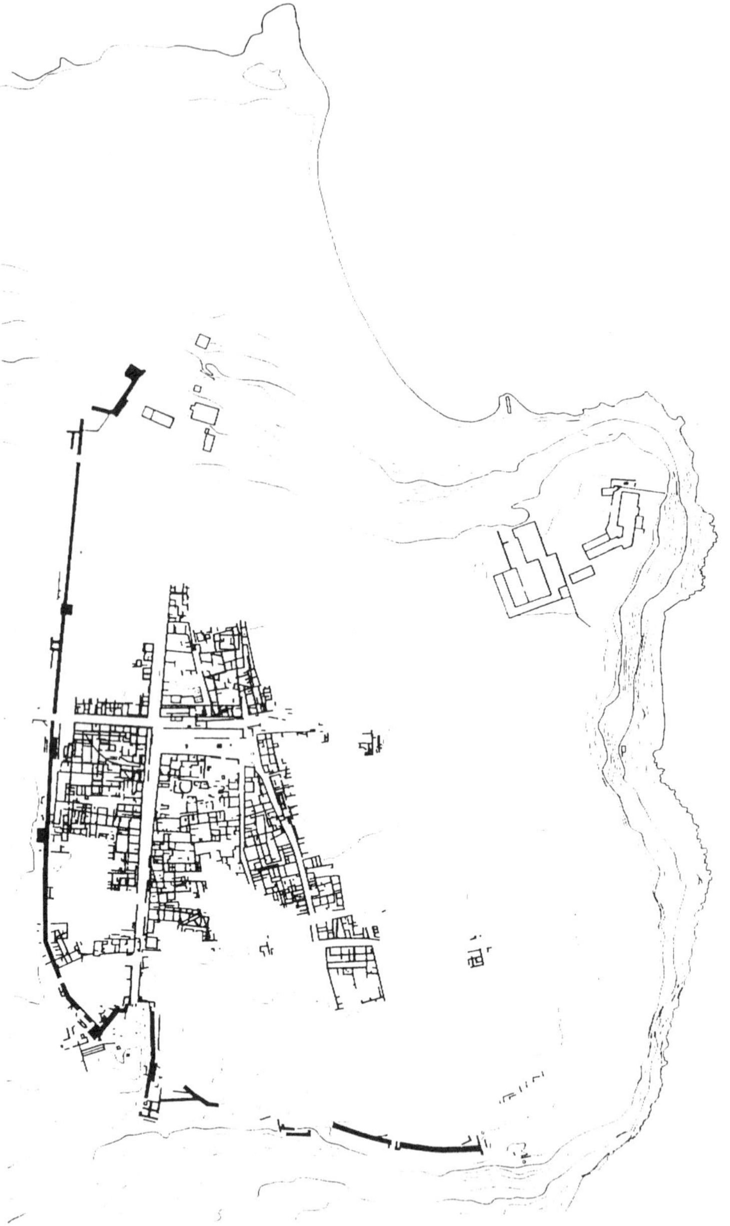

In Vallet (G.), Villard (F.) et Auberson (P.), Mégara Hyblæa 3. *Guide des fouilles*, Rome, 1983.

L'agora de Mégara Hyblæa : monuments et tissu urbain vers la fin de l'époque archaïque (1: 1000)

a) herôon ; b) portique nord ;
c) portique est ; d) temple ;
e) temple à colonnade ; f) temple ;
g) prytanée.

In Will, E., *Le Monde grec et l'Orient, I : Le Ve siècle,* PUF, p. 70.

Le marquage du territoire

L'organisation du territoire, la *chôra*, se fit de façon concommittante à celle de la ville, et les modalités d'évolution y furent du même ordre.

Les premières installations ne posèrent guère de problème de frontière puisque les colons arrivaient dans un monde vide, ou présumé tel. Plus tard, chaque cité dut limiter son territoire par rapport à des voisines : en Grande Grèce, le plus souvent, ce furent les fleuves côtiers qui séparèrent les terroirs, et leurs rives furent le théâtre de diverses guerres. La frontière continentale, vers l'intérieur des terres fut, elle, mouvante à l'origine et, alignée sur le bord du terroir exploité, mit bien du temps à se fixer.

☒ ***Le rôle des sanctuaires.*** On retrouve, dans la *chôra* coloniale, ce qui déjà apparaissait comme essentiel dans le monde métropolitain : l'implantation des sanctuaires joue un rôle important dans le marquage du territoire, parce que liée à la symbolique de la souveraineté. Si les sanctuaires urbains servaient, en effet, à rattacher la cité à sa métropole, à l'héritage assumé, si parfois même un véritable cordon ombilical semblait relier l'une à l'autre par-delà les mers, quand, à Syracuse, la fontaine Aréthuse passait pour une résurgence du fleuve d'Olympie (Pindare, *Pythiques*, II, 5 et 12), le temple extra-urbain était spécifiquement l'affirmation d'une prise de possession. Beaucoup de sanctuaires primitifs se trouvaient fondés sur les premières collines qui bordaient la plaine entourant la ville elle-même ; ils marquaient ainsi, au même titre que tel ou tel *phrourion*, poste de garde ou de surveillance, les limites du territoire originel : à Métaponte, le sanctuaire de San Biagio, situé à 7 ou 8 kilomètres de la ville, à Syracuse, le petit sanctuaire à la source Cyanè consacré à Zeus. Ce pouvaient être, d'ailleurs, des points de contact entre le monde de la ville et celui des indigènes qui allaient, progressivement, être intégrés au système politique en tant que travailleurs dépendants. Au fur et à mesure de l'extension territoriale, les signes se déplaçaient et ce n'est plus sur les frontières floues des collines bordières qu'ils s'installaient, mais à des points précis qui marquaient des limites infrangibles, face à des ennemis potentiels : ainsi l'Héraion de Métaponte fut, au bord du fleuve Bradano, dressé face à Tarente dont le territoire commençait sur l'autre rive, le temple de Zeus établi par les Locriens sur le fleuve Halex face à la puissante Rhégion. Les sanctuaires du territoire, plus proches des villes et susceptibles d'être vus par ses habitants continuaient de servir de lieux de médiation entre la ville et son terroir. Là où la mainmise du groupe politique sur le sol productif était la finalité première de la fondation, c'est dans un temple de ce type, ainsi l'Olympieion de Syracuse, que l'on conservait les registres de l'état-civil des citoyens de la ville, symbole s'il en fût de ce qu'il était impossible de penser la cité sans son territoire.

❑ ***L'exemple d'Olbia.*** Si l'on essaie de représenter la cité parfaite à son point d'harmonie idéale, on peut considérer ce qu'est Olbia pontique au début du ve siècle. Son territoire, zone triangulaire de quelque 50 kilomètres de côté autour de la ville construite sur la rive de l'estuaire, commun au Dniepr et au

Schéma de l'aménagement spatial de la cité d'Olbia

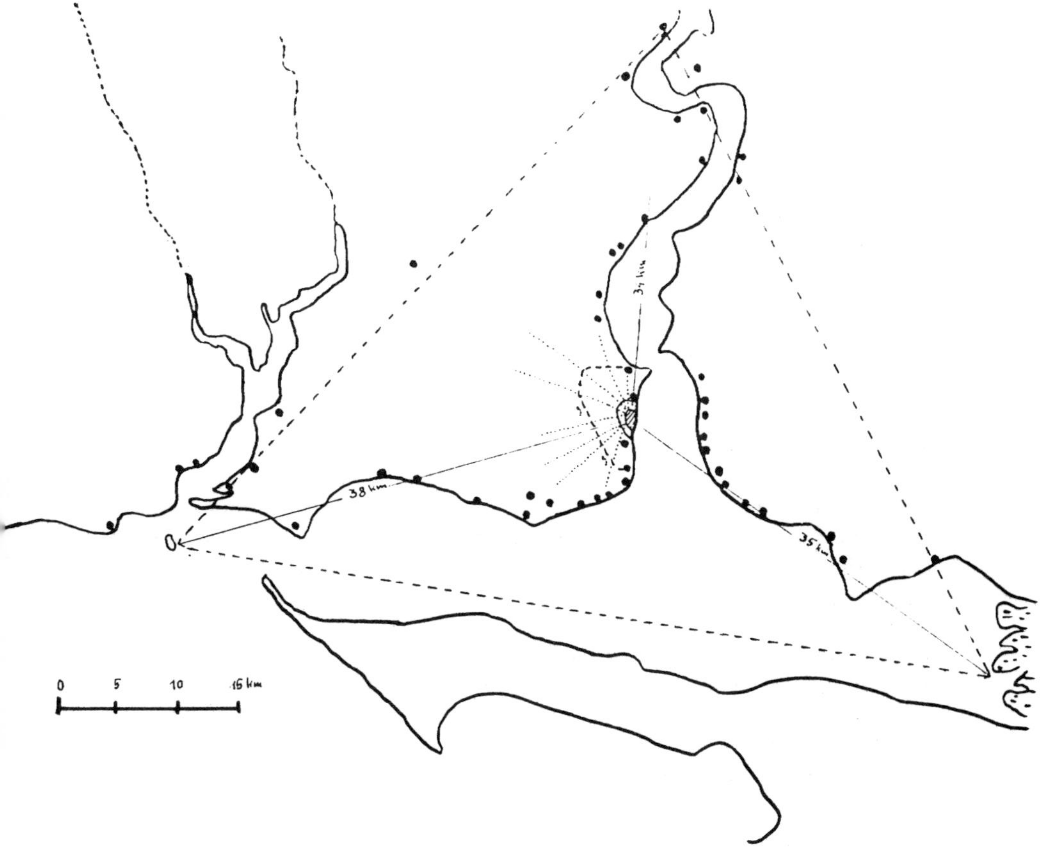

In Wasowicz, *A., Olbia pontique et son territoire,* Les Belles Lettres.

Bug, qui constitue comme une mer intérieure, est une « micro-région » autarcique. Le terroir cultivé en blé constitue l'essentiel du système, mais l'île de Berézan, où les Grecs ont pour la première fois débarqué n'a pas été désertée, elle reste un port important et un centre d'échanges. Dans le secteur sud est implantée une zone d'activités artisanales qui utilisent le bois procuré par d'importantes forêts, les seules que l'on connût dans la région. Elles sont en limite du territoire de la ville, et par le fait de l'isolement de celle-ci en pays barbare, limite de l'hellénisation : ce statut de zone frontière se manifeste par le fait que l'on y célèbre des cérémonies en l'honneur de la Mère des dieux, moments d'initiation à l'altérité que chaque homme grec doit exprimer pour pouvoir se couler dans le moule du politique. Il le fait en des formes si particulières et si caractéristiques que le scythe Anacharsis mourut d'avoir cru pouvoir y participer (Hérodote, *Histoires*, IV, 76-77). À proximité (est-ce à la limite du territoire dompté et dominé par l'homme?) se trouve le Champ d'Achille où avaient lieu les courses de chars associées au culte du héros. Toutes les routes, en un réseau rayonnant, mènent vers la ville pôle unique.

Le partage du sol

❑ ***Les cléroi.*** C'est la répartition des terres entre les premiers colons qui conditionna la possibilité pour la cité de se construire et de durer. Hors le cas particulier des îles Lipari qui vécurent une période collectiviste où les biens de tous étaient communs, la moitié des citoyens cultivant un domaine indivis, tandis que l'autre moitié se livrait à la piraterie, le territoire des fondations fut, dès l'origine, divisé en lots, les *cléroi* : chacun des participants à l'aventure recevant un tel *cléros*, à son arrivée, s'il n'avait pas été assez fou, bien sûr, pour l'échanger contre un gâteau de miel au cours du long voyage (comme le fit l'un de ceux qui partaient fonder Syracuse, si l'on en croit le poète Archiloque, cité par Athénée, *Deipnosophistes*, 167d). On ne connaît guère l'aspect de ces parcelles originelles, ni la façon dont elles étaient inscrites dans le sol, car il semble bien que les premiers terroirs des établissements archaïques aient été constitués de champs ouverts : la population vivant dans la ville et se rendant quotidiennement dans la campagne pour les travaux nécessaires, il n'y avait pas ainsi dans le territoire primitif la moindre construction rurale. Le parcellaire lui-même n'était guère apparent et, peut-être, ressemblait-il à l'image que Plutarque donne de celui de la Sparte idéale : « Lycurgue, traversant, au retour d'un voyage à l'étranger, le pays qui venait d'être moissonné, à la vue des tas de gerbes alignés et égaux, se mit à sourire et dit à ceux qui l'accompagnaient que la Laconie tout entière ressemblait à un domaine que de nombreux frères venaient de se partager » (*Vie de Lycurgue*, 8, 4). Ce n'est que progressivement que les limites se marquèrent par l'élévation de murettes d'épierrement, le creusement de fossés de drainage comme à Métaponte, la construction d'un réseau hiérarchisé de voies de communication.

❑ ***La terre commune.*** Le système de répartition du territoire semble avoir, comme il le faisait en ville, divisé le terroir en vastes ensembles évolutifs. On distinguait en général une zone lotie et décrite comme devenue propriété privée, une partie du territoire non divisée étant considérée comme « terre commune », « terre non partagée », « terre sans propriétaire (*adespotos*) », ou, comme dans une grande inscription de Cyrène, tout simplement la terre « éloignée ». On découvre parfois des raffinements qui différencient la « terre se trouvant dans les remparts », la « terre extérieure », puis la « terre assignée » et la « terre non assignée qui se trouve à la périphérie ». C'est sur cette terre commune que seraient installés de nouveaux arrivants, si la cité devenait assez prospère pour attirer des vagues nouvelles de colons. Ainsi à Cyrène était-il prévu dès le départ des premiers colons que, « s'ils pouvaient rester maîtres de leur colonie, celui de leurs compatriotes qui partirait ensuite pour la Libye y jouirait de la citoyenneté pleine et entière, recevant un lot de la terre sans propriétaire ». Il semble que, souvent néanmoins, ces nouveaux lots aient été pris sur les frontières dans des terroirs encore mal reliés à la ville, et que les nouveaux arrivants aient parfois eu du mal à s'intégrer à la cité qui les recevait ; d'autant qu'ils se trouvaient dotés de lots qui étaient parfois différents, en valeur relative surtout, car les terres pouvaient n'être pas aussi bonnes que les premières à avoir été réparties. Le territoire de nombreuses cités coloniales pouvait apparaître comme constitué de deux zones distinctes, « celle des anciens lots », « du partage ancien », et celle des arrivants, qui semblent considérés comme citoyens de seconde zone.

❑ ***Les remodelages du terroir.*** Le système ancien de partage, témoignant de la parfaite égalité entre les premiers colons, fit l'objet de transformations au cours de l'histoire des villes et parfois le parcellaire put s'y modifier. Les contraintes géographiques pouvant, d'ailleurs, tempérer la rigueur apparente de la trame : ainsi, à Métaponte, il apparaît que les bâtiments agricoles sont disposés en fonction de l'exposition et des contraintes de l'alimentation en eau, et non pas en raison de critères proprement géométriques. Des crises internes, parfois violentes, témoignèrent de ce que l'égalité initiale ne pouvait ni se maintenir, ni apparaître comme satisfaisante ou possible. Divers remodelages du terroir eurent lieu dans le courant du IVe siècle, un peu partout. La campagne devint souvent lieu d'habitation et des bâtiments d'exploitation s'y implantèrent. Les lots, si l'on en juge par les tables d'Héraclée de la fin du IVe siècle, purent se constituer en domaines hétérogènes comprenant des parcelles cultivées en céréales, mais d'autres en vignes et oliviers, ainsi que des bois ou des zones de friches et de taillis. Cela permettait des activités complémentaires, la gestion de l'ensemble pouvant s'apparenter à celle que l'on connaît dans les Cyclades où, à Ténos par exemple, les propriétés comprennent des *eschatiai*, des confins, où cueillette et élevage du bétail pouvaient avoir leur place, comme si elles étaient un microcosme de la cité.

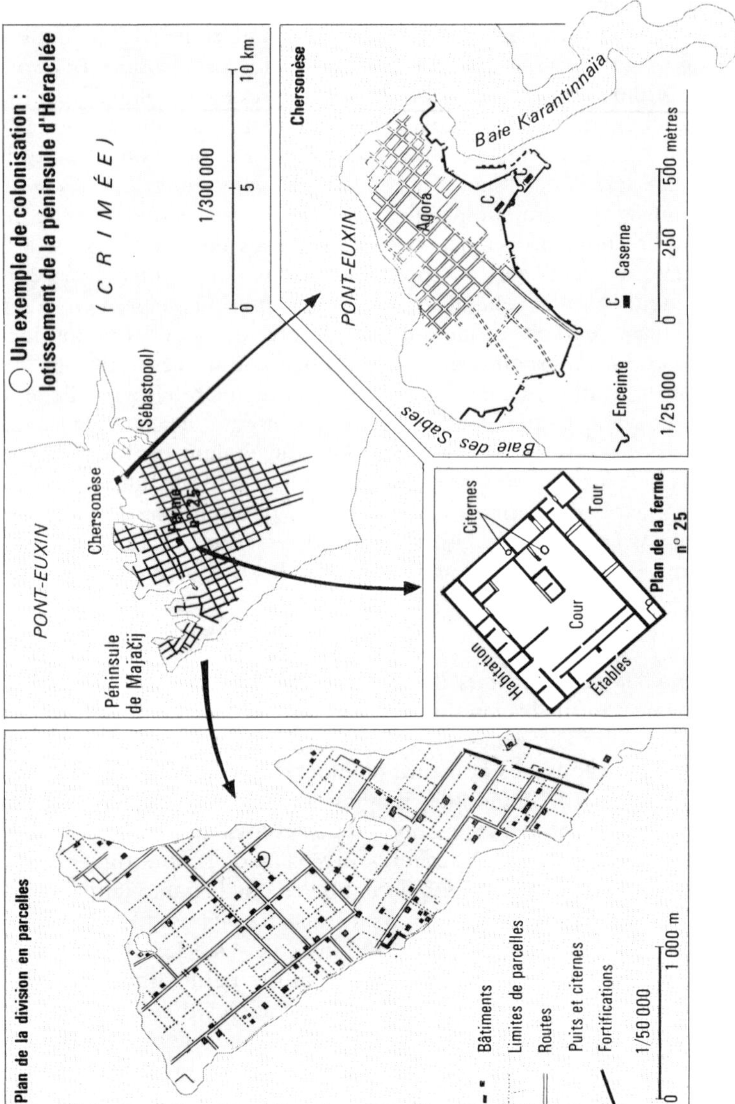
Un exemple de colonisation : lotissement de la péninsule d'Héraclée
(C R I M É E)
1/300 000
0
5
10 km
PONT-EUXIN
Chersonèse
(Sébastopol)
Péninsule de Majačij
Ferme n° 25
Chersonèse
PONT-EUXIN
Baie Karantinnaïa
Baie des Sables
Agora
C
Enceinte
C Caserne
1/25 000
0
250
500 mètres
Plan de la ferme n° 25
Citernes
Tour
Cour
Habitation
Étables
Plan de la division en parcelles
Bâtiments
Limites de parcelles
Routes
Puits et citernes
Fortifications
1/50 000
0
1 000 m

Chaque *cléros* put devenir ainsi une sorte d'unité d'exploitation autarcique, en elle-même dotée de bâtiments techniques, dans laquelle il était devenu possible d'installer des cultivateurs dont le statut était sans doute celui de dépendants, car le propriétaire restait vraisemblablement dans la ville. À Chersonnèse, dans le courant des IVe et IIIe siècles, des lots de terre d'une trentaine d'hectares, sur lesquels étaient implantées des fermes parfois très importantes, servaient de lieu de résidence à des groupes d'une trentaine de travailleurs. D'autres modes d'organisation pouvaient apparaître, ou se perpétuer, une zone de villages indigènes qui devaient servir de vivier pour une main-d'œuvre occasionnelle constituant, parfois, dans les cités du Pont notamment, comme une ceinture bordant le territoire.

Ce furent là des difficultés de gestion internes au système, qui provoquèrent des troubles mais ne mirent pas en cause l'institution politique elle-même. Le problème essentiel dans le domaine colonial, quand il ne put, comme la Sicile, se constituer en un monde où l'autre était intégré, ainsi qu'il l'était dans la vieille Grèce et quel que fût son statut, au groupe politique, fut celui de l'intrusion dans les territoires des cités de gens qui n'avaient aucunement l'intention d'en maintenir les formes, quand le monde extérieur se déversa en elles.

On sait ce qu'il en fut, par exemple, d'Istros, à l'époque hellénistique, au second siècle avant J.-C. Le territoire s'ouvrit, par la force des choses, à des bandes de pillards qui obligeaient les habitants à se réfugier à l'abri de leurs murailles sans plus avoir la possibilité de profiter de leurs champs abandonnés. Un décret montre comment se passaient alors les choses, témoignant que la ville devait, année après année, racheter sa propre terre à des nomades qui la considéraient comme une proie : « Agathoclès, alors que notre cité était dans la confusion, que de nombreux Thraces pillards s'attaquaient au territoire et à la ville, que la récolte était près de la moisson et que les citoyens se trouvaient dans la détresse, avait été élu commandant des archers et, avec des soldats mercenaires, il avait réussi à préserver le territoire et à faire que les citoyens pussent rentrer leur récolte sans dommage ; puis, lorsque les Thraces de Zoltès étaient apparus en Scythie, élu ambassadeur, il était parti au travers du pays ennemi, traversant bien des tribus, ne refusant aucun danger, et il avait décidé les barbares non seulement à ne faire aucun mal à notre cité mais encore à rechercher et à rendre tout le bétail qui avait été précédemment enlevé par les pillards ; lorsqu'ensuite ils avaient envahi le pays, tandis que notre récolte était tout près de la moisson, il était parti pour leur camp et, ses concitoyens lui ayant donné pour instructions de procéder d'une façon ou d'une autre au rachat du territoire et de la récolte, avait persuadé Zoltès et les Thraces pour six cents pièces d'or de ne pas envahir le territoire et de ne pas s'approcher de la ville, ce qui avait permis aux citoyens de disposer de toutes les récoltes du territoire. » Le domaine politique si bien ordonné à l'origine, était ainsi devenu un monde totalement anarchique et la cité avait disparu derrière la seule réalité qui subsistait, l'enceinte de ses remparts de pierre, où se réfugiaient, au côté du groupe des citoyens qui n'avaient plus le contrôle du sol qui les entourait, les paysans dépendants et habitués à la sédentarité quelque barbares qu'ils aient été.

Parfois cette situation déplorable devenait modèle pour qui rêvait d'une cité pure : l'homme découvrant en se détachant de la terre la véritable essence d'un hellénisme désincarné. Ainsi, l'orateur philosophe Dion Chrysostome montra comment la ville d'Olbia, si changée qu'elle fût par rapport aux temps de sa prospérité, pouvait, à la fin du Ier siècle après J.-C. être considérée comme le symbole même des valeurs de la vieille Grèce : elle n'existait plus que par le bon vouloir des Scythes qui l'utilisaient comme un comptoir servant à importer les marchandises produites par le monde civilisé, elle n'était plus entièrement habitée dans les limites de ses anciens remparts, ses temples, ses monuments, ses nécropoles étaient tous plus ou moins en ruine. Quand il y vint parler, les portes de la ville étaient fermées parce que, depuis la veille, des troupes de Scythes erraient dans les campagnes et qu'ils avaient tué ou fait prisonniers les hommes installés pour garder le territoire. Mais comme les citoyens étaient en armes et assemblés sur la grand-place pour écouter sa conférence, sans se soucier d'autre chose que de leur culture intellectuelle, qu'ils écoutaient répéter ce qui avait déjà été dit sous d'autres formes par toutes les générations des rhéteurs qui étaient venus prononcer chez eux des discours, qu'ils vivaient les souvenirs d'un passé glorieux plus qu'ils ne se fabriquaient un futur, ils étaient censés être des Grecs parfaitement fidèles à leur destin historique. On peut penser qu'il s'agissait, en cette période du second siècle après J.-C., de la présentation d'une conception de la cité qui faisait bon marché de l'efficacité de l'institution.

Le monde colonial avait d'autres vérités à offrir, à quelque période qu'on l'ait considéré. L'ordre de son territoire avait permis un temps de penser à la possibilité d'instaurer une justice sociale et d'en donner l'image.

DÉCOUPAGES NOUVEAUX EN DES CITÉS ANCIENNES

Le territoire des cités coloniales fut construit sans référence à un passé local puisque celui-ci n'existait pas, le découpage du sol était un moyen d'exprimer quels étaient les rapports d'égalité qui existaient entre les membres du groupe. Le cas d'Athènes témoigne de ce qu'une cité ancienne pouvait être, de la même façon, refondée pour répondre à un projet de renouvellement. Cela induisait une réécriture du sol.

À la fin du VIe siècle, la situation de la cité était confuse, la lutte entre de grandes familles appuyées sur une clientèle locale avait provoqué plusieurs années d'anarchie, la tyrannie de Pisistrate et de ses fils qui en était issue avait d'autant moins réussi à rétablir l'unité politique que la famille fondait en partie son pouvoir sur sa capacité à mobiliser en sa faveur les paysans de Marathon et des environs, dont elle flattait les particularismes. Clisthène, un riche aristocrate qui sut comprendre qu'il fallait conduire le peuple vers la démocratie, reconstruisit, à partir de 508, la cité par des réformes radicales : elle vécut désormais dans le cadre des institutions qu'il lui donna. L'essentiel de son œuvre fut une redéfinition de la structure du territoire poliade.

Réformes de Clisthène d'Athènes

Clisthène s'était attaché, en effet, à remodeler l'espace athénien, en reconstruisant le corps politique : chaque citoyen fut rattaché, en fonction de son *dème* originel (le *dème* était une unité naturelle, un village ou un bourg et son terroir préexistant à la réforme), son lieu de résidence, à l'une des dix tribus territoriales qui furent alors instituées, en lieu et place des quatre tribus primitives entre lesquelles se répartissaient les citoyens en fonction de leur naissance. L'identité de chacun intégra désormais son *démotique*, mention de son domicile d'origine ; nul ne pouvait exercer ses droits politiques sans avoir fait reconnaître, lorsqu'il avait atteint l'âge de dix-huit ans, par les habitants de la circonscription, ses droits à le faire. C'est en fonction de l'existence de ces tribus que s'organisèrent les institutions, notamment l'organe primordial qu'était le *Conseil des Cinq-Cents (Boulè)* qui régulait l'ensemble de la vie politique et qui comprenait dix *Prytanies* de cinquante membres, une par tribu, chacune ayant à tour de rôle, pendant un dixième de l'année civile, la responsabilité de réunir l'Assemblée du Peuple et de la présider. C'est en fonction du nombre des tribus que l'on recrutait les magistrats, chacune devant exercer les mêmes charges et obtenir la même part d'honneurs que l'ensemble des autres. L'armée des hoplites fut de la même façon constituée de dix contingents de soldats liés par un réel esprit de corps. La tribu devait donc être une portion représentative de l'ensemble de la cité ; instance intermédiaire du discours politique, chacune d'entre elles devait être semblable à l'autre pour qu'aucune ne pût tenir dans le concert de la cité un discours particulier. L'Attique fut donc divisé en trois régions distinctes, la « *ville* » (*asty*), la « *campagne* » (*mésogée*) et la « *côte* » (*paralie*), et divisée en trente *trittyes* ; chacune des tribus fut composée de trois *trittyes*, une de chaque région : cette répartition était reconnaissance de la spécificité sociologique de chaque partie du territoire et donc, constatation de la diversité du peuple athénien ; mais c'était le moyen aussi de faire que les particularismes locaux n'aient pas d'influence sur le déroulement de la vie publique, puisque les différences des intérêts de chacun s'annulaient de ce qu'on les additionnait dans le cadre tribal avant qu'elles ne s'expriment. Chaque tribu était un ensemble éclaté, puisque chacune des trois *trittyes* appartenait à une région différente, chacune était comme une représentation de la cité tout entière, puisqu'elle était constituée d'une partie de chacune des régions de l'Attique. La répartition des Athéniens en tribus et le rôle fondamental attribué au *Conseil* permettaient ainsi d'ôter toute importance aux partis régionalistes qui avaient perturbé la vie de la cité. Dans le détail même du découpage des circonscriptions, on s'arrangea d'ailleurs pour faire éclater des régions trop naturellement unies depuis les origines pour ne pas, si on les avait laissées appartenir à une même tribu, jouer même, dans ce nouveau cadre, un poids déterminant : ainsi Probalinthos fut-elle détachée de façon tout à fait artificielle des trois autres cités anciennement associées en une communauté connue comme la tétrapole de Marathon, alors même que la *trittye* dont faisait partie cette dernière continuait de s'appeler *Tétrapolis*. Il y avait, néanmoins, dans cette œuvre de construction du réseau des circonscriptions, une sorte de contradiction de fond, qui était comme la reconnaissance même de l'ambiguïté du fait politique : on construisait l'identité des gens sur une réalité, l'appartenance à un terroir, qui devait se nier pour que la cité existe. Cette contradiction était pourtant sans conséquence pratique.

Fonctions du dème

Le rattachement à un dème perdit assez vite, pour un citoyen, beaucoup de sa signification. Une des raisons en était que l'appartenance à une circonscription était héréditaire et que tous les habitants effectifs d'un dème, ainsi que tous les propriétaires fonciers, pouvaient n'être pas les citoyens qui y étaient administrativement inscrits. Une autre en est que les assemblées du dème ne se tenaient pas nécessairement dans le dème même, mais pouvaient être convoquées, sans que cela choque quiconque mais sans que ce fût de règle, dans la ville. Cela signifie très clairement que le territoire du dème était lieu de vie, de travail, pour une partie au moins des démotes, mais qu'il n'était pas nécessairement lieu du politique. Prendre des responsabilités au niveau local pouvait conduire tel ou tel à être investi d'une charge politique, à être, pour un an, membre du *Conseil*, mais ce n'était pas un moyen, si l'on en juge par les statistiques prosopographiques, pour entrer aux affaires et exercer des responsabilités importantes. Ceux qui exerçaient les grandes magistratures vivaient dans la ville même, pourtant ils apparaissaient dans les inscriptions locales en tant que bienfaiteurs, car le système imposait que l'on ne pût faire de politique sans garder de fortes attaches dans son village, même si l'on n'y exerçait pas de fonctions publiques.

La population de la ville s'était accrue au cours des temps de telle sorte que, dans les années 345, la moitié ou les deux tiers de la population vivaient dans la ville ou au Pirée. Cela ne signifiait pas que de nombreux citoyens, continuant de vivre à la campagne, n'étaient pas capables de marcher plusieurs heures, quarante fois dans l'année, pour assister aux sessions de l'Assemblée, ce qui veut dire que l'équilibre sociologique et politique de la cité était maintenu. Pourtant seuls les riches qui avaient les moyens d'avoir deux lieux

Les divisions de l'Attique clisthénienne

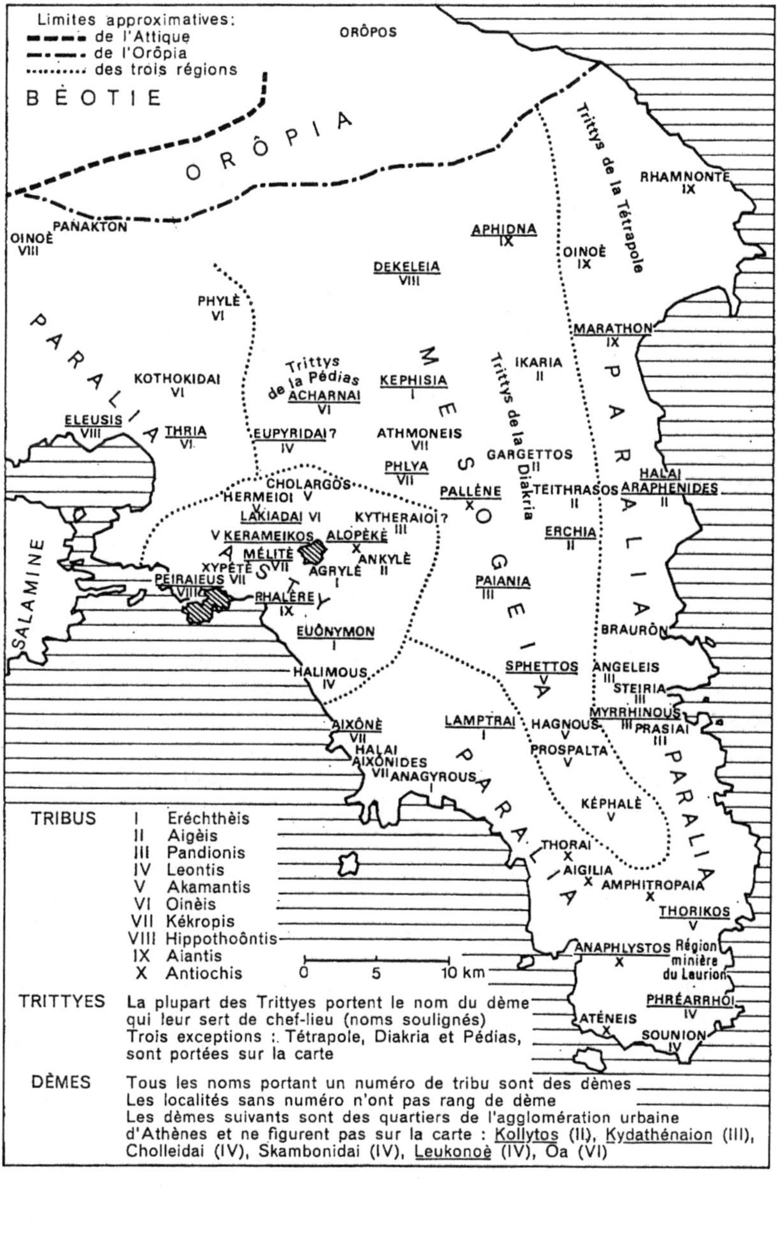

de résidence, pouvaient en fait jouer un rôle dans la vie publique : car, un citoyen devant vivre dans son dème pour y travailler la terre, ne pourrait assumer de responsabilités lui imposant d'être tous les jours à Athènes, si celui-ci était éloigné. En revanche, celui qui se coupait de son dème, parce qu'il ne pouvait avoir qu'une seule maison et ne pouvait vivre ailleurs qu'à Athènes, perdait ses attaches locales et ne pouvait recevoir la confiance d'électeurs qui ne le considéraient plus comme un des leurs. Ainsi, le système démocratique était vicié par l'inégalité matérielle qui existait inévitablement entre ceux qui peuvent avoir deux maisons et les autres. Néanmoins cette nécessité de double appartenance au sol des hommes politiques faisait qu'il n'y avait pas de dirigeant d'Athènes qui ne fût, en même temps membre d'un village de l'Attique, et n'eût maintenu des liens de familiarité avec ses compatriotes de la campagne, des rapports étroits avec les humbles soutiers de la vie politique locale et qui n'ait dû continuer à s'intéresser autant aux problèmes de la ville qu'à ceux de la campagne.

Images de la cité clisthénienne

La partition géographique de la cité avait une expression graphique. On voit ce qu'est l'organisation clisthénienne dans la façon dont se réunit l'assemblée quand elle s'établit, pour des raisons spécifiques, sur l'agora, ou dans les autres lieux où il est opportun de rappeler les séparations constitutives de l'unité du groupe. Très significatif ainsi est le fait que sur l'agora d'Athènes, notamment (il en existait aussi au Pirée), furent érigées des bornes qui limitaient dix espaces de tribus et dans chacun trois espaces de trittyes qui disaient par exemple : « Ici finit la tribu Aiantis et sa trittye Tétrapolis, et commence la tribu Akamantis et sa trittye Cholargienne »; entre ces bornes de tribus, des bornes plus simples de trittyes, « Ici finit la trittye Paianienne et commence la trittye des Myrrhinousiens » : qu'elles fussent des portes par où les citoyens entraient dans l'enceinte où il leur fallait se rassembler tous pour décider par un vote solennel de l'exil de l'un d'entre eux, ou des sortes de repères pour installer des barrières, entre lesquelles ils se trouvaient cantonnés, les citoyens pouvaient ainsi trouver en un modèle concentré, inscrit dans le sol, l'image de leur structure socio-politique. À la fin du IVe siècle, on partagea le théâtre en 12 secteurs ; c'était sans doute pour partager le corps politique qui se donnait en représentation, en ses douze tribus (tel en était désormais le nombre).

Ce mode de regroupement du peuple en unités de rassemblement est bien connu ailleurs. On le trouve à Corinthe, ou bien à Mantinée où l'on voit parfaitement bien avec quel soin on savait jouer des phénomènes de discontinuité territoriale pour créer des ensembles humains homogènes. Le peuple des citoyens y était divisé en 25 unités électorales et le théâtre où se réunissait l'assemblée était divisé en 25 sections (*merè*) numérotées ; chacun des citoyens avait reçu une contremarque sur laquelle était inscrit le numéro de la section dans laquelle il devait siéger : il s'installait là où cela lui était assigné. Comme la cité était divisée en cinq *dèmes* (à moins qu'il ne s'agisse des cinq tribus dont on connaît l'existence dans la cité), chaque contremarque avait une forme spécifique correspondant à chacune de ces cinq divisions du corps civique. Les citoyens devaient se répartir en fonction de leur appartenance à l'un des cinq dèmes dans les 25 sections de vote numérotées. Dans le théâtre ils s'asseyaient sur le rang qui leur était réservé, chaque section étant ainsi constituée de cinq rangs de gens de dèmes différents ; le vote pouvait alors avoir lieu, un scrutin dont Aristote dit qu'il se faisait « par section » (*Politique*, VII, 1318b) : la cité tout entière réunie se voyait exister non pas dans son cadre territorial mais dans la répartition éclatée qui permettait que son unité ne fût pas à la merci des humeurs des habitants de telle ou telle partie du territoire.

Les deux modes de représentation de la cité

Si l'on veut bien associer les deux séries de remarques que nous venons de présenter, on s'aperçoit qu'il y a deux moyens de représenter la cité. L'une des images possible se construit sur un territoire vierge que l'on partage de façon égalitaire, construisant la propriété de telle sorte qu'elle soit à l'image de l'égalité de chacun de ceux qui participent à l'assemblée ; le groupe humain peut être rangé dans l'ordre où sont ses maisons et ses champs, l'espace des hommes rassemblés à leur rang et leur territoire sont ordonnés de la même façon ; on constate qu'il y a une réelle cohérence entre la géographie humaine, la géographie politique et les réalités spatiales.

Dans les vieilles cités on doit jouer sur la valeur des différences procurées par l'histoire. Il faut introduire le réel géographique dans un système où celles-ci puissent s'annuler de leur addition même. On peut y construire, ainsi, deux images de la cité. La première est celle de la répartition territoriale perçue à l'échelle de l'espace géographique lui-même. Les hommes vivent en unités qui ne communiquent pas entre elles au niveau politique, car les habitants de villages voisins n'appartiennent pas à la même circonscription de vote. En revanche ils peuvent entretenir des rapports économiques puisque leur proximité permet les synergies : cette représentation est celle de la cité considérée comme un organisme proprement biologique. Quand les citoyens sont réunis sur l'agora selon les schémas de rattachement construits pour rompre les rapports ordinaires de l'espace économique, les personnes originaires de lieux divers se regroupent et se parlent, leurs unités de rassemblement se transforment en éléments de vote, naît ainsi l'image du politique. Pour pouvoir exister en tant que parole humaine, la cité doit nier l'existence même de différences dues au rapport au terroir qu'elle affirme pourtant quand il lui faut les rompre.

La superposition des deux images était parfois possible ; le théâtre devenu l'icône de la cité humaine parce que les citoyens s'y installaient à la place que leur valait leur rang et leur secteur de rattachement administratif était situé de telle sorte dans la ville qu'il dominait la diversité de son territoire. Le peuple, réuni en fonction de regroupements proprement politiques, pouvait contempler le panorama et la totalité de l'espace géographique qui lui appartenait.

DOCUMENT

■ Fondation de Cyrène (fin du VIIe siècle)

Dieu. La bonne fortune
Damis, fils de Bathyclès a fait la proposition. Au sujet de ce qu'ont dit les Théréens et Kleidamas fils d'Euthyclès, proposant, pour le bien de la cité et le bonheur du peuple, que l'on rende aux Théréens le droit de cité conformément aux lois ancestrales que nos parents avaient établies, ceux qui sont venus de Théra pour fonder Cyrène comme ceux qui sont restés à Théra, puisque Apollon a accordé à Battos et aux Théréens qui ont colonisé Cyrène de vivre dans le bonheur s'ils restaient fidèles aux serments qu'ils se sont mutuellement jurés, lorsqu'ils sont partis s'installer au loin sur l'ordre d'Apollon Conducteur. À la bonne fortune, plaise au peuple que les Théréens continuent de jouir à Cyrène d'une égale citoyenneté et qu'ils y possèdent les mêmes droits; que tous les Théréens qui résident à Cyrène prononcent le même serment qu'ont prononcé leurs ancêtres; qu'ils soient inscrits dans une tribu, une phratrie et neuf compagnies; que ce décret soit gravé sur une stèle de marbre blanc, que la stèle soit placée dans le sanctuaire ancestral d'Apollon Pythien, que soit gravé aussi sur la stèle le serment que les fondateurs ont prononcé en partant pour la Libye avec Battos, pour aller de Théra à Cyrène.
Serment des fondateurs.

Il a plu à l'assemblée : puisque Apollon a, de lui-même, ordonné à Battos et aux Théréens de coloniser Cyrène, il convient aux Théréens de décider qu'ils enverront Battos en Libye comme conducteur et roi; que les Théréens s'embarqueront en sa compagnie; qu'ils s'embarqueront dans des conditions égales et semblables pour chaque maison, à raison d'un fils pour chacune; que l'on établira dans tout le pays un catalogue des hommes en âge de partir et que tout autre Théréen de condition libre, qui le voudra, prendra la mer; si les émigrants peuvent rester maîtres de leur colonie, que celui de leurs compatriotes qui partira ensuite pour la Libye y jouisse de la citoyenneté pleine et entière, il recevra un lot de la terre sans propriétaire; si, au contraire, ils ne parviennent pas à rester maîtres de leur colonie et si les Théréens ne peuvent les secourir et s'ils n'ont pas au bout de cinq ans surmonté les difficultés qui les accablent, ils partiront sans crainte, de ce pays, pour Théra, ils y recouvreront leurs propriétés et y seront citoyens; celui qui ne voudra pas embarquer, alors que la ville l'aura désigné pour partir, sera passible de la peine de mort et ses biens seront confisqués, celui qui l'aura recueilli ou aura tenté de le mettre en sûreté, un père le faisant pour son fils, un frère pour son frère, sera passible de la même peine que celui qui ne voudra pas s'embarquer. Ceux qui restaient ici et ceux qui s'embarquaient pour fonder une colonie ont prononcé le serment en ces termes, et ont proféré des malédictions contre ceux qui ne seraient pas fidèles à ces serments, de ceux qui s'installaient en Libye et de ceux qui restaient ici. Ayant modelé des figurines de cire, ils les firent brûler et prononcèrent des imprécations, hommes, femmes, garçons et filles : « Que celui qui n'est pas fidèle à ces serments mais les transgresse, qu'il fonde et se liquéfie comme ces figurines, lui, sa race et ses biens ; ceux qui restent fidèles à ces serments, de ceux qui s'embarquent pour la Libye et de ceux qui restent à Théra, qu'il leur en advienne beaucoup de bien, à eux et à leur race. »

J.-M. Bertrand, *Inscriptions historiques grecques*, n° 5, Les Belles Lettres.

3

Le territoire de la cité idéale

Le mouvement de colonisation avait tenté de résoudre les problèmes posés par les dysfonctionnements des cités archaïques. À l'époque classique, dans un monde devenu moins mobile, les philosophes, se voulant parfois réformateurs, construisirent des modèles de cités parfaites. Ils s'attachèrent à en décrire la forme, sachant bien de l'expérience coloniale et de la pratique clisthénienne, que la structure du terroir conditionnait les relations sociales et politiques. Particulièrement sensible aux phénomènes de centralité, et voulant en corriger les effets néfastes, Platon se donne beaucoup de mal pour que tous les citoyens se trouvent dans le même rapport à la ville, et pour que s'établisse un équilibre entre la ville et la campagne. Aristote se montre pragmatique, la chose la plus importante pour lui est que l'ensemble du territoire politique puisse être embrassé d'un seul coup d'œil et que les structures en apparaissent clairement : il souhaite que les diverses zones d'activité soient bien séparées les unes des autres, le politique devant avoir un lieu distinct de celui qui sera réservé aux activités industrielles ou commerciales. Cela impose que les diverses catégories d'hommes appartenant à la cité soient marquées de signes distinctifs.

La cité idéale était nécessairement égalitaire, quelle qu'ait pu être l'idée que l'on se faisait de l'égalité souhaitable, qu'elle fût voulue proprement arithmétique ou qu'elle fût conçue comme devant être proportionnelle : tous les citoyens devaient avoir part égale à la parole politique et partager également les richesses produites par leur association. Dans la mesure où les cités qu'ils voyaient vivre ne se conformaient pas à ce modèle parfait, par l'effet de causes considérées comme naturelles, les utopistes cherchèrent à résoudre le problème posé par l'inégalité des propriétés, dont ils constataient les effets néfastes.

Ils avaient tendance à idéaliser l'expérience originelle de distribution du sol dans le monde colonial et toute inégalité des fortunes paraissait procéder d'un phénomène de décadence depuis la cité primitive. Ils pensaient que c'est de là « que naissent toutes les révolutions ». Nombre de législateurs en Grèce propre avaient donc fait en sorte que les propriétés des citoyens fussent égales, certains avaient voulu interdire toute possession de terre de plus d'une superficie déterminée et dans beaucoup de cités il était interdit de vendre les lots originels ; il existait même des législations interdisant toute hypothèque sur une partie déterminée de la terre que possédait chacun (Aristote, *Politique*, II, 1266a ; VII, 1319a).

Ils savaient que dans les cités, la ville jouait un rôle essentiel, puisqu'elle était le lieu de la parole politique. Ils furent amenés donc à réfléchir sur les différences qui s'établissaient, par l'effet de la centralité, entre ceux des citoyens qui habitaient en ville et ceux qui vivaient dans les campagnes. Car il ne fallait pas que cette situation finît par s'institutionnaliser et que des ruraux se trouvent, sans que la chose fût clairement perçue et, par conséquent, sans que des correctifs pussent y être apportés, dans une situation de dépendance par rapport à ceux qui auraient vécu dans le centre urbain.

L'architecte et philosophe Hippodamos avait donné forme à ses utopies en construisant Le Pirée vers 475 et en participant à la reconstruction de Milet après la défaite des Perses; en 444-443, il traça les plans de Thourioi, ville nouvelle de Grande Grèce. Il semble qu'il ait systématisé, en en justifiant les modalités et les nécessités, une réflexion sur le zonage de la ville et qu'il sut décrire, autant qu'on puisse le savoir par le souvenir qui reste de ses écrits, de quelle façon les fonctions principales de la ville, politiques, administratives ou religieuses, économiques ou sociales, devaient être nettement inscrites à l'intérieur de larges zones réservées entre les quartiers résidentiels. Les ports, places et marchés, temples et sanctuaires, théâtres et édifices gymniques étaient disposés en liaison les uns avec les autres en des groupements topographiques donnant de l'harmonie à l'urbanisme des édifices et emplacements d'usage collectif. La vie publique se trouvait donc valorisée au dépens de la vie individuelle qui devait avoir pour cadre une trame d'îlots octogonaux sans variété, sans reliefs ni perspectives, mais où chacun, semblable à son voisin, découvrait au fil des jours qu'il jouissait d'un sort égal au sien. Ces diverses zones devaient être marquées par des bornes, car elles n'auraient d'existence que par l'effet de la volonté de l'urbaniste. Certaines qui servirent à de telles entreprises ont été découvertes : à l'agora d'Athènes, par exemple, où telle pierre proclame, « je suis borne de l'agora », au Pirée, à Oropos où le domaine public se protège de tout empiétement éventuel en indiquant, « Borne, les particuliers ne doivent pas élever de construction à l'intérieur des bornes ».

Hippodamos proposait que la population fût divisée en trois classes : celle des artisans, des agriculteurs et des soldats. Le territoire serait lui aussi divisé en trois sections : les terres sacrées, la terre publique, et la terre privée. La terre sacrée était destinée à subvenir aux besoins du culte, la « terre commune » devait servir à l'entretien des guerriers, la terre privée était laissée aux agriculteurs qui en étaient les propriétaires. La division tripartite de la population n'a pas de rapport, sinon rhétorique par l'usage d'un chiffre commun, avec la façon dont on partage le territoire. Le système introduit dans le cœur même de la cité fonctionnellement autarcique un élément de déséquilibre : les guerriers qui, ne produisant rien, possèdent pourtant, collectivement, un domaine qui les nourrit, mais dont on se demande bien qui le cultive — comme le remarque justement Aristote qui, pourtant, lui aussi sera tenté de constituer dans sa cité idéale un domaine public dont le produit serait affecté aux frais du culte et aux repas communs des citoyens. On s'aperçoit ainsi que de la pratique à la formalisation, l'architecte urbaniste n'est pas cohérent, et qu'il lui est difficile de définir les seules modalités du partage de territoire pour donner une image claire de la cité.

L'utopie, dans sa finalité et son fonctionnement, fut en général moins productive encore. Aristophane se moque, dans *Les Oiseaux* (v. 1000-1009), de Méton, astronome et sans doute penseur qui, pour construire une ville nouvelle, non content de prétendre mesurer l'air, utilise des « règles tordues » qui, associées à un compas, lui permettront de dessiner des « cercles carrés ». Quelque ingénieux que l'on soit à prétendre que l'on peut comprendre ce qu'est le plan de la ville à laquelle Méton était censé penser, il n'y a pas de doute que le comique jouait là dans le registre du burlesque, et qu'il dénonçait par ce moyen les impostures des théoriciens. Le carré est le symbole même de l'urbanisme colonial, il représente le lot de terre offert aux premiers fondateurs, considérés comme tous égaux lors de leur installation ; le cercle est en quelque sorte le vécu ordinaire de la cité qui s'organise naturellement de l'agora jusqu'aux *eschatiai*, de son centre vers sa périphérie, à la mode ancienne et avec lequel ont joué les réformateurs de type clisthénien. L'utopie, égalitariste par vocation, doit rêver un monde qui associe le carré, symbole d'égalité, et le cercle, construction naturelle de l'histoire des hommes ; quoi de mieux alors qu'une règle tordue, mais on sait déjà, avant même qu'Aristote ne l'ait écrit, qu'elle ne sert à rien puisqu'elle ne peut ni servir à tracer le droit, ni permettre de reproduire le rond. Il y a dans ce texte l'écho de controverses passionnées entre les tenants d'une ville se construisant à la mode traditionnelle naturellement centralisatrice et les nouveaux urbanistes qui ne pourront jamais rien construire puisque le carré ne naîtrait jamais du cercle.

LA CITÉ PLATONICIENNE

Fondation

Le premier à avoir formalisé de façon complète l'idée que l'on doit se faire de la cité idéale et dont l'œuvre soit conservée est Platon. Dans les *Lois*, qui ne prétendent pas définir une cité parfaite où il faudrait que tout fût commun, « femmes, enfants et biens » (739c), mais à définir la cité possible, il décrit comme un modèle le projet d'une fondation coloniale pan-hellénique qui, n'ayant de lien de parenté particulier avec aucune des cités de Grèce pourrait accepter de vivre selon une tradition nouvelle. La cité des Magnètes, c'est ainsi qu'il l'appelle, sera selon le modèle colonial traditionnel, fondée en un lieu désert (704c), de telle sorte que le passé ne puisse peser sur l'organisation du sol. Platon ne se soucie pas vraiment de décrire de façon précise la ville et son territoire, il se contente d'indications qui témoignent de ce qu'est la finalité des processus de fondation, sans se préoccuper de la cohésion de tous les détails. Il cherche, par ailleurs, à exprimer des rapports abstraits dans les modalités de la mise en place des choses plutôt que de véritables systèmes urbanistiques ou territoriaux.

La colonie sera fondée en un lieu favorable apte à permettre une polyculture procurant l'autarcie. Elle sera composée de 5 040 familles et chacune sera dotée d'un lot de terre, ce qui veut dire que la partition sociale sera parfaitement conforme à la partition territoriale : chaque homme chef de famille possédera un lot (737e) qui restera indivisible et qu'il transmettra à son unique descendant mâle ; tout citoyen qui serait sans enfant devra adopter un enfant qui, étant apparu en surnombre dans une maison, resterait sans héritage ; les filles nées dans une famille seraient considérées comme *épiclères*, si elles se trouvent seules descendantes et transmettraient par mariage la propriété de leurs parents (740b) : « le bénéficiaire d'un lot donné ne laissera jamais pour ce domaine qu'un seul héritier parmi ses enfants, celui qu'il préférera, pour lui succéder, y honorer les dieux de la famille et de la cité ; quant aux autres enfants, pour ceux qui en ont plus d'un, on mariera les filles selon la loi qui sera édictée, on distribuera les garçons à ceux des citoyens qui manquent de postérité pour qu'ils en fassent leurs fils ». En cas d'excès de population, on ferait partir une colonie, au cas où la ville se dépeuplerait, on ferait appel à l'extérieur pour fournir le surplus nécessaire, avec quelque répugnance pourtant car les nouveaux venus ne seraient pas éduqués selon la bonne règle : en tout cas l'essentiel était d'établir l'immobilité des choses et la permanence du terroir en ses divers constituants.

Forme de la ville

La cité est construite selon un schéma concentrique. La ville doit être le plus au centre du territoire qu'il sera possible, mais de façon à être relativement éloignée de la mer qui apparaît comme fondamentalement corruptrice, parce qu'elle favorise les rapprochements entre peuples divers (705a). On choisit de même un lieu convenable du point de vue des vents et des eaux (747d). En son centre est instituée une zone particulière désignée du nom d'acropole ; il est parfaitement clair qu'elle n'a pas à jouer le moindre rôle militaire et que l'aspect du site est de peu d'importance. Elle est bornée par une enceinte circulaire, réservée aux cultes des grands dieux, Hestia, Zeus et Athéna ; ces temples sont disposés autour d'une place, *agora*, où se trouvent les bâtiments publics, notamment les tribunaux puisque ceux-ci ont à prendre les dieux pour garants des sentences qu'ils prononcent (778c). La zone réservée à l'habitation est divisée en douze secteurs, correspondant à la division de la population en douze tribus, les lignes de partage se prolongeant sur tout le territoire depuis le centre urbain. La ville est entourée d'une ceinture de quartiers où sont installés les artisans et leurs ateliers (848-849). Elle n'a pas de remparts, par ceux-ci ne servent qu'à disposer les habitants à la mollesse (778e), mais on peut faire en sorte que les murs des maisons soient alignés et jointifs pour qu'ils constituent comme une muraille tournée vers l'extérieur. Le philosophe a sans doute en tête l'exemple de cités dont les habitants ont pu résister à un assaut en se regroupant de maisons en maisons, perçant les murs mitoyens pour rester à l'abri des murs extérieurs, se rassembler et faire des sorties contre les ennemis errant par les rues sans voir personne : c'est ce qu'ont fait les Platéens luttant contre les Thébains en 431 (Thucydide, *La Guerre du Péloponnèse*, II, 5, 2). Mais, comme le philosophe souligne que de cette façon la ville tout entière ressemblerait à une maison unique, le lecteur comprend bien qu'il présente une description idéologique du phénomène urbain. La ville, construction humaine, doit être aussi unie que peut l'être chacune des maisons, unité de base qui la constitue. De même la cité doit être dans son ensemble un corps aussi homogène que peut l'être le corps de chacun de ses membres (*République*, 562c-d) : puisque tous doivent « louer d'une seule voix, blâmer d'une seule voix », il faut « rendre commun ce qui par nature est personnel, comme les yeux, les oreilles, les mains » (739c). La ville parfaite le sera parce qu'elle sera maison unique, comme la cité parfaite est un corps unique.

Territoire

Le territoire est partagé en douze secteurs. Il est précisé que la surface de chacun peut n'être pas la même, puisque le partage doit tenir compte des différences de valeur du sol (745b). Ces douze secteurs sont divisés en 5 040 lots, égaux eux aussi, non pas en surface, mais en capacité de production. Cette recherche d'une égalité, calculée en fonction des potentialités du sol, fait en quelque sorte bon marché de la commodité d'arpentage. On peut penser que Platon connaît des exemples de partages cadastraux différentiels, et que les lots sont de même superficie dans chacune des régions dans lesquels on les dessine ; en tout cas, cela ne facilite pas la lisibilité de l'image produite. L'ensemble du territoire est divisé en deux zones concentriques, l'une est désignée comme extérieure, l'autre est dite intérieure. Une ligne de villages jalonne la ligne de partage. Ces villages sont installés sur des collines situées en cercle autour de la ville ; on y consacre des sanctuaires (778c) aux dieux, des postes fortifiées sont placés sur les points hauts (848c-e) et l'on trace les limites d'une *agora*, les maisons de chacun se regroupant autour de ces monuments ; des artisans sont logés dans chacun des douze villages, ceux dont l'activité est le plus utile à la vie rurale. Chaque famille de citoyens possède un lot de terre divisé en deux, une partie est dans la zone intérieure du territoire, l'autre dans la zone extérieure. Chacune a deux maisons, l'une dans la ville, la seconde dans le village correspondant à sa tribu car, contrairement à ce que l'on a tendance à croire, les habitants ne vivent pas dans les champs de la zone extérieure mais en bordure de celle-ci (745e, « chacun possédera deux habitations, l'une près du centre, l'autre proche de la zone extérieure ») : l'une des deux maisons rattachée à chacun des 5 040 lots, celle du village sans aucun doute, est réservée au jeune ménage de la famille qui ne doit pas vivre avec les parents du mari, car « le nouveau marié doit regarder l'une des deux maisons de son lot comme l'endroit où naîtront et grandiront ses petits et se séparer de son père et de sa mère pour y faire ses noces, s'y fixer, s'y nourrir lui et ses enfants, il faut laisser leur maison à ses pères et mères, ainsi qu'aux parents de sa femme, et comme si l'on était allé en colonie vivre en les visitant et en recevant leur visite » (776a).

La cité platonicienne

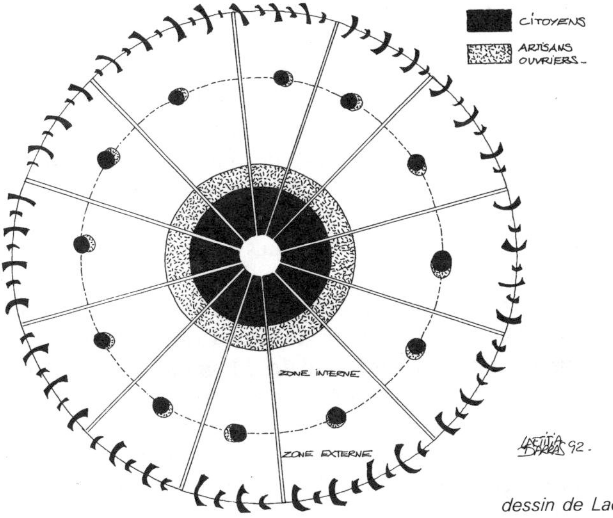

dessin de Laetitia Darras

La zone interne est directement ouverte aux regards de tous, depuis la ville et depuis les villages qui la bornent. Ceux-ci sont parfaitement visibles de la ville puisqu'ils sont situés sur les collines qui lui font comme une couronne. La zone extérieure est moins directement perceptible ; la surveillance en est confiée à douze groupes de 17 hommes (cinq commandants, qui exercent leur magistrature durant deux ans et recrutent douze jeunes auxiliaires) qui parcourent la campagne, secteur après secteur, mois après mois, durant deux ans, dans un sens et puis dans l'autre ; il faut que chacun acquière l'expérience de la campagne, connaisse la configuration des lieux en chacune des saisons (760c-e). Il n'y a là qu'une partie d'une classe d'âge en service simultanément et Platon qui parle dans un autre passage (778e) d'envoyer « les jeunes dans la campagne » ne sait pas bien quelles sont les implications de la démographie qu'il a mise en place. Ces jeunes gens sont en fait sans doute, les « jeunes gardiens » qui sont capables de considérer depuis leur acropole, « toute la cité en cercle » (964e). Ils ont un autre rôle à jouer que le simple apprentissage du terroir, et doivent fortifier le territoire par la construction d'obstacles, le creusement de tranchées, et tous moyens utiles, ce pourquoi ils peuvent réquisitionner les cultivateurs. Il leur faut aussi l'aménager, notamment en drainant les torrents venus des hauteurs (ce qui implique que la zone extérieure lotie était elle-même bordée d'une zone de confins non cultivés et laissés déserts) ; ils doivent y construire des lieux de détente (gymnases et thermes) mais surtout faire en sorte que leur activité serve à la culture des champs qui se trouvent en dessous, la fonction de ces éphèbes étant ainsi de réduire la part sauvage du territoire dans une cité qui prétend à la mise en culture de toutes terres aptes à être ensemencées et où seuls « les terrains qui ne sont bons qu'à ça » peuvent servir aux inhumations (958d) ; cela les apparente aux éphèbes de la cité crétoise de Dréros dont on attend qu'ils plantent un olivier et qu'ils soient capables de montrer de quelle façon il a poussé.

Le système de Platon est bien clair : ce qui lui importe, c'est que tout citoyen soit concerné par ce qui se passe dans la totalité du territoire de la cité et notamment par ce qui se passe aux frontières, parce qu'il y possède une propriété. C'est peut-être l'exemple de Thourioi qui a inspiré Platon : la répartition des terres entre les co-fondateurs avait provoqué la guerre civile entre eux, car les Sybaritains voulaient se réserver les terrains situés autour de la ville et laisser les terres périphériques aux nouveaux arrivants (Diodore, *Bibliothèque*, 12, 11, 1-2). Mais on ne peut imaginer que ce soit le différentiel de prix éventuel entre les propriétés périurbaines et les terrains plus éloignés qui soit en cause, comme c'est peut être le cas à Corcyre la Noire, puisque les lots de terre sont inaliénables, dans la cité des Magnètes ; le problème est purement politique. Aristote, qui n'a pas voulu comprendre que Platon n'envisageait pas que quiconque serait tenu d'avoir deux maisons, et le lui reproche ainsi à tort (*Politique* II, 1265b 25 ; repris dans 1310b 20 et 1284a 26) a bien compris quelle était la finalité de cette façon de faire : « elle est conforme à l'égalité et à la justice, et assure plus de concorde entre les citoyens » (*ibid.*, 1330a). Quant à l'idée de la médiane, elle est peut être conforme à une vieille coutume, perpétuée par Hipparque fils de Pisistrate, qui avait fait ériger en Attique des bornes à mi-parcours des routes menant aux dèmes principaux.

LA CITÉ D'ARISTOTE

Critique de Platon

La contestation par Aristote des idées présentées par Platon dans les *Lois* va bien au-delà du point de détail dont nous avons fait état, et de quelques autres. Il éclaire les réalités de façon souvent bien différente et ainsi les transforme.

Dans *La Politique*, ouvrage qui prétend autant à l'analyse du réel qu'à la réflexion sur les possibles et le souhaitable, il paraît vouloir être pragmatique.

Il évoque, par exemple, une sorte d'écologie des systèmes territoriaux, montrant que la constitution des cités sait utiliser les paysages en fonction des besoins du politique : « à l'égard des lieux fortifiés, dit Aristote, la solution à adopter n'est pas la même dans toutes les formes de constitution ; ainsi, une citadelle convient à une oligarchie, et un pays de plaine à une démocratie ; une aristocratie ne voudra ni de l'une ni de l'autre, mais préférera un assez grand nombre de places fortes » (1330a), de même, la « démocratie rurale » fonctionne mieux dans les cités où les exploitations sont éloignées de la ville, quand les paysans doivent vivre dans les champs. Les chaînes causales doivent, en fait, être réversibles, et l'on peut se demander si, à ses yeux, c'est la nature du terrain qui construit le système politique, ou bien l'inverse. Comme il n'oubliait pas que le tyran Thrasybule de Milet savait comment modifier l'aspect de son champ de blé, d'en abattre les plus beaux épis, pour qu'il fût à l'image de la cité sans élites qu'un tyran devait savoir construire s'il voulait rester à sa place, ni que Périandre suivit ses conseils du temps où il régissait Corinthe (Hérodote, *Histoires*, V, 92), on peut penser qu'il était bien persuadé que le territoire s'aménageait en fonction des désirs de qui le possédait.

La démarche d'Aristote sera donc tout aussi peu géographique que celle de Platon traitant de la « meilleure constitution ». Néanmoins, il n'éloigne pas sa fondation dans un monde imaginaire. Il voit la cité comme un organisme qui vit dans son milieu propre, au contact d'autres organismes semblables à elle, et doit ainsi nécessairement penser à faire la guerre (1291) ; il ne faut pas se contenter, indique-t-il, de songer au « territoire et aux hommes » quand on installe une communauté neuve, mais il est bon de réfléchir à ce que sont « les contrées voisines si l'on admet d'abord que la cité doit vivre la vie d'une cité et non d'un solitaire » (1264b). C'est pour cela qu'il insiste sur le fait que la ville doit être munie de remparts (1330) : l'un des interlocuteurs du début des *Lois* savait bien tout cela, mais Platon l'avait implicitement récusé (*Lois*, 625). Il ne niait pas la possibilité d'une guerre, ni la nécessité d'une armée, mais il voit la cité comme une sorte d'île, sans obligation de rapports avec les autres ; une cité bonne « vivra en paix » (*Lois*, 829a), alors qu'Aristote remarque que si la Crète vivait en paix, ce qui était vrai de son temps mais ne le serait plus, c'est qu'elle était simplement éloignée du reste du monde (1272b). Platon, divisant la cité en deux zones, n'avait en vue que l'unité des citoyens dans le cadre fermé de la cité : celle-ci devait nier les oppositions entre les régions de son territoire, et construire un système où les différences entre les gens s'annulaient de ce que les intérêts de chacun étaient objectivement contradictoires en eux-mêmes, ce qui les incitait à servir l'intérêt général. On a dit qu'il avait envisagé la construction territoriale de la cité des Magnètes dans une optique clisthénienne, alors pourtant que ce n'est pas dans les groupes d'électeurs réunis en tribus que se construisait le système d'équilibre des intérêts divers, mais à l'intérieur même de chaque personne, ou plutôt de chaque groupe familial. La façon dont Aristote justifie ce type de zonage est différente, il explique que le fait qu'il faille réaliser la « concorde entre les citoyens » n'a de nécessité que parce que les cités sont en situation de continuelle guerre potentielle, car, « là où cette répartition n'existe pas, les uns se préoccupent peu des hostilités qui se produisent aux confins du territoire, tandis que les autres en conçoivent des inquiétudes excessives et perdent le sens de l'honneur » (1329b).

La citoyenneté

C'est, essentiellement, dans la façon dont il résout le problème de la citoyenneté que les préoccupations d'Aristote deviennent telles que le rapport de la cité à son territoire prennent une forme très nouvelle, et que le découpage du sol cesse de pouvoir représenter le politique. Pour lui la cité est un système composite, puisque ce n'est pas « une masse de gens réunis par hasard », mais une collectivité qui doit se suffire à elle-même : « c'est donc une nécessité pour elle d'être organisée de telle sorte que les services nécessaires soient assurés, il faut ainsi qu'il y vive une foule de cultivateurs qui fourniront la nourriture, des artisans, des guerriers, des riches, des prêtres, des juges qui distingueront le juste et l'utile » (1328b 15 sq.). Néanmoins, s'il faut qu'il y ait des cultivateurs, des artisans et tout un monde de manouvriers, seuls posséderont la citoyenneté les hoplites et les membres du corps délibérant (il s'agit fort heureusement des mêmes personnes à deux moments de leur vie, *cf.* 1328 et 1329a), « les travailleurs n'ayant pas droit à la citoyenneté, ni aucune catégorie sociale incapable de fabriquer de la vertu », « les propriétés seront réservées aux citoyens et nécessairement les agriculteurs seront des esclaves, des barbares ou des gens du pourtour (*périèques*) ».

Il est bien entendu que ces producteurs sont nécessaires à l'existence de la cité, qu'ils en font donc partie et lui sont comme consubstantiels. Néanmoins, le rapport des travailleurs au sol ne peut être que tout à fait différent de celui des citoyens au territoire dont ils sont les seuls propriétaires (*cf.* 1269a), très différent aussi de ce qu'il était dans la cité des Magnètes. Dans la cité de Platon, les tâches agricoles étaient laissées aux esclaves (*Lois*, 806d), mais cela n'empêchait pas que le maître propriétaire dût être dans ses champs pour les ordonner et en surveiller l'exécution : il devait donner l'exemple et éviter de trop dormir pour avoir le temps de gérer ses affaires domestiques sans que fussent négligées les charges politiques (*Lois*, 808b). De même sa femme devait pouvoir réveiller ses servantes et rester à leur côtés. L'implication directe dans le travail de l'entreprise familiale que constituait leur *clèros*, était, pour l'un comme pour l'autre, le bon moyen d'être les maîtres dans leur maison. Il est clair alors que le découpage du sol était bien l'image de ce qu'était une cité de propriétaires ruraux semblables dans leur mode de vie réglé et austère, qui pratiquaient bien le faire-valoir direct, puisque c'est bien le maître qui nourrissait ses serviteurs (848a) et non pas ceux-ci qui lui versaient une redevance. Il n'en est pas de même dans la cité d'Aristote, où l'égalité de fortune procurée par l'égalité des lots n'est plus qu'une réalité quelque peu abstraite ; elle est une évidence comptable plutôt que perçue. Personne, parmi les citoyens, ne semble devoir jouir d'une expérience concrète de la vie agricole, savoir ce qu'est le sol et l'enracinement vrai dans une propriété puisqu'elle est cultivée par d'autres. D'ailleurs, Aristote n'est pas du tout persuadé que l'égalité dans la répartition de la propriété foncière soit fondamentale pour établir l'égalité entre les citoyens, car il sait bien qu'il faut prendre en compte, pour établir ce qu'est la fortune de chacun, d'autres réalités et notamment évaluer ses biens mobiliers. Aussi n'attache-t-il pas autant d'importance à la façon dont est loti le territoire que ceux qui l'on précédé, théoriciens ou législateurs, que ceux aussi qui, à l'époque hellénistique, continueront de bâtir des cités neuves : la perfection dans la répartition des lots de terre entre les citoyens n'est plus pour lui, quelque respect qu'il manifeste, en passant, aux antiques schémas, le critère de la capacité d'atteindre au « bien-vivre » dans la cité moderne qu'il évoque.

Représentation de l'inégalité

Néanmoins, il lui faut donner quelques éléments nécessaires à l'implantation de la cité parfaite, les éléments signifiants de l'image vont donc être nouveaux. Ce que l'on s'efforcera d'écrire dans le sol c'est, non plus l'égalité entre les citoyens, mais l'inégalité qui existe entre les diverses composantes du corps politique. Platon installait les ouvriers en des endroits précis de la ville et dans les villages ; cela répondait à une logique fonctionnelle : ils étaient regroupés en des sortes de *souks* pour être mis de façon commode à la disposition de leurs clients de la ville, comme de ceux de la campagne. Comme ils étaient par ailleurs estimés et considérés, s'il existait une sorte de ségrégation à leur égard, elle tenait à ce qu'ils étaient étrangers à la cité. Chez Aristote, où la communauté de vie et l'appartenance de tous à la même cité est considérée comme évidente, il n'en faut pas moins séparer le monde de la citoyenneté et celui du travail, le monde du confort et celui de la peine. Cela implique que l'on devra construire deux places dans la ville : « *l'agora* dite libre où il n'y aura aucun trafic de marchandises, où ne pénétrera ni ouvrier ni cultivateur ni aucun individu de ce genre, sauf s'il est convoqué par les magistrats où, pour l'agrément, devraient être installés les gymnases des adultes » (1331a) et « une autre *agora* pour les marchandises ». Il y a bien, dans la cité d'Aristote, un schéma de construction spatiale, dont il peut d'ailleurs citer des modèles, puisqu'on connaît de telles façons de construire en Thessalie, en Béotie ou à Sparte et dont la fonction est d'exprimer, non plus l'égalité régnant entre les membres du groupe politique, mais la diversité qui existe entre eux. Les gens libres ont le droit à la propriété d'une parcelle de sol qui n'est rien d'autre qu'une rente, et ils manifestent leur qualité par leur capacité à pénétrer en certains endroits de la ville qui leur sont réservés. Les autres, tout en faisant partie de la cité, n'ont pas droit d'entrer dans l'*agora* des hommes libres, ils appartiennent au seul paysage des champs comme les arbres, les animaux, ils lui sont attachés comme éléments nécessaires à la production, et ils n'en sortent que pour vendre leurs produits, au lieu réservé à cet effet. Il n'est pas étonnant que cette volonté discriminante pose des problèmes et implique la mise en usage de nouveaux systèmes de marquage parce que l'homme est par essence mobile, et que des bornes ou des gardiens peuvent ne pas suffire à le maintenir à la place où l'on veut qu'il soit.

La cité panoptique

Le marquage du sol n'est plus nécessaire pour exprimer l'égalité des fortunes puisqu'il n'est plus pertinent. D'autre part, il peut n'être pas suffisant pour assurer la séparation des gens en fonction de leur statut. Il faut néanmoins que la cité soit lisible à qui la regarde vivre, car, c'est une des idées les mieux répétées par Aristote, elle ne peut fonctionner de façon satisfaisante que si elle est « facile à voir ». Pour qu'il en soit ainsi, le territoire, la cité doit être d'une taille telle qu'il puisse être facilement contrôlable : « la cité parfaite doit avoir un territoire qui puisse être embrassé d'un seul coup d'œil » (1327a). Il faut donc qu'il soit assez réduit, que sa population ne soit pas trop nombreuse (1326b, 1331a) ; ainsi le Péloponnèse, même si on l'entourait d'une muraille, ne pourrait être une cité (1276a). Un héraut, sans pour autant être Stentor, doit pouvoir se faire entendre dans l'ensemble du territoire, pour qu'il puisse être dit homogène (1376a). La dimension des espaces se mesure non pas selon les critères qui sont ceux de la géométrie de la chaîne d'arpenteur, mais en fonction de leur capacité à transmettre les informations. Si Babylone n'est pas une vraie cité, c'est que, « lorsqu'elle fut prise, il fallut plus de deux jours à toute une partie de ses habitants pour s'en apercevoir ». Les parcours doivent, d'autre part, avoir une orientation telle qu'ils soient aisés aux citoyens d'aller du centre vers la périphérie et difficiles pour les ennemis d'envahir le pays.

Cela n'est pourtant pas l'essentiel. Construire une cité panoptique implique que l'on puisse en marquer les éléments constitutifs de façon assez évidente pour que tout y soit correctement renseigné. Si, donc, marquer le territoire n'est ni pertinent ni efficace, le mieux est sans doute de marquer les hommes eux-mêmes, de telle sorte que chacun, dans le groupe humain, soit connu pour ce qu'il est et que sa condition soit évidente. Le Pseudo-Xénophon, dit « Vieil oligarque » se désolait déjà de ce que dans l'Athènes démocratique, le « peuple ne se distinguait pas des esclaves ou des métèques par ses vêtements ou son apparence extérieure » (*Constitution d'Athènes*, I, 10) ; il avait constaté que l'on pouvait venir s'y cacher sans crainte d'être découvert (II, 20). Platon aussi s'était aperçu que, dans les pays de démocratie radicale où les distinctions n'étaient pas nettes entre les gens, où les gouvernants avaient même allure que les gouvernés, les parents que les enfants, « les animaux finissaient par être d'allure plus libre qu'ailleurs et que même les chiennes ressemblaient à leur maîtresse » (*République*, VIII, 562). Comme il sait bien « qu'il ne faut pas que les étrangers et les métèques puissent usurper le titre de citoyen » quand « il n'est pas difficile de passer inaperçu », Aristote (*Politique*, 1326b) ne peut échapper à ce genre de logique : le bonnet de l'hilote spartiate, son manteau à capuchon, doive être le symbole de sa condition d'inférieur, permettant qu'on sache bien, partout où il se trouve, qui il est.

On en revient ainsi, par un autre biais, au problème posé par la nature même de la cité : une structure aussi complexe ne peut être comprise que par les projections et les images qu'elle donne d'elle. Celles-ci se construisent sur l'une ou l'autre de ses réalités, images du groupe humain, ou bien, images de cadastres. Les unes et les autres ne sont pas toujours superposables.

DOCUMENTS

■ La cité idéale, organisation du territoire (Platon et Aristote)

1) Platon

Ensuite, le fondateur de la cité doit d'abord l'avoir établie le plus possible au centre du pays, après avoir choisi un endroit pourvu également des autres avantages désirables, qui se conçoivent et s'énumèrent sans peine. Après quoi, il distinguera douze parties, en réservant d'abord pour Hestia, Zeus et Athéna une enceinte qu'il nommera acropole et entourera d'une clôture, et à partir de laquelle il divisera en douze parts la cité elle-même et tout le territoire. Les douze parts seront égales du fait qu'elles seront moins étendues si la terre est bonne, plus si elle l'est moins. On fera cinq mille quarante lots, mais on les coupera chacun en deux et on accouplera deux fractions, en sorte que chaque lot ait une partie rapprochée et une autre éloignée du centre : une partie attenante à la ville constituera un seul lot avec une autre située à la frontière, la seconde en partant de la ville avec la seconde en partant des frontières, et ainsi de suite. Il faut aussi assurer dans les demi-sections la proportion de terre médiocre ou bonne dont nous parlions à l'instant, en utilisant les différences d'étendue pour atteindre l'égalité. On divisera aussi la population en douze sections, en faisant des biens excédentaires douze parts aussi égales que possible après les avoir tous recensés ; et, après cela, assignant douze lots à douze dieux, on nommera et consacrera le lot échu à chacun, et on l'appellera « tribu ». On distinguera aussi les douze secteurs de la ville de la même façon qu'on divisait le reste du territoire ; et chacun possédera deux habitations, l'une près du centre et l'autre des extrémités. Ainsi s'achèvera la fondation.

Platon, *Lois*, V, 745b 3–745e 6, trad. E. des Places, CUF.

2) Aristote

1327a : De même que l'ensemble de la population doit être facile à embrasser d'un seul coup d'œil, ainsi doit-il en être du territoire [...] La ville doit avoir accès à tous les points du territoire sans exception pour l'envoi des secours, elle doit offrir des facilités de passage pour les transports des produits récoltés et aussi des bois de charpente et des matériaux dont le territoire permet l'exploitation. La communication avec la mer n'est pas à l'avantage des cités bien policées [...] la venue d'étrangers élevés sous d'autres lois est préjudiciable, dit-on, au bon ordre, et de même la surpopulation; cet afflux de gens, en effet, provient du trafic que fait une foule de marchands qui exportent et importent par voie de mer, et cela fait obstacle au bon gouvernement de la cité.

1329b 41 — 1330a 23 : Selon nous, la propriété ne doit pas être commune, comme certains l'ont dit — c'est seulement par son usage, comme entre des amis, qu'elle devient commune —, et aucun citoyen ne doit manquer de moyens de subsistance.

Quant aux repas en commun, on est unanimement d'accord que les cités bien organisées ont intérêt à en avoir [...] Il faut que tous les citoyens prennent part à ces repas, mais il n'est pas facile aux pauvres de prélever sur leurs ressources la contribution imposée et de faire vivre par ailleurs leur famille. En outre, les dépenses du culte divin sont une charge commune de la cité tout entière.

Il est donc nécessaire que le territoire soit divisé en deux parties : l'une doit être le domaine public, et l'autre celui des particuliers; et chacun de ces domaines sera à son tour divisé en deux. Une partie du domaine public est affectée aux charges du culte et l'autre aux frais des repas en commun; quant au domaine des particuliers, une partie sera proche des frontières, et l'autre proche de la ville, afin qu'avec ces deux lots assignés à chaque citoyen, tous aient une part de terre dans ces deux endroits. Une telle disposition est conforme à l'égalité et à la justice, et assure plus de concorde en cas de guerre contre les voisins. De fait, là où l'on n'a pas de telles dispositions, les uns font peu de cas de l'hostilité à l'égard des peuples voisins, les autres s'en soucient trop, et même au mépris de l'honneur. C'est pourquoi, chez certains peuples, existe une loi interdisant aux citoyens habitant au voisinage des frontières de participer aux délibérations sur les conflits avec les peuples voisins, sous prétexte que leur intérêt personnel les rendrait incapables de délibérer sagement (καλως).

1330a 34 — 1331a 18 : Que la ville doive être en liaison avec la terre et avec la mer aussi bien qu'avec l'ensemble du territoire, autant que le permettent les circonstances, on l'a dit précédemment; quant à sa position, on doit lui souhaiter la chance d'être située à flanc de coteau, eu égard à quatre considérations. La première, qui est une nécessité, concerne la salubrité (en effet, les villes inclinées vers l'est et vers les vents qui soufflent du Levant sont plus saines; viennent en second celles qui sont abritées du vent du Nord, car l'hiver y est plus doux). Pour le reste, cette position est favorable aux activités politiques et militaires.

En ce qui concerne les activités militaires, la ville doit offrir à ses citoyens une sortie aisée, mais à ses ennemis un accès et un investissement malaisés; elle doit avant tout disposer en abondance d'eaux de sources et de ruisseaux qui soient à elle; à défaut, on a trouvé le moyen d'avoir de l'eau en construisant en grand nombre de vastes réservoirs pour les eaux de pluie, de sorte qu'on ne manque jamais d'eau même si l'on est coupé du pays par la guerre. Puisqu'il faut se préoccuper de la santé des habitants et que celle-ci dépend d'un bon emplacement, sur un terrain à la fois sain et bien exposé, et en second lieu de l'utilisation d'eaux salubres, il faut aussi porter une attention spéciale au point suivant : c'est que les choses dont nous faisons la plus large et la plus fréquente consommation sont celles qui contribuent le plus largement à notre pensée, et l'action des eaux et de l'air est précisément de cette nature. C'est pourquoi, dans les cités qui sont sagement conduites, si toutes les eaux ne sont pas également pures et s'il n'y a pas en abondance de saines eaux courantes, on doit séparer les eaux qui servent à l'alimentation de celles qui ont un autre usage.

Quant aux lieux fortifiés, la bonne solution n'est pas la même pour tous les régimes politiques : ainsi, une acropole convient à une oligarchie et à une monarchie, le plat pays à une démocratie ; ni l'une ni l'autre pour une aristocratie, mais plutôt de nombreuses places fortes. D'autre part, la disposition des maisons particulières est, pense-t-on, plus agréable et plus adaptée aux divers besoins, si elle suit un plan régulier et d'un genre plus moderne comme celui d'Hippodamos. Mais, pour la sécurité en temps de guerre, il vaut mieux le contraire, comme c'était dans l'ancien temps ; les troupes étrangères ont alors des difficultés pour sortir de la ville et les assaillants pour y trouver leur chemin. C'est pourquoi, il faut combiner ces deux manières (ce qui est possible si l'on dispose les maisons à la manière dont, chez les paysans, on plante les vignes dites « en quinconce ») et ne pas découper régulièrement la ville tout entière, mais seulement certaines parties et certains quartiers. C'est ainsi que la sécurité et la belle ordonnance s'y mêleront bien.

En ce qui concerne les remparts, ceux qui disent que n'en ont pas besoin les cités prétendant à la vaillance, soutiennent une opinion trop archaïque, alors même qu'ils voient les faits apporter un démenti aux cités qui se vantent ainsi. En face d'ennemis semblables à soi et guère supérieurs en nombre, il n'est pas beau de chercher son salut à l'abri de murailles fortifiées. Mais il est possible aussi, et il arrive de fait, que la supériorité des assaillants l'emporte de beaucoup sur la vaillance d'un petit nombre d'hommes ; si l'on doit assurer son salut et ne subir ni désastre ni outrage, on est bien obligé de penser que les remparts les plus solidement fortifiés sont la plus sûre des protections militaires, surtout maintenant que des inventions dans le domaine de la balistique et des engins de siège en ont amélioré la précision. Estimer que l'on ne doit pas entourer une ville de remparts, c'est comme si on cherchait à faciliter l'invasion du territoire ou si l'on faisait disparaître les régions montagneuses qui l'entourent ; c'est encore comme si l'on n'entourait pas de murs une maison particulière par crainte de rendre lâches ses occupants. On ne doit pas non plus perdre ceci de vue : ceux dont la ville est entourée de remparts peuvent utiliser leur ville de deux façons, comme pourvue ou comme non pourvue de remparts ; mais pour les cités qui en sont démunies, cela n'est pas possible. S'il en est ainsi, il faudra non seulement entourer la ville de remparts mais encore les entretenir pour qu'ils contribuent à la belle ordonnance de la cité et aux besoins de la guerre, et notamment aux inventions actuelles. En effet, de même que les assaillants se soucient des moyens propres à leur assurer l'avantage, de même les défenseurs doivent d'abord faire usage de tous les procédés déjà trouvés, ensuite en chercher et en imaginer d'autres, car on n'envisage même pas d'attaquer des gens bien préparés.

Aristote, *Politique*, VII, trad. J. Aubonnet, CUF.

4

Centres et périphéries

Si l'idéologie et la théorie politique prétendent que la cité doit être homogène, dans la pratique, cela ne va pas de soi. Le rapport du centre à la périphérie, de la ville à la campagne est, dans la plupart des cas, un rapport de dépendance. À Sparte, cette dépendance est absolue. Tous les citoyens de plein droit vivent au centre du pays leur vie de caserne, tandis que la campagne est peuplée d'hilotes méprisés. À Athènes, depuis Solon, tous les habitants de l'Attique, membres du groupe politique, sont des gens libres, qu'ils soient paysans et vivent sur leurs terres, ou qu'ils soient habitants de la ville. Néanmoins, à l'époque de la guerre du Péloponnèse, la cité a pu volontairement se couper de son territoire tenu pour inutile. La ville détient donc, dans les cités, un pouvoir qui peut avoir été institutionnalisé quand les campagnes ne sont peuplées que de dépendants définis juridiquement comme tels, mais le seul fait que certains citoyens vivent dans les campagnes peut suffire à la laisser maître des décisions politiques.

Nourries des expériences des praticiens qui avaient essayé de faire fonctionner les cités nouvelles, et par essence parfaites au moment de leur mise en place, les propositions des théoriciens nous permettent de nous rendre compte qu'ils étaient conscients du fait que bien des difficultés et des déséquilibres de la cité grecque naissent de la façon dont sont gérés les rapports de pouvoir entre le centre et la périphérie, entre la ville et son territoire. Ils avaient essayé de corriger les effets pervers de la centralité en cherchant les moyens de valoriser la vie sur les marges, ou bien au contraire, avaient affirmé la nécessité de limiter pour des raisons prétendument élevées le pouvoir des habitants des campagnes, les cantonnant dans le rôle de producteurs mis au service des habitants de la ville considérés comme seuls capables de raisonner ou d'atteindre à la vertu. Une des causes des problèmes rencontrés tient sans doute à la taille des cités et à la nature du phénomène urbain : la ville ne peut procurer les éléments du « bien-vivre » qu'à partir d'une certaine taille : il faut qu'elle soit assez riche et son territoire assez grand pour qu'elle puisse vivre de façon autarcique. Pour que « ses habitants puissent mener une vie de loisir », même s'ils le font avec tempérance (Aristote, *Politique*, 1326b).

Si l'on reprend les propositions de Platon, par exemple, on s'aperçoit que la cité doit compter au moins 30 000 personnes du rang de citoyen (pour chacun des 5 040 lots, 2 parents en ville, 2 jeunes installés dans la maison de village, 2 petits-enfants dans celle-ci), et 20 000 serviteurs (1 servante par maison et

1 ouvrier agricole par part de domaine, soit 4 personnes, au minimum, par famille détentrice d'un lot). Il faut pour nourrir une telle population, si l'on admet le chiffre ordinairement admis de la capacité du pays grec à nourrir 36 habitants au kilomètre carré, un territoire qui soit au moins de 1 400 km^2, c'est-à-dire plus de la moitié de l'Attique, plus du double du terroir d'Argos ; s'il a bien la forme d'un cercle son rayon sera de plus de 20 kilomètres, ce qui implique que la plus proche cité parfaite ne pourrait guère se trouver qu'à 40 kilomètres. Cela rend difficilement opératoire le modèle d'une cité de propriétaires agriculteurs se rendant chaque jour dans leurs champs et pouvant néanmoins profiter des avantages de la ville, le recours au faire-valoir indirect multiplierait les bouches à nourrir et donc obligerait à agrandir le territoire. Il est opportun de répartir les habitants pour qu'une partie du temps de travail potentiel ne soit pas perdue en de longs parcours. Platon a résolu la question en diffusant l'habitat des citoyens à travers le territoire et en donnant à chaque génération dans la cité sa place et sa fonction. Aristote a préféré distinguer la campagne de la ville en construisant un système de séparation des catégories humaines. Clisthène a joué de la forme particulière du système athénien qu'il a su réordonner. Aucune des solutions ne peut résoudre le problème du déséquilibre naturel introduit par la centralité, dès lors que la ville prétend être plus qu'un gros village et que l'on prétend faire profiter des avantages de la civilisation urbaine l'ensemble de ceux qui participent du jeu politique.

SPARTE

Citoyens, périèques et hilotes

La cité des Lacédémoniens peut passer pour l'exemple parfait d'une cité qui possède un territoire où chacun trouve la place qui lui revient en fonction de son statut et de ses fonctions. Elle a pour centre Sparte, un ensemble de cinq villages, où vivent les Spartiates, citoyens de plein droit ; prétendument égaux, ils vivent en commun une vie de caserne dont le symbole est l'institution de repas communs, les *syssities*.

Le pourtour du territoire est laissé à des *périèques*. Ils vivent dans des cités autonomes, mais doivent suivre les Spartiates dans tous les endroits où ils pourraient les conduire. Ce sont, théoriquement, des alliés, en fait, ils ont pour fonction essentielle de constituer autour du territoire propre de Sparte, une sorte de glacis permettant à la cité de s'isoler du reste du monde et de vivre des lois qu'elle s'est données, sans qu'aucune intervention extérieure vienne interférer avec les règles strictes qu'elle impose à ses habitants. Il semble que ce soit aux frontières extérieures de leur territoire que l'on procédait aux sacrifices marquant l'entrée des armées spartiates dans le monde des étrangers, et c'est le signe, sans doute, de ce qu'ils étaient bien considérés comme intégrés à la structure politique de Lacédémone. Tout naturellement, il a paru qu'ils avaient pu jouer le rôle d'intermédiaires de la ville avec l'extérieur, et l'on a souvent considéré qu'ils s'occupaient essentiellement de commerce.

L'ensemble du territoire proprement dit de la cité spartiate est peuplé d'hilotes, personnes astreintes à la fois à une dépendance politique absolue, et à une ségrégation complète qui ne semble disparaître que dans les moments où la cité porte le deuil d'un roi (Hérodote, *Histoires*, VI, 58). Seuls travailleurs dans une cité dont tous les gouvernants se consacrent exclusivement à la pratique de la guerre, ils sont considérés comme des membres de la communauté politique dont ils sont les esclaves, et ils peuvent être mobilisés par la cité quand elle a besoin qu'ils participent à sa défense, quelque danger que puisse constituer pour elle, le fait de les armer. Par un jeu remarquable de subtiles pratiques « d'intégration-exclusion » dont ils acceptent d'être les objets, ils admettent qu'on les méprise tout en sachant qu'ils inquiètent par leur nombre et leurs possibles révoltes. Le consensus social permettait que chacun des Spartiates exerçât individuellement une surveillance sur l'ensemble des hilotes, quels qu'ils fussent, quel qu'en fût le propriétaire, et les punisse si besoin était.

Le pouvoir est dans la ville, ou le groupement de villages qui en tient lieu. Les hilotes vivent dans la campagne et, s'ils peuvent venir en ville quand bon leur semble, ils portent sur eux les marques de leur statut : ils sont coiffés d'un bonnet et d'une pèlerine à capuchon, leur corps n'est pas semblable à celui des Spartiates entraînés à la course, à la danse, et dont les cheveux sont longs.

Le territoire aliéné

Les Spartiates, si l'on en croit nos sources, « ont remis la *chôra* aux hilotes » (Myron, fg. 2) en « fixant quelle part ils leur verseraient désormais » des produits récoltés : une redevance, sans doute fixe, qui était une rente vivrière, assez élevée pour entretenir le propriétaire du sol auquel chaque groupe d'hilotes était affecté ainsi que sa famille.

Comme on semble penser désormais que le territoire de Sparte n'était pas divisé en lots de terres, en *cléroi*, attribués aux citoyens selon un principe d'égalité, avant que les rois réformateurs de l'époque hellénistique n'envisagent de le faire, on ne peut plus prétendre avoir aucune idée sur ce qu'était l'attache à la terre de l'hilote. On doit se demander s'il n'était pas considéré comme appartenant au domaine qu'il cultivait avec sa famille et s'il n'était pas cédé en même temps que lui, lors des transmissions par héritage, ou transaction de type commercial ; cela serait conforme à ce que l'on connaît en d'autres lieux et en d'autres temps, et n'empêcherait pas que se fût développé parallèlement un service domestique des hilotes attachés à la personne même du maître propriétaire du sol.

Remettre par l'effet d'une sorte de transfert collectif, une *paradosis*, le territoire de la cité aux hilotes, induisait, en un jeu d'interactions complexes, des conséquences curieuses pour la représentation des rapports de la ville à sa campagne. Pour ne retenir que l'une des plus claires, nous devons admettre que la cité se trouvait, de son propre vouloir, dépossédée de sa terre qui n'était plus sienne, à proprement parler et que, par l'effet d'un contrat implicite, le territoire propre de la cité se trouvait avoir disparu puisqu'il avait été attribué à autrui. Néanmoins, le caractère imposé de la dévolution du sol aux hilotes rendait leur droit de possession illusoire et les Spartiates devaient utiliser la force pour les contraindre au travail et au paiement de la rente. Pour pouvoir les contraindre, il fallait les terroriser. Chaque année, donc, les éphores, au moment de leur entrée en charge, « déclaraient la guerre aux hilotes », pour qu'on pût les tuer sans contracter de souillure » (Aristote, *Fragment* 538R). Cette formulation n'est pas l'expression d'une réalité juridique ou religieuse bien claire, puisque même la notion de déclaration de guerre n'est pas d'une extrême évidence, mais elle a pour fonction de renvoyer les hilotes à leur altérité et de les transformer en ennemis par nature, au sens où l'entend Platon quand il distingue la « guerre intestine », *stasis*, de la « guerre vraie », *polemos*, celle-ci étant la seule qui se pratique contre des gens avec lesquels on n'a aucune parenté ni aucun lien de ressemblance. Elle avait pour effet second mais immédiat, de dire à nouveau que le territoire tout entier de la cité était pays étranger puisqu'il était en la possession d'ennemis. Il semble ainsi que les Spartiates aient pu décrire les ressources qu'ils tiraient de leur propre sol comme le produit d'une victoire permanente sur les hommes qui le mettaient en valeur, et qu'ils aient considéré qu'ils étaient les pillards de leur propre terre, niant ainsi tout lien entre elle et la ville qui était supposée en être le centre.

La cité « déconstruite »

Le discours de déclaration de guerre aurait dû trouver un prolongement dans des combats dont les rituels codifiés auraient été créateurs de frontières et d'ordre politique. Il semble, au contraire, qu'il ait servi à déconstruire un peu plus le territoire lui-même. La moindre sortie d'agrément ou de travail hors de la ville prenait, pour un Spartiate, des allures d'expédition militaire ; il ne manquait pas d'emporter avec lui ses armes. La ville, elle-même, était emplie d'ennemis et qu'il dormît, qu'il déjeunât, qu'il fît quoi que ce soit, le citoyen devait être aux aguets ; il ne pouvait sortir de sa maison sans fermer sa porte à double tour car la sécurité n'en était pas assurée. Au cours de sa longue promenade en ville, avant de tenter de passer à la rébellion, en 397, Cinadon montrait à son complice combien il se trouvait d'ennemis dans la cité, comment leur présence pouvait être oppressante pour le petit groupe des citoyens qui voyaient, puisqu'ils portaient les stigmates de leur indignité, combien ils étaient présents, nombreux, même sur l'*agora*, et comment on ne pouvait, en fait, les cantonner (Xénophon, *Helléniques*, III, 3, 5).

Il y a plus grave encore. La cité dont chacun sait qu'elle aurait dû être claire, transparente, qui s'était donné tous les moyens de l'être puisque chacun portait l'habit de sa condition, découvrait toute une vie d'obscurité et de silence. La guerre quotidienne contre les hilotes était confiée aux cryptes, jeunes gens qui se dissimulaient durant le jour dans les taillis et qui, la nuit, sortaient de leurs cachettes pour égorger les paysans qu'ils pouvaient surprendre rentrant ou sortant de chez eux et cheminant au long des routes, tôt le matin ou tard le soir après le coucher du soleil (Plutarque, *Vie de Lycurgue*, 28, 3-5). Ceux-ci étaient assassinés ainsi en une chasse, une sorte de rite de passage pour le meurtrier qui se transformait en un animal pour mieux renaître à son humanité. On sait que la tradition de l'éphèbe, en pays grec, était de vivre son temps de ségrégation formatrice, en terre de frontière. Le drame de Sparte est que pour le crypte, tout semblait devenir confin : c'était la *chôra* qui servait de théâtre à ses exploits, et les routes, elles-mêmes éléments fondamentaux de la structure du territoire, qui avaient une valeur politique assez forte pour que la surveillance en fût confiée aux seuls rois, étaient les lieux paradoxaux de leur activité. Le territoire était ainsi totalement perverti, les frontières internes entre le sauvage et le civilisé en étaient abolies au mépris de la lisibilité nécessaire de son organisation interne.

Cela provoquait d'ultimes dissolutions du territoire ; il pouvait par un jeu de métastases s'y développer des zones de vide absolu, sans forme ni apparence. Ainsi, tel texte de Thucydide (*La Guerre du Péloponnèse*, IV, 80) montre comment furent éliminés 2 000 hilotes, considérés comme potentiellement dangereux pour la cité : on leur fit faire le tour des sanctuaires, comme s'ils allaient être affranchis et devaient donc procéder à la prise de possession solennelle d'un sol qui allait être le leur. On les fit passer par tous les lieux qui organisaient le territoire et lui donnait forme, mais ce voyage, qui aurait dû se poursuivre jusqu'au centre de la cité, pour qu'ils entrent en politique, s'acheva dans le néant de leur disparition « sans que nul pût savoir où chacun avait péri ». Ce fut un cheminement vers le non-être, où fut niée même la possibilité qu'eût existé l'espace où ils avaient pu disparaître, qu'ils aient existé eux-mêmes ou leurs meurtriers. La peur permanente rendait sans doute possibles ces jeux pervers, la cité vivait ainsi dans un monde qui finissait par s'effacer de sa volonté même d'obscurité. Car construire le non-espace, sans forme, ou bien sans nom était la rançon de la survalorisation du centre, seul endroit où les citoyens pouvaient vivre leur vie de groupe, participer ensemble aux banquets, s'entraîner à la vie militaire.

La ville inutile

Paradoxalement, pourtant, la logique même de la conception d'une cité, camp de soldats installés en territoire ennemi, vivant une guerre permanente, pouvait conduire à nier même la nécessité de posséder un centre politique.

Après que la défaite de Leuctres devant les Béotiens en 371, ait montré que les temps de la puissance spartiate pouvaient être révolus et qu'il fallait envisager des réformes drastiques dans la cité, Archidamos voulut « faire sortir de la ville les femmes et tout le reste de la population inaptes à la guerre » et les envoyer en Sicile, en Cyrénaïque ou ailleurs, pour qu'on n'ait plus à les nourrir ; les Spartiates abandonneraient « la ville et tous leurs biens sauf ceux qu'ils pourraient emporter avec eux. Ils s'empareraient de la place la plus forte et la plus avantageuse possible, pour continuer la guerre. Qui ne serait, ainsi, frappé de frayeur en présence d'une armée semblable à un corps de mercenaires par ses loisirs et par son unique préoccupation qui serait la guerre, qui ne serait liée par aucune règle constitutionnelle, qui saurait vivre en plein air, serait apte à toutes les errances dans la contrée, pourrait attaquer tout voisin à volonté, qui considérerait que toute position propice à la guerre est terre de la patrie ? Quels seraient les sentiments de leurs adversaires quand ils verraient la facilité avec laquelle ils pourraient se nourrir grâce aux profits de la guerre, alors qu'eux-mêmes auraient le plus grand mal à le faire, car ce n'est pas la même chose que d'entretenir une armée et de faire subsister une foule entassée dans une ville ? » (Isocrate, *Archidamos*, 73 sq.).

Ce discours prêté à son roi est, d'une certaine façon, la preuve que Lacédémone n'existait plus, que tout pouvait disparaître : le territoire qui, déjà, n'était pas sien, la ville qu'il fallait abandonner, la cité même qui n'avait plus d'institutions. Sparte en était réduite à n'être plus qu'un nid de pirates et à trouver là sa perfection. On n'alla pas à ces extrémités mais les crises fréquentes démontrèrent jusqu'à l'absurde que la ségrégation prétendument complète entre les travailleurs et les citoyens ne pouvaient conduire qu'à la dissolution de la cité. Les réformes des rois Agis et de Cléomène, dans la seconde moitié du IIIe siècle, lui permirent de se survivre un temps, parce que la citoyenneté fut offerte à nombre d'individus appartenant à la catégorie des dépendants, ce qui permit de désamorcer les tensions qui risquaient de détruire l'État. Cela ne régla pas le problème au fond ; seule la disparition de l'hilotisme permit de le faire, à l'époque de Rome, quand Sparte devint une cité comme nombre d'autres.

ATHÈNES

La démocratie athénienne, si différente, pourtant, de ce qu'était Sparte, car le système et la pratique politique instaurée par Clisthène permettait d'équilibrer les rapports entre le centre et la périphérie, joua durant la guerre du Péloponnèse, à l'instigation de Périclès, le même jeu de dissolution de son propre territoire, qui provoqua la destruction de la ville et de la cité elle-même.

La nécessaire protection du territoire politique

Toute la tradition ancienne de la Grèce laissait entendre qu'une cité devait impérativement garantir son territoire de toute incursion ennemie, de tout ravage, qu'il suffisait que ses terres fussent envahies pour qu'elle dût s'avouer vaincue, à moins qu'elle ne pût, par quelque beau fait d'armes, repousser immédiatement l'agresseur. C'était là vérité d'expérience dans un monde où l'idéal d'autarcie, gage d'indépendance, devait composer avec les réalités économiques qui interdisaient que l'on pût accumuler des stocks de denrées agricoles périssables, où les investissements lourds et à rendement différé, tels que les plantations d'oliviers ou de vignes, étaient difficilement remplaçables en cas de destruction massive et devaient donc être préservés, sous peine de crises d'approvisionnement de longue durée. Les réalités humaines étaient telles, par ailleurs, que laisser dévaster son territoire risquait de provoquer des bouleversements sociaux importants et immédiats, accentuant les méfaits des pillages. Les dépendants ou les esclaves pouvaient faire défection et la cité se trouver ainsi privée de ce qui constituait sa force de travail dans les campagnes. Athènes et ses alliés le savaient bien quand, installant des bases sur le territoire de Sparte, à Pylos, Cythère ou au cap Malée, lors de la guerre du Péloponnèse, ils cherchaient à provoquer des révoltes d'hilotes ; les Spartiates, quant à eux, virent avec satisfaction, quand ils occupaient Décélie en Attique, les esclaves des mines du Laurion déserter en masse ; le même type de phénomène se produisit à Chios. L'envahissement d'un territoire était une mise en cause de la structure sociale, et donc de l'équilibre démographique et politique de la cité : elle concernait les relations entre la ville et la campagne, les termes de l'échange entre les habitants de l'une et de l'autre.

La nouvelle stratégie de Périclès

La stratégie mise en œuvre par Périclès fut l'effet de la systématisation d'une pratique tout autre. Quand, chef du parti démocratique, il fut à la tête des affaires, en 457, prolongeant la politique de Thémistocle qui, dès la fin de la première guerre contre les Perses (490) avait privilégié le contrôle de la mer sur tout autre considération, il fit construire les Longs-Murs reliant Athènes au Pirée, réunissant les deux agglomérations en un ensemble fortifié tout à fait imprenable. Les travaux furent menés rapidement, ils furent achevés dans les années 445. Ces fortifications isolaient la ville dans son terroir et allaient lui permettre de vivre de la mer, sans que la production du territoire lui fût nécessaire. En 432, devant l'imminence du conflit avec Sparte, Périclès pouvait ainsi exhorter les Athéniens à « se considérer comme des insulaires », à « se désintéresser de leur terre et de leurs maisons, pour s'occuper de la seule mer et de la ville ». La conception de l'insularité qu'il développait était parfaitement abstraite, car il n'est pas d'île qui n'ait un territoire et qui doive le protéger avec d'autant plus de soin que, s'il est souvent petit, il peut être facile à piller s'il est accessible tout au long des côtes. Périclès, prétendant faire d'Athènes une des îles de l'Égée, construisait plus un vaisseau immobile qu'une terre émergée : la ville devenait une sorte de plate-forme porteuse de trières dont seules comptaient désormais les capacités militaires.

Ce n'est plus en cultivant le sol de leur territoire, ou en le faisant cultiver, que les citoyens athéniens devaient désormais assurer leur subsistance, mais en étant assez forts pour exiger de ceux qui se trouvaient en situation de dépendre d'eux qu'ils leur fournissent de quoi permettre de continuer à les dominer. Le mécanisme était compliqué de ce que c'était de l'argent que fournissaient les alliés à titre de tribut et non pas des produits agricoles. Le processus d'acquisition mettait donc en œuvre des étapes plus nombreuses pour la satisfaction des besoins en nourriture de chacun, mais la situation de la cité s'en trouvait facilitée, car la redistribution aux ayants droit des produits de l'impérialisme était plus aisée, le peuple était nourri sans qu'il parût utile de transformer l'empire en un ensemble territorial, au sens plein du terme, puisqu'il suffisait qu'il fût une réalité comptable. En tout cas, le peuple d'Athènes semblait devoir, ainsi, ressembler beaucoup au peuple de Sparte exploitant des dépendants ; la flotte athénienne pourrait ainsi être comparée à l'armée, à laquelle le spartiate Archidamos prétendait que devait, comme nous l'avons vu, se réduire la cité pour être victorieuse. Quand les rameurs basés à Samos refusèrent de suivre la ville dans la révolution oligarchique de 411, c'est parce qu'ils avaient le sentiment d'être, où qu'ils se fussent trouvés, la cité, puisqu'ils en étaient les soldats. C'était bien là l'aboutissement de la pensée de Périclès qui leur avait conseillé de ne pas se « lamenter sur les maisons et la terre, mais seulement sur les êtres, ce n'est pas elles qui tiennent les hommes, mais les hommes qui les acquièrent et les possèdent » (Thucydide, *La Guerre du Péloponnèse*, I, 143, 5). Néanmoins cette stratégie qui avait mis en cause la nécessité du territoire d'exister avait pour effet de réduire, en quelque sorte, la ville centre à néant.

Les Athéniens « ayant entendu Périclès, se laissèrent gagner à ses raisons et ils se mirent à faire rentrer leurs femmes et leurs enfants ainsi que le matériel d'usage domestique, et tous les éléments en bois qu'ils enlevaient aux maisons, ils firent passer les troupeaux et les bêtes de somme en Eubée et dans les îles environnantes. Il était pénible, pour la plupart d'entre eux qui avaient toujours vécu à la campagne de devoir ainsi partir, ils supportaient mal d'avoir à quitter les maisons et les temples qui leur avaient été transmis en héritage depuis le temps de l'ancienne constitution, ils devaient aussi changer de mode de vie et c'était bien sa cité que chacun abandonnait » (Thucydide, *La Guerre du Péloponnèse*, II, 14, 1). En ville, ils ne purent faire jouer les solidarités familiales ou villageoises, s'installèrent dans des conditions précaires. Les Longs-Murs, en effet, quelque étendue que fût la zone qu'ils protégeaient, n'étaient pas du type des fortifications que l'on connaît sous le nom de

Geländemauern, et qui furent construites en grand nombre dès le début du IVᵉ siècle en Grèce : ceux-ci étaient réellement tracés de telle sorte que leur enceinte pût accueillir les paysans et les troupeaux de tout un terroir, leur développement était si grand qu'il permettait même de réserver des superficies à des cultures aptes à satisfaire les besoins quotidiens des habitants, même en cas de siège. Les murailles d'Athènes n'auraient dû servir qu'à protéger les communications de la ville avec son port.

Les réfugiés, avec un humour méritoire, témoignèrent de l'état de sauvagerie auquel ils furent contraints de revenir, en jouant sur la symbolique des codes alimentaires qui étaient de si grande importance dans le système ethnographique grec. La période de la guerre fut pour eux le temps « des herbes sauvages et du cerfeuil » qui en était le symbole. Ils signifiaient, ainsi, que l'abandon de leur terre ne les avait pas fait progresser vers une économie plus moderne en élargissant leur zone d'approvisionnement et en faisant dépendre de la pratique monétaire leur subsistance, mais les avait, au contraire, renvoyés à l'économie de cueillette qui était celle des hommes d'avant l'agriculture, à la préhumanité en quelque sorte, proche de l'animalité.

D'ailleurs, par manque de place, mais aussi par inconscience, les réfugiés ne respectaient plus les limites structurant l'espace urbain, les bornes des sanctuaires, ils s'installaient partout où ils pouvaient établir leurs campements. La peste les prit, « les lieux sacrés étaient pleins de cadavres ; devant le déchaînement du mal, les hommes, ne sachant que devenir, cessèrent de rien respecter, soit de divin, soit d'humain » (Thucydide, *La Guerre du Péloponnèse*, II, 52). Périclès prétendit, dans la réponse qu'il fit à leurs protestations, qu'ils n'étaient mus, en s'opposant à lui et en regrettant les décisions qu'il leur avait fait prendre, que par leur intérêt personnel, que seule la perte de leurs maisons et de leurs champs les dressait contre ce qu'il appelait encore « l'intérêt commun » (Thucydide, *La Guerre du Péloponnèse*, II, 60, 4). Il n'avait pas compris que l'abandon de la terre attique avait, par toute une chaîne de conséquences naturelles, bouleversé l'équilibre même de la cité de façon apparemment irrémédiable, détruit tous les éléments de l'espace politique et que cela menaçait l'existence même de la cité, quelle que fût l'issue du conflit.

Le retour à l'équilibre

Une des raisons pour lesquelles un homme aussi controversé qu'Alcibiade put être apprécié des Athéniens, qui lui pardonnèrent ses trahisons et ses caprices, faisant bon marché de la logique et de la morale politique, tint à ce qu'il ne cessa, tout au long de sa carrière, de vouloir s'intéresser à la bonne gestion du territoire de la ville. En 418, il avait exhorté les Athéniens « à s'attacher à la terre, à confirmer par des actes le serment proposé chaque année aux éphèbes », serment qui mentionnait comme garant de leur volonté de défendre la patrie « les bornes de la patrie, les blés, les orges, les vignes, les olives, les figues ». Il savait si bien de quelle importance en était le contrôle que, c'est lui qui, lors de sa première trahison et de son premier exil, avait conseillé aux Spartiates de s'installer à demeure à Décélie, d'où ils pourraient non seulement ravager le pays, mais aussi intercepter les communications entre Athènes et l'Eubée, ce qui renchérirait de façon très considérable l'approvisionnement de la ville. Il sut, en 407, reprendre la tradition des grandes processions vers Éleusis faisant cesser l'humiliation des hommes qui ne pouvaient plus prendre charnellement contact avec leur propre terre, et se l'approprier ; qui, réfugiés dans des murailles devenues étrangères à leur terre, avaient vécu comme un long temps d'exil.

On peut se demander s'il n'était pas trop tard pour que la cité pût être reconstruite dans ses formes anciennes. Tous les Athéniens ne le souhaitaient pas sans doute. Les rêves d'Aristophane, dont les comédies passent parfois pour un hymne aux charmes de la vie campagnarde, car son maintien en ses formes anciennes aurait garanti l'exercice d'une démocratie équilibrée, sont moins clairs qu'il n'y paraît. Ainsi, dans *Les Acharniens*, pièce des débuts de la guerre, ce sont des ruraux qu'il oppose les uns aux autres ; ils regrettent leur village, les uns comme les autres, mais veulent y revenir par des moyens radicalement différents ; les Acharniens font la guerre, Dicæopolis veut la paix. Il a la nostalgie d'une sorte d'âge d'or, où son « champ donnait toute chose », où l'on « ignorait le mot achète », car on pouvait se contenter de vivre des produits non-commercialisés d'une polyculture autarcique. Pourtant la première chose qu'il songea à faire dès qu'il put signer une paix personnelle, ce fut de placer les bornes d'une *agora*, d'y installer la stèle portant gravé le texte du traité qu'il avait signé, car il n'est pas de document diplomatique qui ne doive être affiché publiquement, et d'installer un marché où il recevrait les produits de Mégare, du Péloponnèse et de Béotie : ce n'était plus produire qui l'intéressait mais consommer, curieuse façon de retrouver la campagne.

Au IVe siècle, néanmoins, après sa défaite la cité retrouva une sorte d'équilibre. Dès la fin de la guerre les domaines ruraux furent remis en culture par leurs propriétaires, de nouvelles zones, terres publiques et terres de confins, furent défrichées, on développa l'irrigation. Les tensions apparues sur le marché foncier témoignaient du dynamisme de la vie rurale retrouvée. Mais les marchés de l'Attique restèrent ouverts sur le monde : on y trouvait de tout, on pouvait tout y vendre, d'autant mieux que la situation fut, dans l'ensemble, prospère. Le paysan fort de l'existence de cette place de commerce n'avait pas à faire de stocks, au fur et à mesure de ses besoins ou de ses désirs, il pouvait vendre et acheter, il vivait dans une économie ouverte. C'est une des originalités de l'Attique que d'avoir su tisser des liens d'interdépendance entre la ville et la campagne, la production et le négoce. Athènes, après l'intermède péricléen redevenait une cité d'équilibre, d'autant plus solide que les institutions clisthéniennes avaient fondé en politique ce que les solidarités économiques entre le centre et les campagnes pouvaient paraître construire naturellement.

DÉMOCRATIES ET RURALITÉ

Sans tomber dans le même type de désordres et risquer de succomber à leur caractère dissolvant, les cités grecques les plus équilibrées d'apparence ont vécu leur centralité de façon parfois difficile. Deux exemples de cités qui passaient pour avoir été « bien gouvernées » suffiront peut-être à montrer que, s'il était bien difficile d'équilibrer le rapport de la campagne à la ville, l'évolution historique, tout autant que la seule logique, interdisait que l'on pût envisager qu'une cité se passe d'un centre.

L'Élide

Le cas d'Élis est exemplaire de ce que le monde rural sédentaire ne peut échapper à la nécessité de construire des villes et d'organiser sa vie autour d'elles. « Le terroir contient de nombreux villages et de places fortes, écrit Polybe, car il est habité de façon originale, il y a plus de gens et d'exploitations agricoles que dans tout le reste du Péloponnèse, les habitants ont un tel amour de la vie aux champs, que depuis deux ou trois générations, certains d'entre eux, alors qu'ils ont des biens en abondance, ne se sont pas montrés une seule fois au tribunal : cela tient à ce que les magistrats s'occupent avec un grand zèle de ceux qui habitent à la campagne, faisant en sorte que justice leur soit rendue sur place et qu'ils ne manquent de rien de nécessaire. » S'ils s'étaient organisés de cette façon et avaient adopté de telles institutions, c'était à cause de l'étendue de leur territoire, et aussi parce qu'ils « étaient un peuple sacré par suite de l'immunité que les Grecs leur avait concédée en raison des concours olympiques; ils vivaient dans un territoire que personne ne cherchait à piller et ils n'avaient aucune expérience de la guerre et de ses dangers » (*Histoires*, IV, 73). Aussi, quand, en 219, le roi de Macédoine, Philippe V, s'en prit à la cité, elle fut très vite écrasée et cinq mille d'entre ses membres furent faits prisonniers. Les uns furent pris dans les campagnes, les autres dans les diverses places fortes où ils avaient reflué en désordre, sans avoir le désir ou la possibilité de les défendre; le butin récolté fut énorme. On ne sait pas grand-chose de ce qu'étaient les institutions de l'Élide ; on apprend de Pausanias qu'elles étaient les meilleures de la Grèce (*Périégèse*, IV, 28, 4) mais elles s'étaient avérées incapables de procurer un minimum de sécurité aux citoyens qui la peuplaient. Le mode de vie archaïque dans lequel s'étaient complu ses membres qui, vivant dans de petites unités familiales autarciques, n'avaient pas besoin que la cité impose sa présence et des cheminements réguliers vers la ville, était incapable de leur garantir une liberté et un bonheur durable. Seule la présence d'un centre fort pouvait, en fait, structurer les sociétés politiques et permettre la mise en place d'un pouvoir durable.

Il est bien évident que cela, néanmoins, n'était pas nécessaire aux peuples qui, dans la Grèce du Nord-Ouest, avaient l'habitude de ne voir dans le centre où ils réunissaient leurs assemblées annuelles ou bi-annuelles qu'une étape ritualisée de leurs errances de bergers ou de pirates. L'existence, dans leur espace nomade, d'un tel rendez-vous n'impliquait pas que pût naître un pouvoir dans le lieu où se tenaient leurs assises, car il n'y avait pas de citoyens immobiles qui auraient été capables de lui donner une existence hors les moments de réunion. Thermos qui était l'endroit de réunion des Étoliens, n'était rien qu'un temple et les richesses qui s'y trouvaient accumulées appartenaient à des gens qui, vivant ailleurs, les y déposaient pour honorer leurs hôtes quand ils les recevraient lors du rassemblement annuel (Polybe, *Histoires*, 5, 8). Les cités, quand il s'en constituerait dans ce type de pays, ne seraient jamais que des bourgs, connaissant les limites étroites de leur statut. Ce n'est qu'en raison de circonstances très exceptionnelles que l'on vit Corinthe prétendre exercer dans la Confédération achéenne des droits abusifs de capitale et avoir les moyens de faire se déclencher, contre Rome, la guerre d'Achaie (Polybe, *Histoires*, XXXVIII, 38, 11-13).

Mantinée

Mantinée fut, en 385, vaincue par Sparte qui lui imposa de se dissoudre en un *diœcisme* : la muraille de la ville fut détruite et les habitants furent répartis en villages, « comme ils l'avaient été jadis » (Xénophon, *Helléniques*, V, 2). Ce fut pour eux déplaisant car ils durent détruire les maisons qu'ils s'étaient fait construire en ville. Xénophon, par laconophilie peut-être, ne manque pas de remarquer qu'ils se trouvèrent bien de leur nouveau mode de vie, car ils purent désormais se loger plus près de leurs champs et qu'il se créa, d'ailleurs, dans ce cadre nouveau, une sorte de patriotisme local qui permit aux contingents militaires de la cité d'être plus homogènes et plus efficaces. La dispersion des habitants eut aussi pour effet immédiat de permettre que fût installé un gouvernement oligarchique. Xénophon, qui décrit ce que fut l'évolution institutionnelle de la ville, est persuadé, comme le sera plus tard Aristote que, d'une certaine façon, l'organisation du terroir modèle les institutions ou permet du moins à celles qui sont en harmonie avec lui de fonctionner sans trop d'à-coups. Aristote sait développer le thème. Il pense que le phénomène urbain favorise l'instauration de la démocratie, la dispersion de paysans plus sensibles à l'autorité des grands propriétaires le maintien d'un système de gouvernement aristocratique.

En 370, la ville fut refondée par un *synœcisme* souhaité par l'ensemble de la population, elle retrouva ses remparts, et son centre urbain : soumis à de fortes pressions de Sparte pour faire échouer ce retour à une situation qui les inquiétait, les magistrats de Mantinée refusèrent néanmoins de convoquer l'assemblée pour entendre les ambassadeurs. Ils s'en tinrent à la décision que venait de prendre la cité tout entière et refusèrent qu'elle fût remise en cause (Xénophon, *op. cit.*, VI, 5). Cette façon de faire correspondait bien à ce qu'Aristote définit comme devant être la pratique de la bonne démocratie rurale : le peuple est souverain parce qu'il « a capacité à délibérer », mais il ne cherche pas à gouverner, les magistrats sont ainsi les seuls à régler les affaires courantes, se contentant de soumettre les questions importantes à une assemblée qui, se réunissant de loin en loin, leur laisse en fait la réalité du pouvoir.

La démocratie rurale, démocratie par abstention

Si cette démocratie rurale semble fonctionner de la bonne façon, si « le peuple le meilleur est composé de cultivateurs », si l'on « peut composer une démocratie là où la masse vit de l'agriculture et de l'élevage du bétail », c'est « qu'en raison de la modicité de ses ressources les gens n'ont pas de loisirs et par conséquent ne peuvent se réunir fréquemment en assemblée; comme ils manquent du nécessaire, ils passent leur temps au travail et n'envient pas le bien d'autrui; au contraire, ils éprouvent plus de plaisir à travailler qu'à faire de la politique et à exercer des magistratures, là où du moins on ne retire pas de grands profits à les exercer » (Aristote, *Politique*, 1318b). Telle que la décrit Aristote, la démocratie rurale est ainsi fondée sur l'abstention : le peuple accepte que l'on décide à sa place, laisse gouverner des notables quitte à censurer leurs actions lors des rares réunions de l'assemblée du peuple tout entier. Le fait qu'elle apparaisse équilibrée tient à ce que les magistrats sont les seuls qui aient les moyens de vivre au centre du terroir, et que la ségrégation et l'attache au sol de ceux qui n'ont pas leur fortune, sont vécues non pas comme des réalités juridiquement définies mais comme la conséquence des réalités économiques. La répartition des habitats et des fonctions publiques, la hiérarchie politique semblent n'avoir pas été imposées par la force politique ou militaire mais résulter simplement des contraintes naturelles, cela fait que l'ordre inégalitaire peut s'établir et durer malgré les déséquilibres structurels.

On remarquera que les vertus de la démocratie rurale tiennent à ce que les gens, dispersés dans le territoire, restent à l'écart les uns des autres. Dans la ville vivent par nature des masses d'artisans, de marchands ou d'ouvriers, et « tout ce genre de gens par ses continuelles allées et venues dans la ville et sur l'*agora* se réunit volontiers en assemblée »; par conséquent, le discours de pure sociabilité y devient tout normalement discours politique. Mais, « les cultivateurs par le fait qu'ils sont dispersés dans les campagnes ne se rencontrent guère et n'ont pas besoin de ce genre de réunions ». Il apparaît ainsi que la démocratie rurale est absence de discours plus encore que désir de délégation de parole, que c'est le silence qui se trouve être la principale qualité de la cité de ce type. Cela peut être considéré comme paradoxal puisque justement ce qui justifie la naissance et la permanence de la cité, c'est sa capacité à s'être découvert un langage propre.

Le problème d'ailleurs peut se compliquer, lorsque le paysan doit s'exprimer en politique non pour défendre des intérêts qui lui seraient propres mais parce qu'il faut qu'il participe à une lutte interne au centre même. Aristote constate que, « là où le territoire est ainsi fait que la terre cultivée soit éloignée de la ville, il est facile d'établir une démocratie constitutionnelle, car la plupart des gens sont obligés de s'installer dans la campagne, mais il faut veiller à ce que dans ce type de démocratie, on ne tienne pas d'assemblée sans faire venir les gens de la campagne, même s'il y beaucoup de gens qui passent leur temps sur l'agora » (Aristote, *Politique*, 1319a). Cela signifie que le pouvoir, sous quelque forme qu'il s'exprime, n'échappe pas à la ville, la centralité n'est jamais mise en cause, mais que seules le sont les modalités de son exercice : ou bien ce seront les notables vivant en ville qui exercent le pouvoir, ou bien c'est le prolétariat urbain. Le peuple des campagnes est censé arbitrer entre eux, mais de toute façon ce n'est pas lui qui peut commander, le concept de « démocratie rurale » n'a pas de contenu véritable : le paysan vivant à la campagne se trouve, quoi qu'il arrive, dans une situation de dépendance.

Il est bien évident qu'en ce domaine le fait de bien comprendre les choses permet de donner à la cité une forme plus claire. Les cités d'Asie mineure qui s'attachèrent à mieux décrire, à l'époque hellénistique, ce qu'étaient les différenciations humaines et territoriales, ont su montrer, à Xanthos, à Telmessos, comment tous les membres de la cité n'avaient pas les mêmes droits de citoyenneté, que les divers groupes d'habitants pouvaient être dotés de statuts différents et hiérarchisés, en fonction de l'endroit où ils vivaient. Pour qu'une décision prît la forme d'un décret, il fallait qu'elle fût émise par l'ensemble des citoyens et des *périèques*, les habitants du pourtour ; il n'y avait pas fusion des personnes et des statuts, mais association des terroirs et des hommes en une construction politique. Chacun fut désormais à la place qui lui revenait, alors que dans la fallacieuse démocratie rurale se développait une citoyenneté qui prétendait gommer les différences entre les gens pour mieux les contraindre au silence, alors que dans les cités de type aristotélicien, ou à Sparte, la ségrégation par humiliation permettait aux ruraux de se déplacer, mais non pas d'échapper à la personne qu'on leur construisait et qu'ils devaient faire leur. On peut considérer que le corps politique avait alors retrouvé de sa transparence et que l'image de la cité correspondait mieux à son langage : l'identification de la cité agissante se faisait en fonction d'une description analytique du terroir, où les citoyens de seconde zone étaient bien à la place qu'ils occupaient réellement, le pourtour du territoire. Les cités d'époque hellénistique avaient ainsi la vertu de ne pas se payer de mots.

Il est clair aussi que la capacité du centre à maintenir son pouvoir sur la totalité de son domaine et à l'organiser à son profit put évoluer en fonction de l'époque. Il est, notamment à l'époque hellénistique, des situations où la relation entre le centre et les périphéries, se modifia profondément. On s'aperçoit de ce qu'il en fut à Athènes quand se développa, autour d'une forteresse, comme Rhamnonte, par exemple, une vie sociale qui n'avait plus que de lointains rapports avec le politique : son importance stratégique, sur l'Euripe, en faisait le point d'ancrage d'une communauté composite. Des gens possédant des statuts différents, des Athéniens, des mercenaires dont certains étaient honorés de privilèges dans la cité athénienne, participaient ensemble à des assemblées qui votaient des décrets, le terroir n'avait ainsi plus grand-chose à voir avec un dème ordinaire. À Cos, de même, les gens des communautés rurales vivaient leur rapport au centre comme fondé sur un principe d'échanges de services, mais savaient défendre face à la « cité plénière » les intérêts de leur canton. Quand le centre n'était plus le lieu d'expression d'un projet politique, il cessait d'avoir le droit d'imposer sa présence. La centralité n'avait de fonction que dans le cadre d'une lecture du territoire qui fît accepter ses contraintes.

DOCUMENT

■ Les ennemis de l'intérieur : à Sparte, la conspiration de Cinadon (397)

Quelqu'un vient faire connaître aux éphores une conspiration, avec le nom de celui qui menait l'affaire, Cinadon. C'était un homme jeune d'aspect et d'âme vigoureuse, mais qui ne faisait pas partie des égaux. Les éphores demandèrent au dénonciateur comment, à son avis, la chose devait avoir lieu ; il répondit que Cinadon, après l'avoir mené au bout de l'agora, lui avait fait compter combien il y avait de Spartiates présents. « Et moi, dit-il, ayant compté les rois, les éphores, les anciens et d'autres — environ quarante personnes — je lui demandai : pourquoi, Cinadon, m'as-tu fait compter ces gens-là ? Ces gens-là, me dit-il, considère-les comme tes ennemis, mais tous les autres comme tes alliés — ils sont plus de quatre mille, ceux qui sont sur l'agora. » Puis il lui montrait, disait-il, dans les rues, çà et là, tantôt un, tantôt deux ennemis qu'ils rencontraient, tous les autres étant des alliés ; et, sur tous les Spartiates qui étaient à la campagne, l'un était un ennemi, le maître, tandis que les alliés étaient nombreux sur chaque domaine.

Les éphores lui demandèrent combien il y avait, à son avis, de gens au courant de l'affaire. Il répondit qu'au dire de Cinadon, les meneurs ne s'étaient entendus qu'avec des gens peu nombreux, mais sûrs, et que ceux-là, alors, avaient déclaré que toute la masse des hilotes, des néocitoyens, des inférieurs et des périèques était de cœur avec eux ; chaque fois que ces gens venaient à parler des Spartiates, aucun d'eux ne pouvait dissimuler qu'il aurait eu du plaisir à en manger, et tout crus. Les éphores lui demandèrent alors : « Où prétendaient-ils se procurer des armes ? » « Ceux d'entre nous, avait dit Cinadon, qui faisons partie des conscrits, nous avons bien autant d'armes qu'il nous en faut » ; pour la foule, il la conduisit au marché au fer et lui montra quantité de poignards, d'épées, de broches, de haches et de cognées, de faucilles. « Voilà encore des armes, avait-il dit, pour tous les hommes qui travaillent la terre, le bois, la pierre ; quant aux autres corporations, elles ont en général des outils, qui sont des armes bien suffisantes pour se battre, surtout contre des gens qui n'en ont pas. » Et, comme on lui demandait encore quand la chose devait avoir lieu, il répondit qu'on lui avait recommandé de ne pas quitter la ville.

Xénophon, *Helléniques*, III, 3, 4-7

5

Des frontières sûres et reconnues

La proximité du voisin, dans un monde grec devenu plein, imposait que se définissent entre les cités, des limites qui fussent des frontières. Il ne faut pas imaginer que la frontière était linéaire, telle ou telle région contestée durant des siècles par deux voisins pouvant, ainsi, être considérée comme appartenant virtuellement à l'un et à l'autre, sans être englobée dans le territoire de l'un ou de l'autre. Il finit par se construire des frontières linéaires dont les voisins furent conduits à reconnaître la validité. Cette reconnaissance réciproque induisit une réflexion sur les fondements du droit pour une cité à posséder son territoire, par l'effet de l'héritage, de la conquête, du don ou de l'achat. On put recourir à l'arbitrage international pour régler les problèmes opposant deux cités se disputant une terre. Mais, comme le système politique interdisait qu'une cité pût être soumise à une autre loi que la sienne propre, il était impossible, en pratique, de définir et de faire appliquer un droit international. Les « paix communes » furent, néanmoins, au IVe siècle, l'occasion de régler la totalité des problèmes pendants, chaque cité prétendant accepter de considérer comme légitime la situation territoriale constatée au moment du traité. En fait, ces paix ne purent se conclure et durer sans l'intervention d'une puissance extérieure; en 338 ce garant fut le roi de Macédoine.

LES VOISINS

Les Grecs gardaient la nostalgie d'une sorte d'âge d'or, d'un temps où chaque cité était comme une île, sans contact avec quiconque, ou du moins séparée d'autrui par d'immenses vides interstitiels. Les théoriciens jouaient de cette illusion pour construire, comme le fit Platon, leurs cités idéales. Mais l'expérience historique persuada chacun qu'il ne pouvait considérer que le bonheur consistait à ne point en avoir ou à les avoir fait disparaître pour pouvoir vivre « dans l'abondance et l'insouciance » (Isocrate, *Discours panégyrique*, 108). Ces voisins étaient de deux origines. Les uns étaient des semblables, des Grecs, dont chacun savait qu'ils appartenaient à la même communauté hellénique, et l'on pouvait imaginer devoir en reconnaître l'existence puisqu'ils « avaient même sang et même langue, sanctuaires et sacrifices communs, semblables mœurs et coutumes » (Hérodote, *Histoires*, VIII, 144). Les non-Grecs avaient été désignés du nom de Barbares.

Les relations avec les Barbares

Les rapports avec ces derniers étaient théoriquement simples, ils étaient censés être fondés sur la loi naturelle. La terre barbare pouvait être considérée comme un pays peuplé de gens dont il était naturel qu'ils fussent asservis. La guerre y était pour les Grecs une sorte de chasse, un mode normal d'acquisition de serviteurs, quand, « nés pour obéir, ils s'y refusaient ». L'occupation pure et simple, la conquête, s'il était besoin de combattre pour s'y installer, en était légitime par principe, puisque les indigènes ne pouvaient revendiquer la propriété d'aucun territoire car, en tant qu'esclaves nés, ils n'avaient pas la capacité à le faire (Aristote, *Politique*, I, 1256b).

Un certain nombre de gestes symboliques pouvaient témoigner de ce que l'occupation procurait un droit réel de propriété sur une terre considérée comme jusqu'alors vacante, parce que n'appartenant à aucun Grec. Celui qui s'installait manifestait ses droits à posséder le sol, non pas, bien évidemment, au regard des Barbares incapables de comprendre le sens de sa façon de faire, mais à l'égard de lui-même et des autres membres de la communauté hellénique. Il pouvait instaurer une pratique cultuelle : telle cité naissante, tel fondateur, marquait sa présence en un lieu en y effectuant des sacrifices, en fondant des sanctuaires, le premier à avoir procédé à de telles cérémonies en une terre jusqu'alors déserte, en était réputé légitime propriétaire. Le jet de la lance est le symbole le mieux reconnu de la gestuelle. Un homme d'Andros fut, sans doute, le premier à le pratiquer quand, lors de la prise d'une cité thrace, se trouvant en concurrence avec des gens de Chalcis qui semblaient courir plus vite que lui et auraient eu la possibilité de s'installer avant lui dans la ville, il choisit de jeter sa lance sur la porte des remparts et de l'y enfoncer avant que ses rivaux n'aient pu la franchir, assurant ainsi ses droits puisqu'il pouvait prétendre à l'antériorité de la victoire. Le même geste fut effectué par Alexandre quand il passa en Asie, « du navire, il jeta sa lance et, l'ayant fichée dans le sol, il fut le premier Macédonien à sauter à terre, déclarant recevoir l'Asie des dieux comme un bien conquis à la pointe de la lance », et affirmant alors, peut-être, son droit à être le seul maître du sol sur lequel il allait guerroyer avec ses soldats et ses alliés (Diodore, *Bibliothèque*, 17, 17, 3 : Arrien, *Anabase*, II, 14, 7).

Les voisins grecs

Dans la pratique des relations interpoliades, les droits de chacun à posséder son terroir étaient moins faciles à expliciter et à mettre en forme. Les Grecs avaient, en effet, accepté que le monde fût polynucléaire, que nulle cité n'eût vocation œcuménique, qu'ils pussent entretenir avec leurs voisins des rapports d'échange. En témoignait l'existence de routes dites « des étrangers », où parfois des sanctuaires jouaient un rôle d'hospice pour accueillir les voyageurs, celui de marchés frontaliers soumis à des modes de fonctionnement spécifiques. Néanmoins la pratique de la vie politique induisait d'une certaine façon la guerre ; celle-ci mettait toujours en cause l'existence de tout ou partie du territoire de chacun des partenaires, l'enjeu de tout combat.

❑ ***Des compétitions...*** Le système de constitution du corps politique imposait aux jeunes gens des périodes de ségrégation pour qu'ils préparent leur intégration définitive au groupe des citoyens : ils devaient entrer en contact avec les divers au-delà, avec l'étranger, avec la mort, devenir à même de manifester qu'ils étaient capables de surmonter des épreuves, de risquer leur vie, si besoin était. Repoussés aux confins mêmes des territoires politiques, ils se trouvaient tout naturellement mis au contact des jeunes gens des cités voisines soumis aux mêmes obligations qu'eux-mêmes. Des épreuves propres à chaque cité pouvaient témoigner de leur capacité à dépasser leurs limites, des combats étaient, ainsi, organisés entre équipes rivales de jeunes Spartiates qui devaient voler ou défendre les fromages déposés à l'autel d'Artémis. Ces épreuves pouvaient se transformer en ordalies et les jeunes gens rivalisaient d'endurance à supporter d'atroces flagellations. Ce type de compétitions pouvait s'ouvrir sur l'extérieur et, dans le cadre de sanctuaires communs à plusieurs cités voisines, des concours pouvaient réunir plusieurs groupes d'athlètes représentant chacun leur cité, acceptant de risquer symboliquement leur existence pour elle. Si le fondateur des concours olympiques avait mis sa vie dans la balance lors de la course de char qui les inaugura, puisqu'il devait vaincre et épouser la belle Hippodamie ou mourir de la main de son éventuel beau-père, ses successeurs, après que les épreuves eurent été reprises de façon régulière, à partir de 776, furent moins impliqués dans les compétitions auxquelles ils participaient, mais plus d'un, notamment parmi les lutteurs, considérait que mourir dans la poussière de la palestre d'Olympie était un sort plus enviable que d'y être vaincu.

❑ ***...aux guerres.*** Des affrontements armés entre voisins, plus explicites dans leur signification sacrificielle, pouvaient avoir le même genre de périodicité régulière et garder le même caractère d'épreuve codifiée. Des guerres opposèrent, pendant des décennies, les Érétriens aux Chalcidiens en Eubée : les deux cités, capables de collaborer en temps ordinaire, s'affrontaient « au sujet de la plaine du Lélas », le fleuve qui séparait leurs deux territoires. Une stèle conservée dans le temple d'Amarynthos, aux confins du territoire d'Érétrie, en un lieu où se passait périodiquement la revue des recrues, signifiait que le combat était soumis à un règlement, accepté par les deux camps, interdisant l'usage des armes de jet (Strabon, *Géographie*, 10, 1, 12), preuve, s'il en était besoin, de ce que l'important en l'affaire n'était pas dans la victoire, ni dans sa conséquence, la conquête de la plaine lélantine, mais dans la façon dont chacun manifestait sa vertu durant le combat.

Durant toute l'époque archaïque, les Thessaliens luttèrent de la même façon, contre les Phocidiens, les Athéniens contre les Béotiens, les Ioniens entre eux. Le conflit le mieux connu est celui qui opposa Sparte à Argos pour la possession de la Thyréatide, et dont il était question encore au IIe siècle après J.-C., quand un sénateur romain fut mandaté spécialement pour y mettre un terme. Vers le milieu du VIe siècle, il avait été prévu que la propriété de ce petit district frontalier serait reconnue au vainqueur d'un combat que se livreraient deux contingents de 300 hommes, installés en un champ clos, à l'écart des deux armées. Un des Spartiates resta seul sur le champ de bataille et put y élever un trophée. Il l'avait emporté, alors que de l'autre côté deux survivants argiens avaient préféré quitter le terrain pour aller rendre compte à leurs concitoyens de ce qu'ils devaient être déclarés vainqueurs, puisqu'ils étaient deux à avoir survécu. En fait ils connaissaient mal les règles de la guerre agônale, compétition en armes, et ils avaient perdu, par leur départ assimilé à une fuite, toute chance de faire reconnaître leur éventuelle victoire devenue défaite avérée (Hérodote, *Histoires*, I, 82). Quant au vainqueur, plus tard, honteux d'avoir survécu à tous ses compagnons, il se suicida sur le lieu même de sa victoire. En 420, un nouvel accord fut conclu pour remettre en cause le résultat du match précédent : il prévoyait que l'on allait pouvoir organiser de nouveaux combats, que la guerre commencerait sur proposition d'une des deux parties, à condition qu'aucune des deux cités ne fût victime d'une épidémie ou retenue par un conflit extérieur ; les combattants s'engageraient aussi « à ne pas poursuivre l'adversaire au-delà des limites d'Argos ou de Sparte » (Thucydide, *La Guerre du Péloponnèse*, V, 41, 2-3). Le but premier des combattants n'était pas, là encore, d'assurer à leurs compatriotes la jouissance d'un terroir, dont on sait qu'il était d'ailleurs montagneux et malpropre à les enrichir, mais d'en découdre pour la gloire, pour affirmer leur respect pour leurs ancêtres et leurs actions d'éclat.

Les terres contestées

Les terrains que l'on se disputait dans ce type de conflit rituel avaient naturellement un statut particulier dans le territoire poliade. Situés sur les confins, ils pouvaient être mal connus en raison de leur éloignement, mal limités comme d'autres terres bordières, mais ce n'était pas nécessairement le cas, puisque leur caractère d'enjeu rituel leur donnait une certaine célébrité. Il ne semble pas, en tout cas, qu'ils aient été considérés comme propriété pleine et entière de la cité qui les détenait. C'est bien ce que semble signifier, d'ailleurs, le texte de la convention, conclue en 420, entre Sparte et Argos dont les stipulations paraissent impliquer que la Thyréatide se trouvait située entre les limites des deux cités : chacun des contingents engagés dans sa conquête promettant de ne pas poursuivre, à l'issue du combat qui se déroulerait dans la zone contestée elle-même, son adversaire au-delà de ses frontières. Il n'y a pas lieu de penser que cette façon de s'exprimer soit l'effet d'une réflexion prospective, et veuille dire que les frontières des cités en présence devaient être fixées, au moment même où se ferait la décision sur le terrain, à la limite de la Laconie en cas de victoire d'Argos et à la frontière de l'Argolide, intégrant donc la Thyréatide au territoire spartiate, dans le cas contraire. Divers exemples athéniens parallèles semblent bien indiquer que les régions frontalières ainsi disputées se trouvaient considérées comme appartenant à une sorte de zone intermédiaire, les *méthoria*, situées précisément entre les bornes des deux cités voisines.

Outre celui de Platées, très significatif est le cas d'Oropos qui, appartenant à la sphère d'influence de Thèbes avait été longtemps revendiqué par Athènes, chacune des cités manifestant ses droits à régir la contrée, en faisant entrer dans ses propres cultes urbains celui du héros Amphiaraos qui possédait là un sanctuaire. En 338, le pays se trouvait être, pour quelque temps, propriété athénienne ; il était, alors, administré de telle sorte que les revenus importants que la cité en tirait étaient partagés entre les dix tribus attiques, car le territoire n'avait pas été intégré au système des dèmes et conservait, ainsi que ses habitants, un statut tout à fait particulier aux marges de la cité. Il en était de même d'Éleuthères, pays béotien que force mythes avaient rattaché l'histoire religieuse d'Athènes : les habitants du pays combattaient dans l'armée athénienne et étaient honorés, si nécessaire, comme eux, d'une inscription au mémorial annuel des morts pour la patrie ; ils n'appartenaient pas à son territoire pourtant, ni au corps politique à proprement parler, et donc n'étaient rattachés à la liste des morts d'aucune des dix tribus, et se trouvaient répertoriés à part avec l'indication de leur lieu d'origine. Quant aux Spartiates, ils étaient heureux sans doute, à l'époque de la guerre du Péloponnèse, de jouir de la possession de la Thyréatide, mais ils y avaient, en fait, installé les Éginètes chassés de chez eux par les Athéniens, sans doute parce qu'ils ne considéraient pas que le pays appartînt réellement à leur territoire propre.

La guerre aux frontières

❑ ***La remise en cause des zones bordières.*** Le statut ambigu de ces zones contestées pouvait d'ailleurs conduire à les utiliser de façon très différente selon les temps et les situations géographiques. Les cités grecques étaient ordinairement très sensibles à la nécessité de garantir de façon absolue l'étanchéité de leurs frontières, et ne se résolvaient que très rarement à autoriser d'autres gens que leurs membres à jouir du droit de propriété d'une terre ou d'une maison sur le sol politique (*egktèsis gès kai oikias*).

On pouvait décider que les zones bordières seraient une sorte de *no-man's land*, de terre « déserte » de part et d'autre de la frontière. Cela permettait de garantir le caractère impénétrable de la frontière et aussi d'ailleurs au besoin, pour la cité, de disposer de terrains pour certaines purifications nécessaires, quelque difficile qu'il soit de concevoir la chose : les cadavres de certains criminels, dont les suicidés dont Platon voulait mettre les restes à part (*Lois*, 873d-e), devaient être jetés hors du monde des humains ainsi que les objets coupables de crimes, et il fallait bien qu'on trouve un lieu qui ne fût à personne pour pouvoir les exiler sans faire de tort à quiconque. Pour des raisons de sécurité, il paraissait normal, en tout cas, d'écarter de telles zones frontières toute personne qui ne présentait pas des garanties suffisantes de fidélité à la ville. Ainsi Mégabyse d'Éphèse se vit reconnaître par la cité de Priène le droit d'acheter des terres dans son territoire, mais il ne fallait pas que le domaine dont il pouvait se rendre acquéreur fût à moins de 10 stades des limites de la cité où il vivait. Tel Acarnanien reçut le droit d'acquérir des terres à Athènes à des conditions semblables.

On était parfois, à l'inverse, amené à accepter une sorte de porosité contrôlée des limites qui construisaient des territoires communs à deux cités voisines. Certaines de ces terres étaient dites sacrées. La région située entre Mégare et Athènes, était consacrée aux déesses d'Éleusis, elle était « indivise » (*non bornée*) et ne devait pas être cultivée ; les deux cités avaient sur elle un droit de surveillance et c'est parce que les Mégariens voulurent mettre certaines de ses parties en culture que les Athéniens prirent contre eux des mesures qui aboutirent à la guerre du Péloponnèse (431-404). Des sanctuaires communs à plusieurs cités pouvaient parfois y être installés comme en terrain neutre : par exemple, le temple de la fédération des cités de l'île de Lesbos, qui se trouvait au lieu-dit Le Milieu, au contact des territoires de chacune des trois cités, en un endroit où leurs influences s'annulaient de leur conjonction même. Ce pouvait être des zones pastorales laissées à la disposition des bergers de deux cités voisines qui ne faisaient pas l'effort de les partager alors qu'elles prenaient soin de délimiter très soigneusement, au contraire, l'étendue de leur domaine respectif, là où il était cultivé. Néanmoins, les peuples amis de Praisos et de Hierapytna, en Crète, avaient le droit de semer chacun dans le territoire de l'autre (*Inscriptiones Creticae*, III, Hierapytna, n° 4, 11, 19 sq.).

Quoi qu'il en fût, s'il existait des accords entre cités concernant des terres bordières, qu'il fallût les partager, les contrôler en commun, ou en reconnaître la possession à l'un ou l'autre de ceux qui les revendiquaient, ils étaient sans cesse remis en cause. Aussi, les conflits entre cités voisines étaient-ils si fréquents qu'ils devinrent le symbole même de la vie internationale dans le monde grec (Thucydide, *La Guerre du Péloponnèse*, I, 15, 2). Ils pouvaient trouver parfois des prétextes très spécifiques : ainsi les Mantinéens et les Tégéates s'affrontaient pour la maîtrise des lits de cours d'eau capables de dévaster le territoire de l'une ou de l'autre selon le sens que l'on donnait à leurs débordements. Ils étaient parfois simples disputes pour des pâturages et vols de troupeaux et faisaient s'affronter les uns contre les autres Phocidiens et Locriens. La renaissance périodique des guerres entre voisins paraissait inéluctable, en tout cas. Pourtant paradoxalement, cet état de chose était sans réelle importance ; les conséquences des conflits étaient souvent minimes. Vainqueur ou vaincu, chacun, après le combat, continuait à vivre comme devant, sans que la perte ou le gain d'un territoire de bordure ait changé quoi que ce fût à son existence.

❑ ***Naissance de pratiques d'arbitrage.*** Quand il fut besoin de limiter les effets déplaisants de ce type de pratique, on sut comment définir des frontières claires qui purent être reconnues par les deux parties dans le cadre d'arbitrages. Les bornes, jusqu'alors univoques et langage de la seule communauté qui les installait à son gré, et qui se définissaient dans leur seule projection « vers ou contre, les voisins », purent porter le nom de chacune des cités qu'elles séparaient, et devenir l'expression d'un accord intervenu entre elles. Un type de frontières linéaires incontestables naquit alors, puisqu'elles étaient ainsi publiées, que le bornage pouvait être décrit dans des inscriptions installées dans tel ou tel sanctuaire panhellénique où était multiplié le nombre des témoins. Le règlement des conflits pouvait avoir été confié à un homme sage comme Bias qui, quoiqu'il ait appartenu à l'une des cités en conflit, fut l'arbitre entre Samos et Priène. On pouvait appeler une cité tierce en consultation ou plusieurs : ainsi, les Érythréens, Samiens et Pariens, dans la première moitié du VIIe siècle, reconnurent la propriété de Sanè de Thrace à Andros. Salamine, disputée entre Athènes et Mégare, fut reconnue comme appartenant à Athènes par un arbitrage des Spartiates dont la validité ne fut jamais remise en cause. En revanche, l'arbitrage des Corinthiens concernant Platées, en 519, n'eut pas le même succès : Platées restant une terre disputée entre Thèbes et Athènes, la ville resta située entre deux frontières potentielles et les bornes qui les marquaient.

Quand Rome vint s'installer, au second siècle, dans le monde grec, sa volonté de stabiliser les pays qu'elle protégeait désormais l'amena à encourager la multiplication de ce type de procédures arbitrales. Enquêtes et jugements furent confiés à des magistrats, à des experts désignés par eux (ainsi l'Achéen Callicratès dans le conflit entre Sparte et Mégalopolis), ou bien, avec l'accord du Sénat, à des villes amies de Rome, Rhodes, Magnésie du Méandre, Mylasa. Parfois, le souci perfectionniste d'une impartialité absolue faisait qu'on augmentait le nombre des intervenants et compliquait au-delà du raisonnable le mode de leur désignation. Ce n'était pas, en l'occurrence, rupture mais prolongement des pratiques anciennes, et reconnaissance des situations acquises, nombre de cités se voyant alors garantir la possession des territoires qui leur appartenaient « lorsqu'elles étaient entrées dans l'amitié de Rome ». Cette formulation n'interdisait pas, bien sûr, de s'interroger sur la légitimité et la réalité même de l'occupation de tel ou tel territoire à la date de référence, mais elle semblait rejeter dans un passé révolu la possibilité que pussent renaître les guerres anciennes et tout ce qui pouvait passer pour désordre. C'est la permanence du pouvoir de Rome qui permit que la fixation de cette date originelle, fondatrice de droits intangibles, eût meilleur sort que les tentatives faites aux siècles précédents, quand on avait prétendu pouvoir faire considérer comme légitime la possession de tout terroir dont une cité pouvait faire remonter la jouissance jusqu'à une date désignée comme signifiante : la « paix commune » que le roi de Perse avait imposée aux cités et peuples grecs en 386 ou bien l'arrivée d'Alexandre en Asie.

Les guerres prédatrices

Ces guerres de frontières, conflits autour des bornes, n'étaient pas les seules que les Grecs aient su mener. Ils savaient bien, eux-mêmes, qu'elles avaient même un caractère très particulier dans l'ensemble de leur pratique. Nombre d'opérations militaires pouvaient avoir pour autre but le seul pillage, viser à l'acquisition immédiate de biens et non plus de terres. Les armées partaient en opération au printemps, ou au début de l'été quand les blés arrivaient à maturité, céréales, olives étaient alors récoltées ou, si la chose se révélait impossible à cause de réactions des agressés, brûlées sur place; les bâtiments d'exploitation étaient pillés et l'agresseur emportait boiseries, tuiles et ferrures; il s'emparait aussi de tous les gens qu'il pouvait trouver dans la campagne, esclaves ou personnes libres. Ces raids pouvaient prendre, d'ailleurs, eux-aussi, la forme d'une routine périodique, Hérodote donnant une bonne idée de ce qu'ils étaient alors : « Alyatte de Lydie fit aux Milésiens une guerre qu'il avait héritée de son père ; lorsque dans la campagne, la récolte était mûre, il conduisait ses troupes à l'invasion, on marchait au son des flûtes, des harpes et des fifres aigus et graves; parvenus sur le territoire de Milet, il n'abattait pas les maisons construites dans les champs, ni ne les incendiait, il n'enlevait pas leurs portes, il s'emparait des fruits des arbres et faisait la moisson, puis il rentrait chez lui; s'il ne détruisait pas les maisons, c'est pour que les Milésiens eussent toujours des abris pour semer à nouveau la terre et la travailler ; grâce à ce qu'ils auraient fait, il aurait de quoi piller au cours d'une nouvelle incursion. La guerre dura onze ans » (*Histoires*, I, 170). Le cas de Milet était sans doute exceptionnel puisque la cité se trouvait en bordure du territoire barbare; il s'apparentait à celui des cités qui, comme Byzance ou Istros, à l'époque hellénistique, durent s'accoutumer à ce type de prélèvement et préférèrent payer tribut à leurs agresseurs pour modérer les effets de leur façon de faire. Il n'était pas de cité grecque balkanique qui fût exempte de ce type de risque, car la tranquillité de chacun résidait en sa capacité de résistance aux éventuelles entreprises de ses voisins, l'équilibre des forces pouvant être sans cesse remis en cause. Pour chacun, la tentation d'améliorer son ordinaire, en se procurant des suppléments d'approvisionnements, était permanente ; aussi la guerre pouvait-elle passer pour un mode d'acquisition raisonnable. D'autre part, il faut bien comprendre que, là encore, les enjeux n'étaient pas énormes, la guerre n'était pas inquiétante en elle-même, on savait que la paix renaîtrait avant l'automne. Quand elle se trouvait à la limite de ses possibilités de résistance et qu'elle pensait que laisser faire risquait de la mettre dans une situation économique insupportable, une cité pouvait négocier une reddition aux meilleures conditions possibles mais, pour que son territoire ne fût pas ravagé, il lui suffisait le plus souvent de montrer sa force et sa volonté de combattre : dans l'hypothèse d'une relative égalité entre les parties, l'agresseur se retirait, une fois l'armée de son adversaire rangée en une phalange décidée à combattre, sans avoir d'ailleurs lui-même beaucoup investi dans la préparation et la mise en œuvre de son opération.

❑ ***Des conflits insurmontables.*** Pourtant cette guerre prédatrice, parce qu'elle mettait en cause le droit d'usage du sol par ses occupants légitimes, était, dans sa finalité et dans ses modalités, de plus grande conséquence que les conflits bordiers : elle avait pour enjeu, non plus les confins, mais les champs eux-mêmes, pour acteurs, non plus les seuls jeunes gens sélectionnés pour servir de champions au groupe, mais l'ensemble des citoyens mobilisables. C'était ainsi toute la cité qui était concernée par le succès ou l'échec de l'entreprise. Progressivement, ce type de conflit devint guerre totale, c'est le droit même de la propriété sur le sol qui fut alors mis en cause, et non plus le seul produit que l'on voulut piller. Il peut être considéré comme le prélude à d'autres conflits qui allaient, de façon plus radicale, mettre en cause l'existence même des cités affrontées. Les guerres devinrent permanentes : aux Vᵉ et IVᵉ siècles, les sièges des villes purent durer des années ; des garnisons installées à demeure dans le pays des vaincus affirmaient la perpétuité continuellement répétée de leurs défaites. Elles avaient pour but d'assurer des prééminences et des sujétions durables, d'instituer des prélèvements permanents sur les vaincus, de les faire disparaître s'il le fallait pour que la victoire fût absolue. Ce n'était plus pour une borne, pour une frontière que l'on combattait, ni pour les fruits d'un terroir, mais pour posséder l'ensemble du territoire de l'autre. Les Thébains savaient que tel était l'enjeu de la guerre du Péloponnèse quand les Athéniens voulurent l'entreprendre (Thucydide, *La Guerre du Péloponnèse*, IV, 92).

La guerre devint en pays grec une sorte de chasse, comme elle l'était en pays barbare. On s'en aperçoit dans la représentation qui est faite traditionnellement de Timothée, stratège heureux de la cité d'Athènes, au IVᵉ siècle, qui avait pris « autant de villes qu'avait jamais fait aucun stratège, soit de notre pays, soit du reste de la Grèce, et parmi elles des villes dont la conquête avait obligé tous les pays qui les environnaient à se soumettre à notre cité ». Les peintres qui faisaient son portrait le représentaient comme un chasseur endormi, les villes se précipitant d'elles-mêmes dans les filets qu'il avait tendus avec l'aide de la déesse Fortune. La guerre était devenue guerre totale, mode d'acquisition de richesses et de puissance qui n'avait plus d'autres règles que sa technique, et d'autres finalités que le succès nécessaire pour assouvir des besoins qui s'accroissaient des réussites mêmes des entreprises précédentes, puisque les vaincus de la veille devaient être maintenus dans l'obéissance, si l'on ne voulait pas qu'ils se vengent de leurs défaites et de leurs abaissements. Elle mettait en cause l'existence même des cités, car c'est la possibilité de défendre ou non leur sol et leurs remparts qui les laissait libres ou les rendait esclaves. Si la guerre ravalait l'adversaire au rang de proie, le droit n'y avait pas de place, ni les conventions, ni les coutumes, puisque seul comptait le résultat des combats entrepris. La guerre entre Grecs devenait ainsi tout à fait semblable à la guerre entre Grecs et Barbares. Mais l'hostilité entre ceux-ci et ceux-là pouvait être considérée comme justifiée par des différences de nature entre les adversaires, ces différences mêmes conçues comme irréductibles légitimaient le fait que la seule technique de force fondât leurs rapports, puisqu'il n'existait pas de langage qui leur fût commun. Celle qui conduisait les Grecs à s'affronter de cette façon entre eux ne pouvait l'être, en revanche, puisqu'elle était volonté de rupture d'un lien de familiarité originel et infrangible par nature. Ce lien était aussi solide que l'est celui qui associe l'âme et le corps et Platon, qui savait qu'en chacun des hommes « se livre une guerre contre soi-même », sut montrer que la guerre étrangère entre Grecs était, à l'image de cette guerre de soi contre soi : elle ne pouvait être qu'une « guerre civile », une *stasis* et non pas une guerre contre un autre, *polémos*. Or, la « guerre civile », quand on se résout à raisonner au seul plan du politique, est particulièrement difficile à mener, car elle est sans règles par nature : les hommes s'y affrontent parce que justement ils refusent de se mettre d'accord sur les termes et les principes mêmes d'un contrat social, aussi, tant qu'elle dure, ne peut-elle pas être créatrice de droit. Capable de détruire, elle ne peut construire quoi que ce soit de durable.

❑ ***Vers la destruction du monde grec.*** On sait que le drame de la Grèce fut qu'elle finit par s'abîmer dans ce type de conflits insurmontables où elle se détruisit. Les cités ne cessèrent de lutter l'une contre l'autre pour l'hégémonie. La guerre du Péloponnèse qui, opposant Athènes à Sparte de 431 à 404, ne permit à aucune cité, qu'elle appartînt ou non à leur empire, de rester neutre, laissa le monde grec exsangue. Les combats continuèrent entre les vainqueurs et les vaincus vite rétablis, d'autres profitèrent de l'épuisement des uns et des autres pour prétendre à leur tour à la reconnaissance de leur droit à gouverner leur part de monde. Une seconde ligue athénienne fut constituée par le décret d'Aristotélès, en 377. Elle prétendait ne pas préparer un nouvel empire et avoir été faite pour que « les Lacédémoniens laissent les Grecs vivre tranquilles, libres et autonomes et se voient garantir la propriété de tout le territoire qui leur appartient, afin que dure à jamais la paix commune qu'ont jurée les Grecs et le Roi ».

Encore fallait-il, pour que cette clause eût un sens, que chacun pût savoir ce qu'était ce qui « lui appartenait », que l'on ait donc pu définir les règles qui, dans le cadre de ces guerres de type nouveau, dans celui des paix qui les concluaient quand il en advenait, aient défini de façon claire ce que pouvaient bien être des frontières sûres et reconnues.

Principaux conflits dans le monde grec classique

493 Révolte des cités ioniennes contre le roi de Perse.
490 Première Guerre médique, victoire des Athéniens sur les Perses, à Marathon.
480 Seconde Guerre médique, défaite des Spartiates aux Thermopyles, victoire des Grecs à Salamine.
479 Victoires décisives des Grecs, sur terre à Platées, sur mer au cap Mycale.
478 Constitution de la Ligue de Délos, Athènes exerce sur ses alliés l'hégémonie.
469 Révolte de Naxos contre Athènes.
465 Siège de Thasos qui doit verser tribut à Athènes.
461 Début du conflit entre Sparte et Athènes.
454 Le trésor des alliés d'Athènes est transféré de Délos dans la ville ; fin du contrôle qu'exerçaient les alliés sur l'utilisation de ces fonds.
449 Fin du conflit gréco-perse, paix dite de Callias.
446 Révolte de l'Eubée contre Athènes.
431 Début de la Guerre du Péloponnèse : elle oppose Sparte et ses alliés à Athènes forte de son empire.
429 Révolte de Mytilène contre Athènes.
427 Destruction de Platées par Sparte alliée à Thèbes.
425 Défaite des Spartiates assiégés dans l'île de Sphactérie.
421 Paix dite de Nicias entre Sparte et Athènes.
416 Les Athéniens prennent Mélos, massacrent ses habitants.
415-413 Athènes mène en Sicile une expédition qui tourne à la catastrophe.
405 La flotte de Sparte détruit l'escadre athénienne à Aigos Potamos, le Spartiate Lysandre s'empare des cités de l'empire athénien.
404 Prise d'Athènes par les Spartiates, destruction des Longs-Murs, guerre civile dans la cité.
394 Athènes, Thèbes, Corinthe s'allient contre l'hégémonie spartiate. Agésilas réussit à vaincre les coalisés à Coronée, mais Athènes peut reconstruire ses remparts et armer à nouveau une flotte.
386 Paix d'Antalcidas ; les Spartiates se font les mandataires du roi de Perse pour établir en Grèce une Paix Commune qu'ils se chargeront de faire respecter.
377 Athènes regroupe en une seconde confédération les cités inquiètes de la trop grande puissance des Spartiates.
371 Défaite des Spartiates à Leuctres devant l'armée thébaine d'Épaminondas.
367 Période d'hégémonie thébaine.
362 Bataille de Mantinée ; les Thébains sont vainqueurs d'une large coalition suscitée par Sparte et les Athéniens, mais Épaminondas meurt : la Grèce est exsangue.
359 Avènement de Philippe, roi de Macédoine.
357 Les alliés d'Athènes (Chios, Rhodes et Byzance) se révoltent ; cette guerre dite des Alliés aboutit à la disparition définitive du second empire athénien.
348 Philippe s'empare d'Olynthe ; il détruit la ville qu'Athènes n'a pas été à même de secourir.
346 Paix de Philocrate ; Philippe fait accepter ses conquêtes en Thrace et en Chalcidique au détriment des intérêts d'Athènes.
346 Philippe entre au conseil amphictionique de Delphes après sa victoire sur les Phocidiens (guerre sacrée).
340 Guerre ouverte entre Philippe et Athènes.
2 août 338 Philippe écrase les Grecs coalisés contre lui, commandés par les Athéniens et les Thébains (bataille de Chéronée).

ÉLÉMENTS DE CONSENSUS

Les textes fondamentaux

Il n'existe pas beaucoup de textes qui aient formulé de façon dogmatique ce qu'était le droit pour une cité à posséder le sol qu'elle régissait et en caractériser les divers modes d'appropriation. La rationalisation historique a fait qu'il en fut distingué plusieurs, mais tout le monde avait eu pleinement conscience du caractère tout à fait artificiel des constructions juridiques retenues pour mettre de l'ordre dans le foisonnement des situations nées de l'évolution même des choses. Nombre de règles servaient à fonder en droit les situations acquises ; elles ne devenaient des normes productives qu'en fonction du bon vouloir d'éventuels contractants à un traité ou à des conventions de type divers.

Isocrate indique, par exemple, selon quels principes les Grecs auraient pu s'accorder pour conclure, en 387, une paix générale. Il aurait été possible « de prendre la décision, soit que chacun se contente de son domaine propre, soit qu'il ait eu pouvoir de régir ce qu'il aurait conquis par les armes, soit qu'il ait été maître de ce qu'il se trouvait avoir occupé à la veille de la paix ». L'une ou l'autre des solutions pouvaient convenir, quelque différentes et opposées qu'en aient été les clauses (*Discours panégyrique*, 177). En matière de « droit international », le désir d'appliquer un principe pouvait céder au choix de son antagoniste ; tout était affaire de convention multilatérale et les règles n'étaient pas autre chose que l'expression de la volonté des contractants à s'accorder. Le système le plus simple, celui de la reconnaissance du statu-quo, était le plus aisé à mettre en œuvre mais, sans que la chose doive passer pour paradoxale, le moins productif qui fût, puisqu'il n'existait pas d'instance capable de faire en sorte qu'il ne fût pas remis en cause par les parties.

Si l'on veut bien admettre combien est fallacieuse l'idée qu'il existerait un droit établissant des règles qui fonderaient la légitimité pour une cité à se dire le propriétaire d'un sol qu'elle considérait comme son territoire, on s'aperçoit néanmoins qu'il existe un corpus de règles qui posent un certain nombre de principes dont on se sert de façon usuelle. Un passage d'Isocrate explique de quelle façon les Héraclides ont, dès les origines de l'hellénisme, constitué leur domaine (*Archidamos*, 18-19 cf. 23) : Argos devait être à eux par droit de succession, Lacédémone l'était par don, Messène par droit d'une conquête effectuée dans le cadre d'une guerre qu'ils considéraient comme « juste », ce qui ne signifie pas qu'elle l'était aux yeux de tous, puisque le débat sur ce point continua devant le Sénat romain, sous Tibère (Tacite, *Annales*, IV, 43). Il est possible de mettre ce texte en rapport avec un document tout aussi explicite et d'aspect plus normatif, annexé au compte rendu d'un arbitrage entre Itanos et Hierapytna (*Inscriptiones Creticae*, III, Itanos n° 9, l. 133), datant du IIe siècle, d'autant plus intéressant qu'il prétend se fonder sur une sorte de consensus présenté comme constituant un droit international ayant régi les Grecs depuis les origines. Il reprend en tout cas, en en précisant certains aspects, l'essentiel des catégories définies par Isocrate : « les hommes sont les maîtres de leur territoire, quand ils l'ont reçu de leurs ancêtres, qu'ils l'ont acheté et qu'ils en ont versé le prix, ou qu'ils l'ont acquis à la pointe de la lance, ou qu'ils l'ont reçu d'un plus puissant qu'eux-mêmes ».

Le droit d'héritage

Le fait que l'on ait pu considérer comme une possession légitime une terre transmise par ses parents ne surprend guère. Tout naturellement, les Grecs ont toujours pensé qu'on ne devait pas mettre en cause le droit du premier occupant à se prévaloir de sa propriété, à considérer le territoire premier de sa cité comme consubstantiel à la collectivité et à chacun de ses membres. Nous savons comment le mythe de son autochtonie était essentiel à la construction de l'image d'Athènes, comment les cultes héroïques servaient à enraciner les citoyens dans l'histoire même de leur terroir. En cas de contestation sur l'extension de leur domaine, si deux communautés prétendaient à la primauté d'occupation sur une terre, chacune s'efforçait de faire la preuve de la priorité de ses droits, en présentant tous les documents que pouvaient fournir les enquêtes historiques. Dès le VIe siècle, on vit ainsi les Priénéens tenter de démontrer le caractère ancestral de leur propriété en recourant au témoignage des mythographes, historiens anciens : on ne se faisait pas d'illusion sur leurs capacités à découvrir une vérité incontestable (*Inschriften von Priena*, 500, l. 12 sq.), mais, au cours des siècles, on ne cessa de rechercher les témoignages, les documents d'archives ou les textes écrits par les poètes. C'est de cette façon, par exemple, que les Lacédémoniens et les Messéniens se disputèrent la possession du temple d'Athéna Limnatis au temps du pouvoir de Rome (Tacite, *Annales*, IV, 43). Il arrivait que l'on eût recours à des faux, quand besoin était. Ainsi, les Athéniens, semble-t-il, voulant fonder la légitimité de leurs revendications sur Salamine, fabriquèrent-ils des vers qu'ils interpolèrent dans le catalogue homérique des vaisseaux pour prouver que le premier roi de l'île, Ajax, était soumis à l'autorité de leurs ancêtres. Dans les cas les plus simples, on pouvait se contenter d'utiliser les témoignages des gens qui connaissaient bien le terroir, les bergers notamment, qui se faisaient souvent les vecteurs de la mémoire collective, comme ce fut par exemple le cas dans la petite cité de Gonnoi. Partout le fait de pouvoir prouver que ses ancêtres étaient enterrés dans le territoire contesté était considéré comme preuve suffisante de droits à le revendiquer; ainsi firent les habitants de Gonnoi; ce type d'argumentation pouvait, d'ailleurs, donner lieu à controverses archéologiques : quand Solon voulut démontrer que les tombes trouvées sur l'île de Salamine étaient creusées en conformité avec les anciens usages de l'Attique, son adversaire Héraios de Mégare prétendit que, bien au contraire, elles témoignaient de ce qu'elles avaient été l'œuvre de gens originaires de Mégaride.

Seul, ce territoire originel était réellement propriété pleine et entière de la cité, et sauf à démontrer qu'il n'avait pas été ce que l'on en disait, elle était incontestable. Nul ne pouvait, en effet, s'en emparer sans mettre en cause l'existence même du corps politique. Pour les territoires acquis d'autre façon, il n'en était pas de même et c'est pour cela que l'on pouvait distinguer ce qui, dans un terroir, appartenait pleinement au groupe politique et le reste.

Le droit de conquête

À qui veut bien imaginer qu'il n'existe pas, dans le monde plein qu'était devenu la Grèce, depuis l'époque archaïque, de territoires qui n'aient été peuplés de gens et que ceux-ci pouvaient les tenir de leurs ancêtres, les autres modes d'accession à la propriété politique peuvent ainsi apparaître comme parfaitement incompatibles avec l'idée même qu'il pouvait exister un droit de propriété sur un territoire quelconque. Il n'est pas aisé d'essayer de comprendre et d'analyser des catégories qui sont présentées pourtant comme évidentes.

❑ ***La victoire fonde le droit.*** Il faut s'interroger sur le fait de savoir si la conquête pouvait, par elle-même, en Grèce, fonder un véritable droit de propriété. Il n'est pas d'Hellène qui n'ait su que les biens et la personne d'un vaincu appartenaient à son vainqueur : « il est une loi universelle et immémoriale qui veut qu'une ville prise en action de guerre soit propriété de qui l'a prise, avec les habitants et les richesses qu'elle contient » écrivait Xénophon (Xénophon, *Cyropédie*, VII, 5, 73, *cf.* II, 3, 2). Platon (*Lois*, 626b) comme Aristote (*Politique*, 1255a) savaient que tout le monde en était d'accord. Ce « droit de la lance » rendait toute possession éphémère et se niait en quelque sorte lui-même. En fait les Grecs qui, dans leur droit privé, n'admettaient pas que l'occupation crée le droit de propriété, considéraient que la prise de possession de sa personne et de ses biens par un vainqueur, quel qu'il fût, n'était qu'une des manifestations extrêmes de la violence à laquelle on pouvait soumettre autrui. Tel, par exemple, qui « admettait que l'esclavage résultant d'une guerre était conforme au droit », pouvait en même temps dénier tout lien de nécessité entre l'événement et sa conséquence, car « l'origine des guerres peut ne pas être juste ». Quand Philippe II de Macédoine feignait de prétendre que le droit de conquête était aussi efficace que le droit d'héritage, en plaidant que « tous, nous habitons nos villes, soit parce que nous les tenons de nos ancêtres soit parce que la guerre nous en a rendus maîtres » (Corpus Demosthénien, *Lettre de Philippe*, 22-23), il n'était pourtant pas assez sûr de son fait pour ne pas être amené à préciser qu'Amphipolis dont les Athéniens lui déniaient le droit de propriété, était sienne pour de meilleures raisons :

« quelle propriété pourrait être mieux garantie que celle-là qui, dès l'origine, nous a été transmise par nos ancêtres, qui, ensuite, est devenue mienne par la guerre et qui, en troisième lieu, m'a été reconnue par vous ». Ce type d'argumentation se retrouve dans le discours que fit Antiochos aux Romains à propos de ses possessions de Chersonnèse et de Thrace (Polybe, *Histoires*, XVIII, 51), preuve de ce qu'il était courant de le tenir. Il est bien clair, néanmoins, que le débat sur la date d'origine de l'occupation ne pouvait aboutir, que le droit de conquête était justement ce qui était mis en cause, et que la seule chose qui fondait véritablement le droit de propriété que revendiquait Philippe ne pouvait être que le transfert que lui avaient fait de la ville les Athéniens eux-mêmes. Le débat se replaçait ainsi dans la logique du champ de bataille : celui qui s'y considérait comme le vainqueur pouvait bien élever un trophée à l'issue du combat, mais sa victoire n'était considérée comme acquise que lorsque le parti vaincu venait demander à relever ses morts (Plutarque, *Vie de Nicias*, 6). Le dialogue succédait ainsi à la guerre, la victoire s'instituait quand le vaincu reconnaissait la supériorité du vainqueur.

On peut donc imaginer que le transfert du droit de propriété d'une ville ou d'un territoire, d'une cité dans son ensemble se faisait, non plus dans le moment d'exercice de la force brutale, mais lorsque les vaincus remettaient leurs biens, comme volontairement, aux vainqueurs. La mise en œuvre de ce type de capitulation était délicate. Des gestes symboliques pouvaient donner forme à la prise de possession d'une terre, parfois la victoire semblait devoir déboucher sur une sorte de *synœcisme*. C'est en « arrachant les bornes » qui brisaient l'unité géographique du terroir attique que Solon avait annexé définitivement Éleusis à Athènes. Quand les Argiens s'étaient rendus maîtres de Corinthe après en avoir pris l'Acropole, ils avaient de la même façon effacé la cité en supprimant les bornes qui séparaient son territoire du leur, en la privant de son nom; puis, ils avaient fait entrer les Corinthiens dans leur communauté politique, avec un statut particulier (Xénophon, *Helléniques*, IV, 4, 6). Ce type de pratique, d'ailleurs, trouvait place et sens dans des contextes non conflictuels : ainsi, Platées, en 479, avait supprimé les bornes à la frontière de l'Attique de telle sorte que les Athéniens n'aient pas à franchir une frontière et à sortir de leur propre territoire pour combattre, car un oracle les avait mis en garde contre toute expédition à l'extérieur de leur domaine (Plutarque, *Vie d'Aristide*, 11, 3-9). Il était difficile d'en garantir l'efficacité à long terme, le discours de capitulation et la gestuelle qui prétendait le sanctionner n'ayant pas de caractère performatif.

❑ ***Le droit de revanche.*** Les cités grecques éprouvaient, en effet, de grandes difficultés à parler au nom de leurs habitants quand elles s'adressaient au monde extérieur. Il suffisait par exemple qu'un de ses membres ne prête pas un serment pour pouvoir prétendre n'être pas concerné par les stipulations d'un traité, quel qu'il fût. Le fait, d'autre part, que les Grecs étaient bien conscients de ce que le droit pouvait n'être que le résultat de l'exercice d'une violence injuste ou d'une habileté qui rendait injustifiable l'exercice même de la loi, avait pour conséquence qu'il n'y avait pas de vaincu qui ne pût exprimer son droit à la revanche, à la reprise de la terre ou à la liberté dont il avait été privé après une défaite. Le texte qui établit le plus clairement ce fait et oblige à en tirer les dramatiques conséquences est en l'occurrence une analyse de Quintilien sur les droits des Thébains à revendiquer leurs créances anciennes malgré la destruction de leur cité par Alexandre (*Institution Oratoire*, 5, 10, 110-112). Les Thessaliens, débiteurs des Thébains, avaient prétendu que « le droit de la guerre régissait les royaumes, les peuples, les frontières des nations et les villes », que les Thébains, puisqu'ils avaient disparu, n'avaient plus le droit de réclamer quoi que ce fût à quiconque : à leurs yeux, même si la cité avait pu renaître, la rupture procurée par la punition infligée par Alexandre devait être considérée comme irrémédiable. On pouvait leur répondre que ce « qu'un peuple avait prêté était dû à l'ensemble des citoyens, qu'aussi longtemps qu'il survivait l'un d'eux, il restait créancier de la totalité de la somme, que puisque tous les Thébains n'avaient pas été au pouvoir d'Alexandre, la créance pouvait être présentée par n'importe lequel des descendants de ceux sur lesquels il n'avait pas mis la main » et qu'elle n'avait pas été caduque, que la cité, en fait, n'avait, en tant que corps, jamais disparu. Ce raisonnement se prolonge, d'autre part, par une conclusion de bon sens : « devant des juges, le droit de la guerre n'a pas de valeur, et ce qui a été arraché par les armes ne peut être retenu que par les armes ; là où les armes dominent, il n'est pas de juge, là où l'on fait intervenir le juge, elles ne valent rien ».

En fait, seule la disparition de tous les habitants d'une cité détruite permettait que s'exerçât sans contestation possible le droit de conquête, la reconnaissance par la communauté des Hellènes du droit du nouveau possesseur n'est alors rien d'autre que la constatation de ce qu'une cité ancienne avait été « désertée », de ce que son territoire était en déshérence, de ce qu'un groupe humain nouveau avait pris possession d'une *res nullius*. Cela suscitait difficultés et tristesse, car faire disparaître une cité grecque n'était pas censé être conforme aux « lois communes des Grecs » qui interdisaient, d'autre part, « que la famine, ou le fait de priver d'eau courante un ennemi pût être un moyen de guerre » (Eschine, *Sur l'Ambassade*, 115) ; mais ces lois communes n'existaient que dans la conscience collective et ne pouvaient avoir quelque force puisqu'il n'existait pas d'instance qui pût les faire respecter.

❑ ***La disparition du vaincu.*** La conquête, pour être effective, induisait donc la disparition totale du vaincu ; nombreux furent les exemples de destruction de toute une population après une victoire. En 423, Skionè se rebella contre Athènes ; en 421, elle fut reprise et, conformément au décret de l'Assemblée, tous les adultes furent mis à mort, tandis que femmes et enfants étaient réduits en esclavage ; comme la ville était désormais « déserte », les Athéniens purent offrir son territoire aux Platéens qui avaient, quelques années auparavant, été chassés de chez eux par Thèbes. En 416, à Mélos, tous les hommes adultes tombés au pouvoir d'Athènes furent passés au fil de l'épée, tandis que les enfants et les femmes devenaient esclaves (Thucydide, *La Guerre du Péloponnèse*, V, 116, 4) ; 5 000 colons athéniens s'installèrent dans l'île. Lysandre de Sparte ne fut pas moins impitoyable avec Iasos, ou Toronè.

Quelque nécessaires qu'ils aient été pour fonder sur une terre devenue libre le droit à la prise de possession incontestable du premier occupant, ces massacres pouvaient choquer, et l'on connaît des exemples de clémence où tel vainqueur renonçait à égorger ses adversaires. Parfois, des conventions réglèrent le départ des vaincus : les stratèges athéniens laissèrent, à l'hiver 430-429, les Potidéates quitter leur ville avec un manteau (les femmes avaient le droit d'en prendre deux) et un viatique (Thucydide, *La Guerre du Péloponnèse*, II, 70, 3) ; il en fut de même à Samos quand Lysandre prit la ville (Xénophon, *Helléniques*, II, 3, 6). Il semble que les nécessités de la morale, les jeux diplomatiques l'aient parfois emporté chez les vainqueurs sur le besoin de faire table rase, pour pouvoir fonder leur droit de conquête en un point ou l'autre du monde grec. Il y avait peut-être aussi le sentiment que le massacre était gaspillage d'un potentiel de travail qu'il valait mieux préserver. D'autres façons d'agir permettaient de le faire.

En 427, Mytilène s'était révoltée contre Athènes ; la ville fut prise après un hiver de siège difficile, et l'Assemblée décida qu'il fallait « mettre à mort tous les Mytiléniens qui se trouvaient alors à Athènes, tous les citoyens adultes et réduire les femmes et les enfants en esclavage » (Thucydide, *La Guerre du Péloponnèse*, III, 36, 2). Cela n'était pas très habile car le siège avait été écourté par une révolte de certains des habitants de l'île favorables à l'alliance athénienne, qui ne méritaient donc pas d'être punis, parce que, d'autre part, détruire une des cités les plus importantes de l'Égée n'aurait pas manqué de créer une sorte de vide stratégique qu'il eût été difficile de combler. La décision fut reportée et l'on décida de ne mettre à mort qu'un millier de coupables avérés (Thucydide, *La Guerre du Péloponnèse*, III, 50, 2) ; en revanche on confisqua le territoire de l'île qui devint propriété commune du peuple d'Athènes : les terres furent divisées en 3 000 lots que les autochtones continuèrent de cultiver, payant un loyer qui permit à Athènes d'entretenir, durant 20 ans, une garnison de 3 000 hommes sur place. Ces soldats étaient appelés *clérouques* parce qu'ils vivaient du produit de la terre partagée en des lots qui étaient tous redevables du même loyer correspondant à la solde de chacun d'eux. Il n'y a pas de raison, pourtant, qu'ils aient eu des rapports individuels avec le sol et avec ceux qui l'exploitaient d'autant que dix pour cent de ces lots avaient gardé une affectation collective et étaient réservés au financement des cultes. En tout cas, le maintien sur place de la population vaincue permettait à Athènes d'installer une force militaire signifiante dans un secteur stratégiquement important sans qu'il lui en coûte rien, ce qui n'aurait pas été le cas si l'île avait été transformée en désert. La même technique avait été utilisée à Chalcis : les terres des aristocrates furent divisées en 2 000 lots qui furent loués aux membres les plus modestes de la cité, ainsi qu'à des alliés venus de l'empire athénien; le tribut que devait payer la cité fut réduit puisqu'Athènes tirait ainsi, directement, des revenus du sol.

L'exercice du droit de conquête finissait par construire des ensembles de cités qui, lorsqu'elles n'avaient pas été détruites, se trouvaient dans une situation de dépendance effective, le vainqueur régissant au mieux de ses intérêts le sol qu'il avait conquis et dont les habitants, même s'ils pouvaient rester sur place, étaient en fait dépossédés.

L'achat

L'achat et le don étaient des modes d'acquisition plus élaborés sur le plan technique, mais la pratique aboutissait à des résultats de même nature, puisqu'en achetant ou en recevant une cité par don, on semblait ne prendre en compte que la part productive de la cité sans tenir compte de ses éléments immatériels. Vouloir réduire une cité à l'état de bien marchand ne se faisait pas sans toucher à la symbolique et à l'essence même des personnes concernées. L'intervention de tiers éventuels, dans la transaction, soit pour la garantir, soit pour la susciter, pouvait d'ailleurs modifier les rapports établis entre les deux principaux intéressés : celui qui était l'objet de la transaction et celui qui en était le bénéficiaire.

À l'époque classique de la Grèce, Syracuse vendit à Morgantina la possession de Camarine (Thucydide, *La Guerre du Péloponnèse*, IV, 65, 1), la cité fut ensuite rachetée par Hippocrate de Géla au prix de la rançon des prisonniers syracusains. À l'époque hellénistique, on connaît de très nombreux autres cas de vente de territoires ou de cités. Parfois, il semble que les effets de la vente soient considérés comme inattaquables : la cité de Pitanè avait acquis du roi Séleucos, qui s'en était emparé après avoir vaincu son rival Lysimaque à Couroupédion, une partie de la Pérée de Mytilène; la propriété pleine et entière leur en avait été reconnue par les rois successifs ; elle le fut à nouveau par une sentence arbitrale dans les années 200. Égine fut vendue, très bon marché (30 talents), au roi de Pergame, qui l'administra par l'intermédiaire d'agents dont certains furent honorés par la cité qui continuait de vivre et d'exister sous leur surveillance, comptait sur eux pour régler les conflits qui pouvaient opposer les citoyens entre eux. Caunos fut, en revanche, vendue à Rhodes qui dut se prévaloir du prix élevé de son investissement pour vouloir en conserver la propriété quand Rome fut venue en Asie mineure, et que la cité revendiquait l'annulation de la transaction. Les vendeurs ne pouvaient pas, en effet, toujours garantir à leurs clients la pérennité de la propriété de la terre cédée, parce que les bouleversements du paysage international rendaient parfois difficiles les permanences, et que, quelque régulières en effet qu'elles aient été par rapport au droit commercial, les effets de telles ventes pouvaient être contestés. Le calcul du prix de vente était aisé, puisqu'il suffisait d'évaluer le capital que représentait la cité : Polybe (*Histoires*, II, 62) montre de quelle façon on pouvait calculer la valeur marchande de Mantinée qui, « lorsqu'elle se fut rendue après un siège, alors qu'il n'avait été possible, ni de s'enfuir, ni de cacher facilement quoi que ce fût, ne produisit que trois cents talents, y compris les personnes ». De semblables évaluations étaient courantes : ainsi les Spartiates avaient proposé aux Platéens, durant la guerre du Péloponnèse, une sorte de contrat de location fondé sur le même type de calcul : « Remettez-nous, leur avaient-ils dit, votre ville et vos maisons, indiquez-nous les limites de votre territoire et le nombre de vos arbres, ainsi que tout ce qui prête à dénombrement; et vous-mêmes, partez vous installer où vous voulez pour la durée de la guerre. Quand elle sera passée, nous vous rendrons ce que vous nous aurez remis, jusqu'à ce moment nous vous le garderons en dépôt, en l'exploitant et en vous versant une rente prévue pour vous suffire » (Thucydide, *La guerre du Péloponnèse*, II, 72, 2). Quand finalement ils prirent la ville, ils installèrent d'abord sur le site les Mégariens chassés de chez eux par la guerre, puis, au bout d'un an, ils la détruisirent et emportèrent tout ce qui dans les bâtiments pouvait être réemployé (portes, éléments métalliques, même les pierres) et louèrent pour 10 ans les terres aux Thébains qui les exploitèrent sans avoir besoin de la ville elle-même, puisqu'ils vivaient à proximité. L'acheteur comptait bien se rembourser de son investissement en prélevant une partie du produit de ce qu'il avait acheté : parfois l'affaire pouvait se révéler très rentable. Cela impliquait souvent que la ville pût continuer à fonctionner en tant que structure socio-économique, qu'elle continuât d'être exploitée par ses habitants ou par des colons installés à cette fin : cela n'allait pas sans difficultés.

Les Éléens avaient acheté la petite ville d'Épeios à ceux qui y vivaient, pour le prix de trente talents, cette somme ayant été effectivement versée en totalité (Xénophon, *Hélléniques*, III, 2, 30-31). S'il est fait mention du paiement dans le rappel que Xénophon fait de cette affaire, c'est pour justifier du caractère effectif de la transaction car, en droit grec, c'est le versement des fonds qui est la preuve de son existence et de sa validité. Comme il sait toujours ce qu'écrire veut dire, il prend bien soin de préciser que les Éléens avaient acheté à des gens qui possédaient jusqu'alors une cité (*polis*), un territoire (*chôrta*), ce qui ne signifie pas que l'agglomération d'Épeios avait été détruite, mais tout simplement que ses habitants avaient perdu dans la transaction leur statut de citoyens indépendants, que leur ville avec son territoire était devenue une sorte d'entité économique, un système de production qui nécessitait qu'à un terroir donné fût associée une zone réservée au logement des habitants qui restaient sur place pour mettre la terre en valeur. Les Spartiates qui souhaitaient intervenir dans cette affaire ne purent pas en mettre en cause la validité formelle de la vente; ils obligèrent néanmoins les Éléens à renoncer à leurs droits en prétendant qu'elle avait été effectuée sous la contrainte. Leur puissance militaire leur permit, bien évidemment, de faire prévaloir leurs vues.

Le don

Le don de terre ou de cités était, dans sa nature et sa pratique, plus complexe. On remarquera simplement qu'il peut en être de deux types. Il peut n'impliquer que deux partenaires : la pratique grecque connaît ainsi maints exemples de faibles qui se donnent à plus forts qu'eux pour être protégés, quand ils ne sont pas capables de se défendre par eux-mêmes contre leurs ennemis. Il peut aussi exister un tiers intermédiaire entre les deux partenaires, l'attribué que l'on donne et l'attributaire qui le reçoit d'un donateur qui serait naturellement supérieur à l'un et à l'autre ou le devient.

Les fils de Cresphonte, roi mythique de Messène, « avaient donné leur territoire », leur *chôra*, à Sparte pour qu'elle les protégeât contre leurs propres sujets; les Lacédémoniens prirent ainsi le contrôle de la cité qui devint, tout entière, leur terre (Isocrate, *Archidamos*, 23). Les gens d'Épidamne ont procédé au bénéfice de Corinthe à la dévolution, la *paradosis* de leur ville (Thucydide, *La guerre du Péloponnèse*, I, 25) pour qu'elle fût défendue contre Corcyre; quant à cette dernière, elle se donna à Athènes (*Ibid.* I, 33, 2); les habitants d'Argos d'Amphilochie s'étaient réfugiés chez les Acarnaniens et « s'étaient donnés à eux » (*Ibid.* II, 68, 7) ; avec leur aide, ils purent chasser les Ambraciotes, leurs adversaires, et revenir habiter leur ville, la partageant désormais avec les Acarnaniens qui quittèrent leurs villages pour vivre en leur compagnie.

La pratique de ce type de cession induisait des rapports complexes entre les partenaires. Les uns étaient tenus par le don même et se trouvaient contraints de protéger celui qui s'était offert ; ainsi les Athéniens avaient-ils été obligés de protéger Platées quand elle s'était donnée à eux en 519. Mais ceux qui s'étaient eux-mêmes donnés avaient perdu le droit à l'exploitation libre du sol puisqu'il ne lui appartenait plus, par l'effet du don même qu'ils en avaient effectué ; ils étaient censés avoir abandonné tout droit à revendiquer une quelconque autonomie de gestion de leur propre sol. Cette dépendance et ses conséquences pouvaient paraître déplaisantes. Ainsi, Thucydide raconte comment les Lépréotes avaient payé du don de la moitié de leur territoire l'alliance des Éléens quand ils avaient voulu être protégés des Arcadiens (*op. cit.*, V, 31) et comment, la guerre finie, ils avaient gardé la jouissance de leur terre en échange du versement d'un talent (annuellement sans doute) à Zeus Olympien; au bout d'un certain temps, avec le soutien de Sparte, ils voulurent se dispenser du paiement de cette taxe; aussitôt les Éléens mirent leur territoire au pillage, saisissant un capital qui leur revenait du don qui leur avait été fait puisqu'ils ne pouvaient plus en toucher le revenu.

Le don fait par plus fort que soi était fréquent et posait des problèmes différents. Quand les Spartiates avaient donné aux Éginètes, chassés de chez eux par les Athéniens, la Thyréatide, « pour qu'ils l'habitent et la cultivent » (Thucydide, *op. cit.*, II, 27, 2), quand Skionè, dont il ne restait rien, sinon l'agglomération et la terre qui l'entourait, fut donnée aux Platéens par les Athéniens pour qu'ils l'exploitent en attendant de pouvoir rentrer chez eux (Thucydide, *op. cit.*, V, 32), ni Athènes, ni Sparte ne renonçaient à la propriété durable du sol qu'ils offraient. Le don n'était que la concession précaire d'un droit d'usage.

Ce droit d'usage conduisait, le plus souvent, dans le contexte balkanique, à la destruction de la structure politique dont on faisait don, pour que l'exploitation du sol fût plus aisée. Ainsi Oropos donnée aux Athéniens par Philippe de Macédoine, qui leur fut enlevée puis rendue par la suite, avait vu ses murailles détruites et ses habitants dispersés. Il en fut de même plus tard d'Haliarte que les Athéniens reçurent de Rome ; le territoire borné par leurs soins, devint une enclave d'exploitation en territoire béotien. Les Déliens furent invités à déguerpir quand l'île fut donnée par Rome à Athènes, en 166, pour qu'elle pût y installer une clérouquie qui vécut des revenus de l'île. De la même façon quand, en 197, Flamininus attribua Élatée aux Étoliens, avec toute la Phocide, les Étoliens expulsèrent les habitants de la ville ; ceux-ci partirent s'installer en Achaie, où la cité de Stymphale leur donna des terres à exploiter; ce n'est qu'en 189, après la révolte des Étoliens contre Rome, que Manius Acilius Glabrio signifia aux exilés qu'ils pouvaient se réinstaller chez eux, ce qu'ils firent avec bien des difficultés puisque leur ville avait été saccagée.

Néanmoins rien n'empêchait que les habitants restent sur place et que continuent de fonctionner leurs institutions anciennes. Ainsi, des cités, restées vivantes et peuplées, ayant conservé leurs institutions, étaient vendues ou données en état de fonctionnement, avec leur population ancienne qui continuait d'y travailler pour le profit de l'attributaire. Dans la mesure où les revenus que l'on pouvait en tirer étaient essentiellement constitués de taxes et d'impôts, et où leur perception procède de l'exercice d'un droit régalien, la cité offerte se trouvait de fait subordonnée à celui qui l'avait reçue. Qu'il fût un particulier, ou un système étatique (cité ou peuple), il se trouvait ainsi exercer sur elle un certain pouvoir. Les liens entre l'attributaire, quand il s'agissait d'une autre cité, et l'attribué pouvaient parfois ressembler à ceux qui naissaient d'un *synœcisme* ; la seule chose qui importait est que la cité bénéficiaire « allait voir s'accroître ses revenus » du don qu'on lui faisait, les nouveaux membres de la cité étant considérés dans leur seule capacité de producteur, sans que dût compter leur dignité d'homme libre. Quant au territoire lui-même qu'elle adjoignait au sien, il ne pouvait jouir du même statut que son territoire propre. Les domaines attribués ne pouvaient faire l'objet d'un phénomène de territorialisation semblable à celui qui prévalait lors d'un *synœcisme*. Si le don était considéré comme précaire par nature, ils restaient extérieurs au territoire de la cité dont ils n'étaient qu'une annexe.

Un autre effet secondaire de la pratique du don de terres fut l'instauration d'un effet de dépendance de l'attributaire par rapport à l'attribuant. En matière de relations internationales, il se trouve que le « plus faible toujours est tenu en respect par le plus puissant » (Thucydide, *op. cit.* I, 76, *cf.* V. 77. 5 et

Xénophon, *Helléniques*, V, 1, 31). On comprend sans peine que, de même que le don peut être incomplet dans ses effets de transfert, de même il peut être précaire, car le puissant peut reprendre ce qu'il a attribué. En tout cas, il oblige celui qui le reçoit à servir celui qui l'offre. On connaît des dons qui sont explicitement liés à des conditions précises : ainsi les gens de Praisos de Crète ont donné aux Stalitains « le territoire, la ville et les îles qu'ils possédaient », leur propre territoire en fait donc, en échange de divers services dont le serment que prêtent les Stalitains détaillent la nature (*Inscriptiones Creticae*, III, 6, 7) et, si le don est fait pour l'éternité, il faut qu'il soit chaque année revalidé par un serment. Cette dépendance de l'attributaire était très fortement ressentie : ainsi Démosthène ne voulait pas qu'il fût dit que les Athéniens pouvaient recevoir en don Amphipolis de la part de Philippe de Macédoine; accepter les présents du roi était, en effet, entrer en esclavage, comme le savaient bien les Thessaliens, les Thébains, les Olynthiens qui avaient, chacun, dû accepter le don de telle ou telle ville (*Quatrième Philippique*, 64). Le don était aliénant pour celui qui l'acceptait, de l'acceptation même; quant au donné, il est bien évident qu'il n'était pas dans une situation qui lui permît de se sentir maître, ni du sol qu'il cultivait, ni de son destin personnel. Si c'est en Asie et à basse-époque hellénistique que les choses apparaissent clairement dans les documents, il ne faut pas oublier que c'est dans la Grèce balkanique, à l'époque classique de la Grèce même qu'est née l'idée qu'un territoire pouvait être traité comme un sol, considéré comme un bien semblable à d'autres, faire l'objet de transactions de type très divers.

Le fait que l'on ait pu considérer la terre politique comme un bien négociable, cessible, modifia considérablement les rapports de l'homme à l'espace. Les pratiques cultuelles ou politiques, les gestes de fondation des temples et cultes héroïques, les pratiques de découpe quasi sacrificielle de la terre en lots, avaient construit des territoires consubstantiels à la cité qui retrouvait dans leur forme l'image de ce qu'elle voulait être. L'accent mis sur la nécessité de privilégier la survie du groupe humain politique avait relativisé la valeur de son attache au sol et provoqué un processus de laïcisation du territoire. Les terres furent conquises, purent se vendre; les cités furent détruites pour que le sol fût nu et les hommes furent tués avec elles; mais, puisque le sol ne servait à rien quand il n'était pas cultivé, les hommes, devenus instrument aratoire ou bétail productif, furent vendus, ou donnés avec le sol : ce processus de dégradation de l'humain étant le prolongement normal de l'objectivisation du rapport à la terre. En ce monde le citoyen grec n'était pas mieux loti que le paysan anatolien que l'on vendait toujours avec le village auquel il était attaché, ou l'hilote auquel il aurait été très surpris de se voir comparé.

PAIX COMMUNES ET GARANTS DE L'ORDRE INTERNATIONAL

Le rêve pan-hellénique

❑ ***La nécessité d'un règlement international.*** Toutes ces pratiques revenant à fonder les rapports entre les cités uniquement sur la force, qu'elle fût exercée dans la guerre ou sous le couvert de pratiques plus élaborées dans leur expression, finirent par paraître difficilement supportables. Au IVe siècle, les Grecs tentèrent de réfléchir à leur coexistence pour aboutir à une situation stable et harmonieuse, en sachant bien que les querelles auxquelles ils se complaisaient allaient les conduire à des catastrophes.

Tout l'être des cités étant devenu enjeu des combats et objet offert à toutes les convoitises, les guerres avaient abouti à « effacer » nombre de cités qui s'étaient fondues, à leur corps défendant, dans celles qui les absorbaient ou avaient tout simplement disparu. Le tableau le plus significatif de l'état de l'hellénisme avait été dressé par Isocrate, quand il décrivit les pays grecs des années 380 comme totalement défaits, dans toutes leurs composantes : « la Grande Grèce est dévastée, la Sicile est asservie, l'Asie Mineure a été livrée aux Barbares, le reste de la Grèce est en grand danger » (*Discours Panégyrique*, 169). Les cités, pensait-il, étaient prêtes néanmoins à changer de mode de vie, car elles « ressemblent aux individus qui se battent : tant que leur colère augmente, personne ne pourrait les réconcilier, lorsqu'elles se sont fait mutuellement du mal, elles se séparent » ; d'autant plus facilement qu'il n'en était plus qui pussent penser pouvoir commander car « le malheur les avait toutes placées au même niveau d'abaissement » (*À Philippe*, 38-39).

Le sentiment général était alors que l'on devait construire une paix durable dans le monde grec, que celle-ci ne devait plus être l'aboutissement de conflits, mais l'expression d'un accord volontaire entre les contractants, qui poserait les bases d'un règlement international établi selon le principe de l'égalité de tous. La paix devait naître d'une « décision commune » alors que les conventions qui mettaient ordinairement fin à une guerre n'étaient considérées que comme des « ordres » qu'un vainqueur notifiait au vaincu. Tout le monde s'accordait sur l'idée que mieux valait une paix, quelle qu'elle fût, que la guerre, et celle-ci fut considérée comme n'étant plus nécessaire sauf si « l'on subissait l'injustice ou si l'on portait secours à qui la subissait ». Aucun critère, néanmoins, ne permettant de juger du caractère juste ou injuste de telle ou telle situation, la justice même pouvait continuer de passer pour un objectif à atteindre par la guerre car, « ceux à qui il revient de l'emporter à la guerre, ce ne sont pas ceux qui soumettent les cités par la force, mais ceux qui dirigent la Grèce avec le plus de justice et de douceur » (Isocrate, *Plataïque*, 39), ou de construire des discours belliqueux car, « s'il faut toujours chercher ce qui est juste et le pratiquer, il faut aussi essayer d'accorder la justice avec ses intérêts » (*Dis-*

cours pour les Mégalopolitains, 11). D'autre part, tout le monde restait parfaitement conscient de ce que chacun définissait le juste « en fonction de sa puissance du moment » et que si « dans le domaine du droit privé, à l'intérieur des cités régies par des constitutions, les lois assurent, à tous, accès à une justice égale aux faibles et aux puissants, dans celui du droit international qui s'applique en Grèce, ce sont les plus forts qui définissent les règles s'appliquant aux plus faibles » (Démosthène, *Discours sur la Liberté des Rhodiens*, 29). S'il existait, en effet, des principes juridiques qui pouvaient sembler communs à l'ensemble des Hellènes, le droit n'existait en fait que dans le cadre d'un rapport de forces où les règles n'étaient invoquées que par ceux qui pensaient qu'elles concouraient à leur propre justification.

❑ ***Vers une cité commune, une Grèce unitaire.*** Un des moyens de tourner la difficulté était de penser à transformer la Grèce en une cité unique, qui aurait été régie par les lois qui l'auraient constituée. L'idée que le panhellénisme politique était une nécessité était d'ailleurs en germe chez Platon qui avait défini la guerre entre Grecs comme une guerre civile. Elle acquit, dans le courant de la première moitié du IVe siècle, une expression mieux perceptible, et l'on construisit des images de la cité commune qui montrèrent à la fois comment l'unité de l'ensemble hellénique pouvait s'envisager sans que fussent modifiés les schémas ordinaires du politique.

C'est Isocrate qui donna de l'ensemble grec la meilleure représentation territoriale. Il reprit l'idée de Bias de Priène qui, pour mieux lutter contre les Perses, au début du Ve siècle, avait proposé de transformer l'Ionie en une seule cité, et de la doter d'un seul *bouleutérion* installé à Téos, centre de la région (Hérodote, *Histoires*, I, 170) et décrivit une Grèce idéale dont Athènes aurait été la seule ville, les autres n'étant plus que des villages. L'Acropole en serait devenue la seule citadelle (*Sur l'Échange*, 299). Le Pirée, seul port et unique marché (*Discours Panégyrique*, 42), fort de sa position centrale, richement approvisionné, aurait procuré à tous l'autarcie nécessaire à une vie de qualité, alors que celle-ci était impossible à atteindre dans le monde existant car chacun restait enfermé dans les frontières de sa propre cité, et dans un système de segmentation des échanges qui était à la fois la cause et la conséquence de l'atomisation du pays grec. Pour que cette communauté hellénique pût se retrouver dans le schéma de représentation ordinaire de la cité classique, il suffisait qu'elle se construisît un au-delà et sût retrouver des voisins, qui pussent être affrontés. Les Barbares devaient jouer ce rôle, ils furent donc intégrés dans le système politique : les terroirs situés sur les confins de l'hellénisme furent ouverts à l'appropriation, il était proposé de forcer leurs habitants à devenir les « hilotes des Grecs » (*Lettre à Philippe* III, 5) et envisagé qu'ils pussent devenir « les périèques de l'ensemble de la Grèce » (*Discours Panégyrique*, 132). Par l'utilisation de ces termes techniques spécifiques, Isocrate proposait que fût construite une zone de confins qui entourerait de toute part la Grèce égéo-balkanique considérée comme un ensemble homogène. Dans un système d'emboîtement successif, Athènes devenant la seule ville de la Grèce, celle-ci étant elle-même centre du monde, toute possibilité de résistance à son hégémonie se trouvait implicitement niée du fait que l'ensemble des Grecs considérés ainsi comme des égaux auraient joui collectivement de l'exploitation des terres barbares périphériques.

Le caractère circulaire du schéma apparaît très clairement de ce qu'Isocrate envisageait de coloniser, non seulement le pays perse, mais aussi la Thrace et la Macédoine pourtant régie par un roi grec, et que, rangeant Denys, le fastueux tyran de Syracuse, au rang des adversaires potentiels, il avait bien fait comprendre qu'il devrait, à l'ouest, se soumettre à la nécessité d'assurer le bonheur et la prospérité des Hellènes proprement dits. Le territoire de la communauté hellénique ainsi définie rendrait possible la rationalisation des ressources économiques et la réorganisation des espaces de l'ensemble méditerranéen. Car, si les Grecs insulaires « étaient contraints de cultiver même les montagnes de leurs terroirs tellement ceux-ci sont exigus », à l'inverse les Asiatiques étaient si riches et « avaient tant de terres, qu'ils en laissaient une grande partie en friche ». Les premiers en effet considéraient comme un terroir agricole des terres qui fonctionnellement devraient rester libres, les autres traitaient comme si elles étaient terres de confins des terres potentiellement cultivables, l'association des uns et des autres dans un même ensemble politique aurait permis de donner à chaque terroir la place et la fonction qui devait lui revenir dans un système de saine gestion économique et symbolique. De la même façon, la constitution d'une cité grecque commune aurait permis de fixer à nouveau tous ceux des Grecs qui, par l'effet des guerres, des nécessités économiques, ou des troubles politiques, étaient devenus des errants; ils s'étaient fait mercenaires, ils avaient perdu, en tout cas, toute attache au sol et au politique. Ils risquaient de se rassembler en une masse qui, sorte de cité pirate, serait devenue dangereuse pour la stabilité de toutes les cités fixes. Leurs voyages n'étant pas organisés en un réseau qui permît que l'on connût leur nombre et leurs volontés, ces gens n'avaient pas de place définie dans l'ensemble grec auquel ils appartenaient ; c'est ce qui les rendait dangereux et imposait qu'on dût leur donner des racines et leur procurer un territoire qui les fixe, qui permette de savoir où ils étaient et ce qu'ils faisaient; il serait « aussi grand que possible, en coupant l'Asie de la Cilicie à Sinope, on pourrait y fonder des villes » ; ce faisant on construisait le territoire même de la cité pan-hellène unitaire puisque ces cantonnements de soldats « seraient les limites de la Grèce et seraient projetées en avant pour la protéger » (*Philippe*, 120-122).

❑ ***Une intégration économique de fait.*** Cette construction rhétorique d'un territoire comprenant l'ensemble égéo-anatolien, était une mise en forme symbolique d'un projet d'aménagement de l'espace vécu de nombre des Grecs de l'époque. Ils vivaient en effet désormais dans un monde plus étendu que celui des époques précédentes, ou du moins, plus ouvert. La zone d'influence stratégique des grandes cités, le champ d'action de chacun de ceux qui faisaient le métier des armes s'était étendu. Cyrus le Jeune conduisit ainsi 10 000 soldats grecs en Mésopotamie ; ceux-ci regagnèrent leur pays par les rives de la mer Noire. Les armées spartiates du roi Agésilas, avaient, durant les années 399-390, parcouru l'Asie Mineure, jouant de la rivalité des satrapes pour tirer d'énormes profits de conflits extérieurs au monde grec proprement dit. Des généraux grecs participèrent, mandatés ou non par leur cité d'origine, aux guerres de Chypre, à celles d'Égypte, intervinrent de la même façon dans la révolte générale des satrapes contre le pouvoir central achéménide, dans les années 360.

On aurait tort de minimiser l'importance de ces conflits. Les liens tissés par les déplacements de troupes, politiques ou privées, entre les différentes régions de la Méditerranée orientale, avaient une profonde incidence sur la vie quotidienne des cités grecques balkaniques. Le roi de Perse et ses agents y répandaient l'or de ses *dariques*. Il utilisait cette monnaie pour payer les services de certains hommes politiques ou les aider : Timocratès de Rhodes recrutait ainsi des partisans, Hypéride recevait assez d'argent pour pouvoir se permettre d'entrer dans la catégorie des contribuables soumis à des liturgies, tirer de sa capacité à armer des trières, à financer des chœurs publics, un prestige plus grand que celui que sa modeste fortune personnelle lui eût permis d'obtenir. Démosthène fit, de ce qu'il reçut du roi, un usage semblable. Cet or se retrouvait dans le circuit économique, il pouvait servir aux paiements internationaux entre cités grecques, et apparaissait aussi sur les places commerciales, à Athènes, Corinthe, Sicyone, car les voyageurs, marchands, mercenaires ou médecins, l'appréciaient pour son faible encombrement. Il circulait au gré des dons faits par le roi, selon une périodicité variable, « par saccades » ; il ne s'agissait pas d'un flux régulier, mais si les sommes en cause étaient faibles au regard de l'importance du trésor royal, elles étaient importantes à l'échelle du monde grec (le butin fait par Alexandre sur les Perses fut de 180 000 talents d'or et d'argent, alors que l'évaluation de la fortune d'Athènes, lors du recensement de 378, se montait à 5 750 talents et qu'Alexandre partit pour l'Asie avec 270 talents monnayés). De cette façon, l'Hellade se trouvait intégrée de fait à un système monétaire qu'aucune cité ne contrôlait plus. Par ailleurs, les dynastes orientaux ou thraces frappaient monnaie pour solder les mercenaires qu'ils levaient, pour le compte du roi ou le leur propre ; ces monnaies circulaient, tout naturellement, elles aussi jusqu'en Grèce. Une bonne partie de ce monnayage était constitué de tétradrachmes frappés au type de la chouette car, durant le demi-siècle où avait prospéré l'empire d'Athènes, sa monnaie avait été la monnaie internationale par excellence. Si la défaite de 404 avait provoqué une raréfaction des émissions, tous ceux qui avaient l'habitude de s'en servir voulurent en perpétuer le type, frappant pour leur compte des *pseudo-athéniennes*, parfois parfaitement imitées. Ces pièces étaient si nombreuses qu'elles avaient envahi le marché au point qu'Athènes fut amenée, en 375, par une loi, de donner cours légal à « toute monnaie étrangère frappée au même type que celui qui caractérise la monnaie attique », à condition qu'elle fût de bon argent : la cité qui savait bien ne pouvoir frapper elle-même assez de monnaie pour alimenter le commerce du Pirée, décidait de légitimer, en les laissant en circulation après vérification de leur teneur, toutes les pièces de bon métal frappées au type de la chouette de quelque endroit qu'elles vinssent; c'était faire une bonne manière aux commerçants que la ville cherchait à attirer au Pirée; c'était aussi reconnaître l'imbrication des réseaux monétaires dans le monde méditerranéen oriental et, en quelque sorte, son unité profonde.

Ainsi, le rêve politique d'Isocrate tendait tout simplement à donner forme institutionnelle à une réalité territoriale en train de se constituer naturellement. La Grèce balkanique avait besoin pour sa vie quotidienne des richesses de l'Orient ; elle pouvait les acquérir en se soumettant au roi de Perse, ou du moins en se mettant à son service ; elle pouvait, au contraire, espérer le vaincre et le remplacer dans l'exploitation de l'Asie.

Paix commune

❑ ***Promouvoir un ordre international.*** Il était illusoire de penser pouvoir transformer la Grèce en une cité unique : Isocrate savait bien, comme tous les Grecs, quelles haines empêchaient qu'une cité pût faire valoir des droits à une quelconque hégémonie, et pourquoi on ne pouvait rêver de bâtir un centre neuf. On pouvait essayer, en revanche, de découvrir les moyens de construire un ordre international stable, l'ensemble pacifié pouvant s'avérer capable de remplir le programme assigné à la cité unique virtuelle. Tout le problème était que, pour que pût se fonder un droit international garantissant cette stabilité, sans que fût constitué un système de type politique, de telle sorte donc que chacun puisse rester parfaitement indépendant d'autrui et complètement étranger à lui, il fallait constituer un garant neutre qui serait témoin des accords envisagés et les ferait respecter.

L'orateur Andocide, dès 391, avait demandé que fût conclue une *paix commune*, mais elle mit longtemps à se faire. La première qui fut dite telle fut, en 386, la paix « d'Antalcidas », du nom de l'un des négociateurs, ou « Paix du Roi », car elle était garantie par le roi de Perse, Artaxerxès II. Il avait, en accord avec Sparte qui serait chargée d'en faire respecter les clauses dans le monde grec, et sans opposition de la part d'Athènes craignant pour les derniers confettis de son empire, fait la proclamation suivante : « le roi Artaxerxès estime juste que les villes d'Asie lui appartiennent et aussi, parmi les îles, Clazomènes et Chypre, et que, par contre, on laisse aux autres villes grecques, grandes et petites, leur autonomie, excepté Lemnos, Imbros et Skyros qui, comme par le passé, appartiendront aux Athéniens; ceux qui ne consentiront pas à ces conditions de paix, je leur ferai personnellement la guerre avec l'aide de ceux qui les accepteront, sur terre, sur mer, avec ma flotte et avec mon trésor » (Xénophon, *Helléniques*, V, 1, 31). Cette paix ne dura guère, d'une part parce qu'elle avait pris la forme d'une proclamation unilatérale du roi et ne pouvait passer pour un accord commun librement consenti entre les Grecs, que d'autre part le roi ne put intervenir de façon équilibrée dans les affaires balkaniques car les Spartiates firent de la paix l'instrument d'une politique de mise en cause du statu quo territorial et de démantèlement de toutes les cités que l'évolution historique avait rendues trop puissantes à leur goût : ils voulurent ainsi contraindre Thèbes à dissoudre la confédération béotienne, ou bien, par exemple, ils procédèrent au *diœcisme* de Mantinée. Les résistances furent donc vives et ce fut « afin que les Lacédémoniens laissent les Grecs vivre tranquilles, libres et autonomes et se voient garantir la propriété de tout le territoire qui leur appartient, afin que dure à jamais la paix commune qu'ont jurée les Grecs et le roi », que le peuple athénien proposa la reconstitution d'une seconde ligue de Délos qui fut génératrice de nouveaux conflits; il semble que la paix du Roi n'avait pu définir ce que pouvait être le territoire appartenant à chacun. Elle fut réactivée en 374, en 371, mais les hostilités entre les cités ne cessèrent qu'en 362, quand, à la bataille de Matinée (juillet 362), il apparut bien qu'elles étaient trop épuisées pour continuer à se battre; les Spartiates et les Athéniens alliés avaient résisté de leur mieux à Épaminondas le Thébain, mais celui-ci était mort sur le champ de bataille et avec lui avait disparu tout espoir pour Thèbes de mener à bien les projets d'empire dont elle rêvait. Cette paix générale fut, ainsi, la première qui ne fût pas faite pour légitimer l'hégémonie de telle ou telle des cités qui y participaient, la seule qui ne prétendît pas remettre en cause le statu quo. Les Grecs étaient à l'époque tous épuisés et l'ordre international naissait de l'impossibilité où se trouvaient les uns et les autres de le remettre en cause ; c'était, néanmoins, une paix par défaut dont chacun savait bien qu'elle pourrait, à chaque instant, être dénoncée.

Ce n'est qu'en 338-337 qu'elle fut établie durablement. C'est Isocrate qui sut découvrir quel garant naturel il fallait imposer pour transformer en élément positif cet aboutissement par abandon. C'est lui qui appela Philippe, le roi de Macédoine, à prendre en charge, à titre personnel, et non pas en tant que représentant de l'État qu'il régissait, ce que prétendait par avance la logique et les conséquences de la paix du Roi, la tâche de réconcilier les Grecs (*Philippe*, 39). Il devrait se servir de la force pour s'imposer et Isocrate lui en serait gré : « il lui avait conseillé de réconcilier entre elles nos villes afin d'établir la concorde en Grèce, les circonstances étaient alors différentes; maintenant, il n'est plus nécessaire de persuader, la bataille qui a été livrée fait que tous sont forcés d'être raisonnables, de désirer ce qu'ils pensent qu'il voudrait faire et dire qu'il faut mettre fin à leur folie et à la domination qu'ils cherchaient à exercer les uns sur les autres » (*À Philippe*, III, 2). Il semble que sa proposition se fondait implicitement sur un type de raisonnement qui est celui qu'un auteur connu comme « l'Anonyme de Jamblique » applique au politique (*Les Présocratiques*, éd. de la Pléïade, p. 1160 sq.). Partant de l'idée que le pouvoir d'un seul ne peut se construire que s'il n'existe pas de loi, celui-ci constate que lorsque la loi et la justice ont abandonné le peuple leur administration et leur garde émigrent aux mains d'un seul. Comme c'est bien dans cette situation déplorable que se trouve l'ensemble de la Grèce en l'absence d'un droit international dont les règles s'imposeraient à tous, il apparaît évident à Isocrate que naturellement va naître ce pouvoir personnel dont l'émergence est la conséquence de l'incapacité de la société des cités à s'organiser. Mais sans doute sait-il aussi que le souverain devenu personnellement le garant d'un ordre que l'on ne peut construire ni maintenir sans lui, devra gouverner les cités en fonction du juste, et créer le droit international qui manquait pour faire de la Grèce une communauté de cités se reconnaissant mutuellement des droits à l'existence et à la propriété de leur domaine. S'il ne savait pas le faire, la masse des cités elles-mêmes, prenant enfin conscience de ce qu'est le droit et la justice et le mettant en œuvre, s'organiserait pour lui résister, se révolter contre lui. Dans l'un ou l'autre cas, la communauté hellénique serait construite ou se construirait, recevrait ou se donnerait des principes d'existence interpolitique. Dans la ville de l'Anonyme, si un homme existait « doté d'un corps et d'une âme de diamant » qui le rendraient tout-puissant, s'il avait reçu le pouvoir personnel d'un tyran, « s'il était l'allié du droit et de la justice, s'il accroissait leur puissance et mettait sa force au service de ces principes et de tout ce qui les favorise, dans ce cas, il pourrait survivre, mais dans tout autre cas, il ne saurait résister. Car on peut penser que tous les hommes se dresseraient contre un être ainsi fait, animés par le sentiment de leur bon droit, et la masse, que ce soit par habileté ou que ce soit par force, vaincrait un tel homme et en aurait raison. Il est donc évident que la force elle-même, en tant qu'elle est vraiment force, ne se conserve que par l'effet de la loi et du droit ». Dans l'une ou l'autre des situations, la Grèce naîtrait en tant que communauté, dans la paix soumise à la règle comme dans la révolte productrice de droit.

❑ ***La paix par la force.*** En fait c'est la seule force de la victoire qui permit à Philippe, après la bataille de Chéronée, en 338, d'instaurer la paix en Grèce. L'autorité des rois n'avait pas de limites et Thèbes disparut d'avoir voulu résister à Alexandre. Une nouvelle ligue de Corinthe rendit théoriquement impossible toute guerre interpoliade et toute guerre civile. L'ordre international et l'ordre interne à chaque cité soumise au souverain furent fondés sur le respect du statu quo ; par serment les contractants s'engageaient sur ce point : « je jure par Zeus, Gè, Hèlios, Poséidon, Athéna, Arès, tous les dieux et déesses, que je resterai dans la paix et ne détruirai pas les traités conclus avec Philippe de Macédoine, je ne porterai pas les armes pour nuire à quiconque de ceux qui restent fidèles aux serments, ni sur terre ni sur mer, je ne m'emparerai d'aucune ville, ni d'aucun fort, ni d'aucun port appartenant à ceux qui partagent la paix en leur faisant la guerre, ni par art, ni par ruse, et je ne détruirai pas la royauté de Philippe et de ses descendants, ni les constitutions en usage chez l'un ou l'autre d'entre eux, au moment où ils ont prêté les serments de la paix. Je ne ferai rien de contraire aux traités et ne permettrai à personne de le faire, autant qu'il sera de mon pouvoir ; si quelqu'un fait quelque chose de contraire aux serments et aux traités, j'apporterai toute l'aide que demanderont les victimes, je combattrai qui transgressa la paix commune, selon les décisions du conseil commun et les ordres de son chef ». Les cités s'étaient reconnues mutuellement le droit à l'existence dans les cadres territoriaux que l'histoire leur avait donnés. Le fait qu'un pouvoir extérieur à chacune d'elles en garantissait la permanence, qu'à l'exception de Sparte toutes y participaient, permettait d'espérer que sa constitution procurerait une paix durable.

DOCUMENTS

■ Les divers modes légitimes d'appropriation d'un terroir : les droits de Sparte à la possession de Messène.

En premier lieu je crois qu'il sied de vous rappeler de quelle manière nous avons acquis Messène et pour quelles raisons vous vous êtes installés dans le Péloponnèse alors que vous étiez Doriens d'origine. Je remonterai plus loin encore pour que vous sachiez que le territoire que l'on tente aujourd'hui de vous enlever est votre bien, par un droit aussi sûr que celui qui vous fait maîtres de Lacédémone.

Après qu'Héraclès eut passé à une autre vie en changeant la nature humaine pour la nature divine, au début, ses enfants, en raison de la puissance de leurs ennemis, étaient exposés à des courses errantes et à de multiples dangers ; après la mort d'Eurysthée, ils s'établirent chez les Doriens. À la troisième génération, ils vinrent à Delphes, dans l'intention d'interroger l'oracle sur divers sujets. Le dieu ne répondit pas aux questions qui lui étaient posées, mais il leur ordonna de se rendre sur la terre de leurs aïeux. Ils étudièrent l'oracle et découvrirent d'abord qu'Argos était devenue leur bien par proche héritage (en effet depuis la mort d'Eurysthée ils étaient les seuls survivants des Perséides), que Lacédémone l'était aussi par donation (en effet lorsque Tyndare perdit le pouvoir, après que Castor et Pollux eurent disparu d'entre les humains, ce fut Héraclès qui le réinstalla et Tyndare lui donna Lacédémone pour prix de son geste bienveillant et en raison de la parenté qui l'unissait à ses fils) ; enfin que Messène avait été occupée par droit du vainqueur : en effet Héraclès, dépouillé par Nélée et ses enfants, à l'exception de Nestor, des vaches qu'il ramenait d'Érythéia, s'empara de cette ville par la force, tua les coupables et confia la ville à Nestor, convaincu de sa sagesse puisque, malgré sa jeunesse, il ne s'était pas associé aux fautes de ses frères.

Isocrate, *Archidamos*, 16-19, trad. G. Mathieu, C.U.F.

■ Isocrate s'adresse à Philippe de Macédoine et décrit le monde qu'il doit construire après avoir conquis l'Asie Mineure

Tu feras, en t'alliant aux Grecs, des expéditions contre ceux qu'il convient à un descendant d'Héraclès de combattre. Quelle opinion les Grecs n'auront-ils pas de toi si tu entreprends de détruire le royaume perse tout entier, ou du moins, d'y borner un territoire qui soit le plus grand possible, en coupant, comme le proposent certains, l'Asie de la Cilicie à Sinope, d'y fonder des cités et d'y établir tous ceux qui aujourd'hui sans ressources, errent à travers la Grèce et se livrent à des agressions sur tous ceux qu'ils rencontrent. Si nous ne les dissuadons pas de se rassembler en leur fournissant des ressources suffisantes, ils finiront par être si nombreux que leur foule n'en sera pas moins dangereuse pour nous qu'elle ne le serait pour les Barbares. Insouciants, nous voulons ignorer quel danger nous menace tous, mais, un ami de la Grèce, un homme, qui, par sa finesse d'esprit, voit plus loin que tout autre, se doit d'utiliser ces gens contre les Barbares, de leur tailler un domaine aussi grand que ce que je viens de dire, de débarrasser ceux qui exercent le métier de mercenaire des maux dont ils souffrent, de nous débarrasser de ceux qu'ils causent aux autres, de fonder pour eux des cités, de faire qu'elles soient la frontière de la Grèce, et qu'elles nous protègent. En agissant ainsi, tu les rendra heureux, mais aussi tu nous rendras la sécurité. Si tu n'atteins pas tous tes objectifs, au moins pourras-tu rendre, cela ne sera pas difficile, leur liberté aux cités grecques d'Asie.

Si tu peux réaliser tout cela, si du moins tu l'entreprends, si tu t'y consacres toi-même et si tu associes les Grecs à l'entreprise, tu acquerras plus grande gloire que quiconque, et ce sera justice. Qui, en effet, ne s'étonne, à juste titre, de ce qui se passe aujourd'hui, qui ne nous méprise, puisque chez les Barbares que nous considérons comme mous, corrompus par le luxe et incompétents en matière militaire, il est des hommes pour penser commander à la Grèce, alors qu'aucun Grec n'envisage de tenter de nous faire les maîtres de l'Asie.

Vu que les autres sont des lâches, il est nécessaire que ce soit toi qui prennes la tête de la guerre contre le roi de Perse.

Isocrate, *Philippe*, 106-107.

6

Pratique et théorie de l'empire

Les Grecs ont su, dès l'époque classique, construire des empires : les cités hégémoniques qui les régissaient, savaient très bien quels bénéfices elles devaient en tirer et de quelle façon elles devaient les gérer. Les textes de la pratique administrative athénienne, notamment, montrent bien comment l'espace de l'empire fut aménagé, homogénéisé pour qu'en fût simplifiée l'administration et que fussent favorisés les déplacements des hommes et des biens. Cependant, l'existence même d'un empire, attestée et vécue de façon quotidienne, était constamment niée par le discours idéologique et politique qui se sentait incapable d'en légitimer l'existence : l'incapacité à développer des réflexions théoriques pour comprendre ce qu'étaient ces ensembles super-étatiques, l'impossibilité à réfléchir à ce que pouvait être le concept même d'empire, provoquèrent bien sûr de grandes difficultés à les gérer et conduisirent à leur disparition. En revanche, les auteurs ont su décrire de façon productive ce qu'était le royaume perse, et son organisation interne. Les images qu'ils en ont construites servirent de modèle aux rois de l'époque hellénistique, quand ils eurent compris que leurs royaumes, si divers de peuples et de traditions, devaient être administrés de façon différenciée.

L'IMPÉRIALISME À L'ÉPOQUE CLASSIQUE

De même qu'ils avaient su construire des images de leurs cités, de même les Grecs de l'époque classique avaient pu percevoir, et parfois représenter ce qu'était ou devait être certains types d'États, beaucoup plus vastes que ceux dont ils avaient l'usage, englobant une certaine diversité de systèmes dans un espace sans commune mesure avec le territoire politique.

Empire et cité

À l'époque classique, les plus puissantes d'entre les cités ont construit au-delà de leurs territoires poliades des zones où leur intervention fut considérée comme naturelle, sinon comme toujours légitime. Le rapport de telle cité à ce qui finit par être considéré comme son empire devint alors essentiel à son existence même et conditionna sa propre évolution. En tout cas l'empire s'était constitué selon des schémas différents de celui de la cité, irréductible au tracé des images que nous avons déjà décrites.

Le recours à l'impérialisme était rendu nécessaire par l'impossibilité où se trouvait la cité de dépasser une certaine taille sous peine de ne plus être une cité (Aristote, *Poétique*, 1450b, 35 ; *Politique*, 1326b 25). Car, de même qu'un animal, une partie du corps ou un artefact quelconque ne peut excéder certaines dimensions sous peine de ne plus être ce qu'il doit être ou prétend être, de même qu'il ne peut exister de bateau qui n'ait que quelques centimètres de long ou plusieurs centaines de mètres, de même une cité trop grande cesse d'être une cité.

Une cité trop importante peut, ainsi, en intégrant un grand nombre de peuples liés par leur origine commune, prendre la forme d'une communauté fédérale : c'est un processus naturel que connaît bien Aristote mais qui induit comme une régression au regard de la systématique politique, puisqu'il est considéré comme une sorte de retour au tribalisme primitif.

En tout cas, elle ne peut s'accroître en conservant la forme originelle. Bias de Priène et Thalès de Milet ne s'étaient pas rendu compte qu'il était impossible de construire une cité assez grande pour qu'elle pût résister à la puissance perse, que procéder au *synœcisme* de l'Ionie en faisant de Téos le centre d'une cité qui aurait eu la taille d'une province et en cantonnant les autres villes de la région dans le rôle subordonné de capitale de dèmes, était un projet tout à fait fallacieux (Hérodote, *Histoires*, I, 170). Denys de Syracuse avait prétendu reconstruire la Sicile dévastée par les Barbares, lui donner une puissance assez grande pour leur résister en l'unifiant et en la transformant en une cité unique dont il était le chef, l'*archonte*. Il échoua dans son entreprise (Platon, *Lettre* 7, 331).

Il aurait fallu, comme Platon tenta de le faire comprendre aux « parents et amis de Dion » son successeur, qu'il ait choisi de gouverner la Sicile autrement. Il aurait pu, s'il l'avait souhaité, la régir de la même façon que le roi perse faisait de son domaine, souverain unique ; il aurait fait de la Sicile son royaume, et aurait administré le pays en le divisant en plusieurs provinces dont rien n'aurait empêché qu'elles fussent très grandes, les sept provinces du royaume de Darius étaient, en effet, toutes plus étendues que la Sicile elle-même. De ce qu'elles auraient bénéficié d'un mode de gestion nouveau et d'un rapport spécifique au pouvoir central, leur taille n'était plus un obstacle à l'efficacité du gouvernement. Il aurait pu transformer la Sicile en un empire, dont les cités anciennes qu'il avait soumises auraient été conservées, constituant l'unité structurelle de base, selon des principes que les Athéniens avaient eux, réussi à mettre en œuvre. Comme il ne souhaita choisir ni l'un ni l'autre de ces types de gouvernement, il échoua, car la forme politique ne peut dépasser ses étroites limites.

Les cités de l'empire athénien

Ce qui devint l'empire athénien avait d'abord, en 478, pris la forme d'une alliance hégémonique qui s'appelait « la ligue de Délos » et regroupait autour d'Athènes des cités insulaires et ioniennes, associées pour lutter contre les Perses dont on craignait qu'ils ne voulussent prolonger la guerre après leurs défaites de Salamine et de Platées (479). Chacune des cités alliées devait contribuer aux dépenses nécessaires à la guerre, en fournissant des navires ou de l'argent, délibérer des orientations de la politique commune dans une assemblée où chacune était représentée. Athènes finit par mener, sans consulter quiconque, les opérations militaires et conclure les traités qui lui paraissaient nécessaires, sans plus s'inquiéter des règles de fonctionnement établies ni du but initial de l'alliance, finissant même, en 454, par transférer le trésor commun des alliés déposé jusqu'alors dans l'île sur sa propre acropole pour en user à son gré. Les alliés, devenus ainsi pour la plupart des sujets, n'avaient plus le droit de faire entendre leur voix sinon en se révoltant contre la façon tyrannique dont on les traitait. Ils étaient désormais contraints de payer à Athènes un tribut, signe de leur dépendance, plutôt que contribution à la défense commune et l'argent qu'ils versaient constituait, en fait, l'essentiel des ressources de la cité d'Athènes, nourrissait la démocratie et assurait à la fois sa puissance et son prestige. Une fois dissoutes les instances communes de concertation, il n'y avait plus de relation nécessaire entre les membres de l'alliance qui ne dût passer par le centre hégémonique lui-même : c'était le signe de leur commune sujétion.

Les Athéniens ne semblent pas avoir été tentés de considérer leur empire comme un ensemble territorial homogène dans ses structures et son mode de fonctionnement, pour regrouper les cités en espaces qui les auraient associées. Ce n'est que progressivement que certaines images finirent par se dessiner qui permettent de décrire l'empire comme un espace constitué. Ils n'avaient pas envisagé de construire des systèmes de circonscriptions administratives regroupant les cités soumises en fonction de leur localisation ou de leur statut : les prétendus districts impériaux qui semblent apparaître dans les textes des comptes des tributs, pour regrouper en plusieurs ensembles territoriaux l'ensemble des cités, ne sont que les rubriques des documents financiers qui récapitulent les contributions versées par elles, dans l'ordre où les collecteurs les ont visitées. Ceux-ci sont envoyés « dans les villes » et non pas dans telle ou telle région, le regroupement des cités en rubriques dans les listes tient aux seules réalités des voyages. Le fait que ces navigations se soient faites toujours selon les mêmes itinéraires, vers les Iles, l'Ionie, la Thrace ou l'Hellespont, n'induisait pas que l'apparition régulière de ces noms toujours repris dans les textes officiels ait fait oublier leur sens courant qui était purement géographique. Ils n'en étaient pas venu à désigner, par glissement sémantique, des districts qui auraient pu être considérés comme les circonscriptions d'un territoire impérial : les écrire et les répéter n'était pas constituer un langage technique témoignant de l'existence d'une nouvelle organisation politico-administrative créatrice de nouveaux espaces. En fait, il n'y eut pas de système impérial grec qui se fût constitué, à l'époque classique, en imaginant devoir englober les cités qui le constituaient dans une superstructure territoriale.

L'empire spartiate, qui se constitua au IVe siècle, distinguait de même les villes qui le constituaient en fonction de leur éloignement du centre de commandement, depuis le Péloponnèse jusqu'à la Thrace; c'était pour la régularité du système des transmissions et des délais de mise en route des soldats (Diodore, *Bibliothèque*, XV, 31, 2) et non pour mettre en place un zonage signifiant du territoire. Il ne faut pas chercher, non plus, à tracer les frontières aux subdivisions de la confédération des cités de Béotie, ces onze *mérè* n'étaient pas, comme on le croit trop souvent, des circonscriptions territoriales de l'ensemble fédéral, mais des modes de répartition dans l'ensemble de la population des charges politiques, militaires et fiscales. Chacun des onze magistrats supérieurs, les *béotarques*, devant représenter équitablement l'ensemble des Béotiens répartis dans onze cellules de vote dont l'institutionnalisation n'occultait pas, au moment de la création du système, en 447, l'existence parfaitement individualisée des cités. Quand l'une d'entre elles se trouvait être trop petite pour élire, à elle seule, un magistrat, elle était associée à d'autres, Haliarte, Lébadée, Coronée, par exemple, et le béotarque était choisi à tour de rôle par chacune d'elles. Quand telle autre était plus importante, elle pouvait élire plusieurs magistrats : deux l'étaient par Thèbes ou Platées, ce qui procurait dans le collège dirigeant une plus grande influence. Le recrutement des troupes fédérales se faisait selon le même principe, laissant aux cités leur rôle éminent dans l'organisation territoriale et humaine du pays. Et ce n'est que le jeu de l'impérialisme thébain qui transforma le système, quand la cité la plus puissante de l'ensemble fédéral accapara le droit à la désignation de plusieurs béotarques, jusqu'à quatre, tout en maintenant pour les autres cités leurs charges financières et militaires. Les conflits internes à la fédération opposaient bien des cités les unes aux autres, même si l'État fédéral était en raison de son histoire relativement unitaire.

Territorialisation de l'espace impérial athénien

❑ ***La position dominante d'Athènes.*** L'empire athénien finit par exister, pourtant comme un ensemble territorial homogène. La prise de conscience de cette évidence ne fut pas sans conséquences sur la fonction des frontières des cités qui le constituaient.

Dès les années 450, un décret réglant les rapports d'Athènes et de la cité ionienne d'Érythrées, qui avait voulu faire défection, définit ce qui s'appelait pourtant encore une « alliance », comme un espace judiciaire unique : un citoyen soupçonné de vouloir favoriser le retour des Perses dans la ville,

« serait banni de toute l'alliance des Athéniens, s'il était reconnu coupable et s'il était condamné à l'exil » par les tribunaux. Dans l'espace ainsi constitué, un territoire soumis aux mêmes règles de droit, les frontières intérieures étaient, d'une certaine façon, abolies, tandis qu'une frontière commune se constituait au pourtour de l'ensemble communautaire. Toutes les cités dépendant d'Athènes devant se considérer comme liées par la décision du seul tribunal de l'une d'entre elles, leur souveraineté sur leur propre sol et la gestion des personnes qui pouvaient s'y trouver cessait d'être entière. Les rapports entre les cités membres de l'ensemble impérial ne pouvaient se faire néanmoins sur un mode transverse, chacune des cités se trouvant liée directement à chacune des autres : dans la mesure où il était prévu dans le décret que la décision d'exiler un citoyen ne pouvait être prise par Érythrées que si elle était autorisée par le tribunal des Athéniens, il était clair que ce décret organisait l'ensemble que constituaient les cités de l'alliance en un système judiciaire, centré sur Athènes par qui toute décision exécutoire dans l'empire devrait passer. C'était d'ailleurs, là, un nouveau moyen d'abolir les frontières des cités membres : les justiciables allaient devoir voyager hors de chez eux pour que le droit de regard d'Athènes pût s'exercer. Les tribunaux locaux ne pourraient plus ainsi parler sans être soumis au contrôle d'une juridiction étrangère et il faudrait nécessairement quitter son propre terroir pour obtenir pleine justice.

Le territoire impérial put devenir, d'autre part, un sol d'exploitation commun à tous les membres des cités. Il était ouvert aux entreprises des Athéniens, dans les cités révoltées qui furent punies de la confiscation d'une partie de leurs terres, mais ailleurs aussi sans doute : ceux-ci purent acquérir des biens-fonds et posséder de la terre à Thasos aussi bien qu'en Eubée. Leur position dominante, la possibilité où ils étaient de faire jouer en leur faveur la partialité de leurs propres tribunaux, leur facilitait certains modes d'acquisition et leur présence, en tant que propriétaires, dans des cités juridiquement étrangères, donnait aux alliés l'impression qu'ils étaient dépossédés de leur propre sol. Ce sentiment fut pour beaucoup dans l'opposition des insulaires à Athènes durant la guerre du Péloponnèse, les Athéniens comprenant si bien leurs raisons que, lorsqu'ils reconstituèrent, sous une forme nouvelle, une alliance en 377, ils promirent à ceux qu'ils voulaient convaincre de s'associer à eux, que « le peuple rendrait toutes les propriétés qui se trouvaient appartenir à des Athéniens à titre privé ou à titre public, sur le territoire de ceux qui auraient fait l'alliance, et il se portait garant de cette restitution », qu'il ne serait plus permis « désormais, aux Athéniens, ni à titre privé, ni à titre public d'acquérir aucune propriété sur le territoire des alliés, ni maison, ni terre, ni par achat, ni par l'effet d'une mise en gage, ni d'aucune autre façon, et que, si une propriété était achetée, ou acquise, ou prise en gage, de quelque façon que s'en fût faite l'appropriation, n'importe lequel des alliés pourrait déposer une plainte devant l'assemblée des alliés et celle-ci procéderait à la vente du bien, remettrait la moitié de la somme au dénonciateur et l'autre moitié serait la propriété commune des alliés ».

❑ ***Unité fiscale.*** Que les Athéniens aient pu abuser de leur puissance n'étonne guère. Ce n'était qu'une des conséquences de leur égoïsme et du désir de tirer profit d'une situation favorable à leurs intérêts. Plus révélateur de la capacité de l'alliance à se constituer en un système territorial doté d'une existence spécifique, est le fait que les Athéniens n'étaient pas les seuls à se déplacer à travers le monde impérial pour se fixer où bon leur semblait, car des alliés pouvaient aussi le faire. On vit apparaître dans un décret athénien réglant la situation de Chalcis, en 446, après sa révolte, des « étrangers » installés dans la ville et sur les champs confisqués aux grands propriétaires, des aristocrates connus sous le nom d'*Hippobotes*, qui avaient été à l'origine de la révolte de la cité. Ces étrangers à Athènes et à Chalcis ne pouvaient être que des ressortissants de cités alliées ; leur présence témoigne de ce que les Athéniens n'étaient pas les seuls à profiter des opportunités que procuraient, à qui voulait trouver des terres nouvelles à cultiver, la défaite d'un rebelle chassé de chez lui et puni par la confiscation de ses biens : d'autres habitants de l'empire venaient participer à l'exploitation des territoires repris. La définition de leurs obligations fiscales à l'égard de leur cité d'accueil était d'une portée plus grande encore.

Athènes, considérant que cela touchait à ses intérêts puisque cela conditionnait la capacité de Chalcis à payer désormais ce qu'elle lui devait, établit de quelle façon ces gens devaient contribuer au versement du tribut que devait à Athènes la cité de Chalcis sur le territoire de laquelle ils se trouvaient vivre. Certains étaient originaires de cités qui ne payaient pas le tribut ou bien ils pouvaient, par privilège personnel, avoir été exemptés du versement des taxes fédérales ; ils n'auraient rien à payer non plus après s'être installés dans leur nouvelle résidence. Les autres, en revanche, qui auraient contribué dans leur cité d'origine au paiement du tribut avec leurs compatriotes, devraient continuer à le payer, le faisant désormais à Chalcis où ils résidaient. Cela semble bien signifier que, de façon empirique, sans doute, Athènes gérait globalement la population assujettie de son empire, faisant en sorte que la masse imposable y demeurât la même, en dépit des déplacements de population au gré des opportunités. Les cités continuaient à être les circonscriptions de rattachement des individus, mais chacun semblait être devenu libre d'aller et de venir dans toute l'étendue de l'empire. Où qu'il fût, néanmoins, il restait soumis aux règles d'une justice commune et à des obligations fiscales communautaires qui ne s'éteignaient pas dès la frontière de sa propre cité franchie : la notion même de frontière poliade dans l'empire, cessait donc d'être significative et commençait à ressortir plus du domaine de l'administratif que de celui du politique à proprement parler.

❑ ***Unité financière.*** Au plan monétaire et financier, la même unité du monde athénien prévalut. Un décret, sans doute proposé par Cléarchos, si l'on en croit la mention faite d'un précédent décret difficilement datable, appartenant aux années 420-415, « imposa aux alliés, qu'ils le voulussent ou non », et leur

« ordonna » de s'en tenir à des règles nouvelles dont la teneur est connue, pour l'essentiel, par les clauses que le secrétaire devait faire ajouter aux serments des magistrats appartenant au conseil athénien ; il était prévu que « si quelqu'un, dans les cités, frappait une monnaie d'argent et n'utilisait pas les monnaies, poids et mesures d'Athènes, mais des monnaies, des poids et des mesures d'une cité étrangère, il le condamnerait et le punirait ». L'importance politique de ce décret est évidemment très grande ; le monnayage athénien est le seul qui ait désormais cours légal dans l'empire ; l'empire athénien devint, ainsi, une communauté monétaire dans les frontières de laquelle les cités sujettes furent privées des attributs concrets de leur particularisme et des attributs symboliques de leur existence autonome. Comme, par ailleurs, la circulation de tout monnayage hors celui de la cité hégémonique était interdite, Athènes se donnait les moyens de contrôler la masse monétaire en circulation et de développer son monnayage de façon extraordinaire de 450 à 413, engrangeant les bénéfices directs issus de la frappe du numéraire. Le décret avait pour conséquence économique essentielle de garantir aussi l'approvisionnement d'Athènes et de renforcer le rôle du Pirée comme centre commercial de l'empire ; les commerçants de toutes les cités liées à Athènes avaient désormais intérêt à y vendre leurs marchandises plutôt que de le faire à l'étranger, car c'était, pour eux, le seul moyen d'échapper à la décote du change obligatoire, car, s'ils exportaient vers l'Égypte ou vers Chypre, ils devaient nécessairement repasser par Athènes pour y changer les espèces qu'ils avaient reçues et n'avaient pas le droit de détenir. Cela constituait un réseau de flux de circulations radiales assurant l'autarcie et la prospérité de la ville.

À l'époque de la seconde ligue de Délos (377), qui pourtant devait garantir l'indépendance de tous les nouveaux alliés, et donc leur droit à organiser comme bon leur semblait leur propre vie politique, les mêmes nécessités de la gestion de l'espace des cités associées produisirent les mêmes effets. Les Athéniens reconstituèrent, dès qu'ils furent confrontés à des refus d'obéissance, un espace judiciaire unique. Ils se soucièrent, aussi, de mettre en place des monopoles d'approvisionnement pour certaines denrées stratégiques comme le minium qui ne devait être exporté de Céos que sur des navires athéniens, ceux-ci ne pouvant venir décharger ailleurs qu'au Pirée. Ces pratiques étaient bien sûr incompatibles avec la liberté que devaient garantir à ses membres les institutions de la seconde confédération athénienne ; aussi ne dura-t-elle guère. Il en subsista, sans que personne y trouvât à redire, les trois îles de Lemnos, Imbros et Skyros, peuplées d'Athéniens de souche, projections du corps civique à l'extérieur de l'Attique, puisque les membres de ces *clérouquies* n'avaient pas perdu leur citoyenneté d'origine. Ce nouvel empire vécut trop peu de temps en tout cas pour donner naissance à un discours sur l'espace aussi riche et structurant que celui qu'avait permis le premier.

Représentations de l'espace impérial

Le langage quotidien de la pratique politique, celui des décrets, avait construit l'empire en un territoire athénien spécifique, et le faisait fonctionner en tant que tel : il avait ainsi redéfini les limites internes entre les cités, construit des frontières extérieures. L'empire était ainsi devenu une réalité territoriale maîtrisée et gérée en tant que telle. Pourtant, à Athènes même, il n'y a pas de discours repris, de réflexion sur sa forme et sa nature qui ait eu d'autre souci que d'en nier l'existence et la réalité concrète.

❑ ***L'empire, une notion vide.*** On semblait ne pas lui connaître de bornes, et donc d'aspect : il était ce que les Athéniens régissaient « au-delà de leurs frontières », un extérieur sans forme claire qui se dissolvait dans l'indéfinissable en semblant s'étendre jusqu'aux limites de la terre habitée, l'œcoumène. Tel, au mépris de toute vraisemblance, rattachait à l'empire (Pseudo-Xénophon, *La Constitution d'Athènes*, II, 7) « la Sicile, l'Italie, Chypre, l'Égypte, le Pont, le Péloponnèse et tout autre lieu »; tel autre indiquait qu'Athènes fut digne de commander à « tous les Grecs et à tous les autres hommes » (Isocrate, *Sur l'Échange*, 234). Qui voulait le définir en termes positifs, concrets, lui donner des limites claires, le disait parfois « empire de la mer », ou indiquait qu'Athènes en constituait le « centre ». Cette idée même venait à nier la possibilité qu'il pût être un territoire, puisque justement c'est parce que l'on tenait la mer que l'on n'avait pas besoin de maîtriser quelque sol que ce fût et de le cultiver. D'ailleurs, ce n'était pas dominer la mer qui importait; on finissait par admettre que l'essentiel était d'empêcher le roi perse d'y faire entrer ses flottes, et non pas toujours de naviguer soi-même; l'empire sur l'Égée devenait ainsi comme une volonté de fabriquer un vide plutôt qu'un espace construit (Isocrate, *Discours panégyrique*, 120). Pour Périclès, l'empire était une virtualité, l'ouverture « de toute mer et de toute terre aux entreprises d'Athènes » (Thucydide, *La Guerre du Péloponnèse*, II, 41, 4). S'il se territorialisait, c'est qu'il se balisait des « monuments impérissables, souvenirs de maux et de biens », de mémoriaux.

Pourtant cette géographie de la mémoire ne produisait pas de représentation d'espaces vrais car on ne construisait pas sur l'emplacement des combats de monuments qui seraient devenus centre de cultes et lieux de rassemblement d'hommes. Les morts de toutes les défaites et de toutes les victoires étaient, en effet, ramenés à Athènes, ils étaient inhumés au quartier du Céramique et c'est sur l'Agora que l'on prononçait leur oraison funèbre. Les guerriers abattus n'étaient pas regroupés pour être enterrés sur le champ de bataille. Ils ne possédaient donc plus rien que les quelques arpents de leur cimetière suburbain, comme si leurs voyages n'avaient pas existé, ni donc l'empire pour lequel ils étaient morts. Dans les discours par lesquels on honorait leur mémoire, d'ailleurs, on ne cessait de souligner quelles avaient été le vertus des combattants de Marathon, morts sans quitter l'Attique, et l'on montrait combien ils étaient dignes d'eux, en quelque lieu qu'ils fussent morts : cela ôtait toute signification spécifique à leur sacrifice. Le discours politique était renvoyé à une territorialité close qui ne pouvait s'ouvrir à l'empire, le discours idéologique semblant ainsi incapable de concevoir ce qu'il était et quelle était sa fonction.

❑ ***L'ambiguïté et le flou des structures.*** Ce jeu divergent de la pratique et du regard avait, bien évidemment, des effets pervers. Le vocabulaire administratif ordinaire en était contaminé, continuant de prétendre alliance ce qui était un empire, et cela alimentait revendications et frustrations. Quant à l'organisation de l'espace impérial, elle n'était pas raisonnablement maîtrisée, puisque l'empire était nié dans son existence objective. Il était, en apparence, structuré puisque les cellules de base que constituaient les cités sujettes, responsables au quotidien de l'essentiel de l'administration locale, étaient maintenues en fonction, mais il constituait un système flou et imprécis, car les responsabilités des magistrats athéniens en mission ou en résidence dans les villes n'étaient pas toujours clairement définies. Il se produisit donc, dans l'empire, le même phénomène que nous avons déjà constaté dans le cadre poliade : le manque de clarté des structures territoriales empêchait que les hommes qui y vivaient pussent s'y situer de façon claire. Cela finit par provoquer la destruction du système et de son centre même.

Athènes, incapable d'expliciter ce qu'était son empire et de réfléchir à ce qu'elle voulait en faire, n'était pas capable de définir pour ses sujets un statut qui leur aurait donné une place spécifique dans le monde qu'elle dominait. Mais, parallèlement, elle n'était pas capable de s'y situer elle-même clairement. Elle finit par s'y perdre et s'y dissoudre, ses propres frontières se révélant incapables de la protéger contre la pression d'un extérieur qui n'était plus senti et vécu comme tel, puisqu'il lui appartenait, mais ne pouvait néanmoins passer pour pleinement sien, puisqu'elle prétendait qu'il était composé de cités semblables à elles et de compagnons d'armes réunis pour une guerre commune. L'afflux dans la ville des étrangers, habitants des cités sujettes et alliées, plaideurs de procès qu'évoquaient les tribunaux athéniens, spectateurs venant assister aux grandes fêtes du théâtre de Dionysos et dont le nombre immense témoignait du prestige et de la puissance de la cité, commerçants tenus de passer par le Pirée, modifièrent la société en profondeur.

Le « Vieil Oligarque », un polémiste dont on avait pensé qu'il pouvait être Xénophon, montra comment notamment « les Athéniens, comme ils entendaient parler toutes sortes de langues, avaient emprunté tel mot à l'une, tel mot à l'autre et utilisaient un langage où se mêlaient des éléments empruntés à tous Grecs et Barbares » ; de même ils abandonnaient les mœurs ancestrales. La cité s'était ouverte au monde, elle en tirait profit et gloire, mais en même temps, elle cessait d'être elle-même. Elle perdait, d'autre part, de sa lisibilité, car, à cause du nombre d'allogènes, qu'ils fussent de passage ou résidents en ville, dont rien ne montrait dans leur façon d'être ou de s'habiller ce qu'était leur statut politique, les gens avaient l'impression de ne plus se connaître et ne savaient plus se situer les uns par rapport aux autres. Les bourgeois cessaient, en participant à des expéditions lointaines, de concert avec leurs concitoyens pauvres, de parler et de penser en riches. Les pauvres, coudoyant sans cesse des étrangers, ne savaient plus se conduire comme des citoyens. La cité des rameurs, la cité impériale, était ainsi devenue une cité informe où les gens ne se connaissaient plus pour ce qu'ils devaient être. Le tableau ainsi tracé tend à prouver que l'existence de l'empire allait provoquer la destruction de la cité hégémonique elle-même : cela ne manqua pas de se produire quand les défaites accumulées dans la guerre contre Sparte permirent que se produisent les révolutions oligarchiques de 411 et de 404.

VISIONS DE L'EMPIRE PERSE

Le roi

À la vision d'un impérialisme destructeur et inefficace, la pensée politique grecque put opposer un modèle impérial fonctionnel. En prenant contact avec la Perse, en servant ses rois, les Hellènes purent acquérir une claire conscience des problèmes d'échelles, de la diversité même des constructions humaines; ils savaient bien ce qu'était un grand royaume, sa diversité et son unité garantie par la présence du souverain qui transcendait les différences entre les mondes associés qu'il régissait. Xénophon, en publiant *La Cyropédie*, ne prétendait pas faire œuvre d'historien, il ne voulait pas décrire dans le détail ce qu'étaient les institutions achéménides, mais proposer dans le cadre d'une utopie politique, une sorte de manuel d'administration à l'usage de ceux qui se décideraient à aller conquérir l'Asie, ne pourraient faire autrement que d'y maintenir une monarchie absolue, et devraient y mettre en place une structure administrative permettant l'exploitation rationnelle du pays et de ses habitants.

Le schéma d'ensemble de l'État qu'il décrit est simple. Le roi est installé au centre de l'orbe des terres, car son royaume est œcuménique, et ne néglige que les « extrémités inhabitables ». La centralité est la conséquence nécessaire de l'absolutisme du pouvoir : il faut que celui qui l'exerce soit installé en un point, dont la relation avec l'ensemble des lieux d'exercice de l'autorité et tout lieu d'où peut provenir une information, soit constante. La permanence du souverain en un centre unique n'est guère possible pour des raisons pratiques aussi bien que politiques; aussi est-elle subtilement décrite comme un rapport spécifique du souverain aux temps et aux climats. La capitale royale n'est pas la même durant toute l'année, le souverain passant sept mois à Babylone l'hiver, trois mois à Suse dans le cours du printemps et deux mois à Ecbatane au plus fort de l'été ; cette errance n'en fait pas un nomade puisqu'elle l'ancre dans l'intemporel en lui permettant de jouir de la continuité d'un « éternel printemps » : le jeu du cheminement est ainsi une conquête de l'immobilité (VIII, 6, 21-22). L'organisation de la « table du roi » qui se garnit de tous les produits les meilleurs de l'empire permet au souverain de boire l'eau du Nil ou celle du Danube, ainsi que la diversité de son harem ou le fait que son armée soit constituée de contingents de toutes origines ont pour fonction, de la même façon, de lui permettre le voyage immobile. Le centre du pouvoir est ainsi, en un point, représentation de l'étendue et de la diversité du royaume.

Cela se manifeste aussi dans la façon dont s'organise le décorum des manifestations publiques du souverain. Il est, chaque fois qu'il apparaît, le point nodal, à la fois fixe et mobile, de tout un ensemble d'acteurs dont la disposition est représentation de l'ensemble du système étatique. Sa garde de lanciers forme donc autour de lui un cercle à la fois fixe et déplaçable ; ils protègent son palais ou sa tente quand il s'y trouve, ils l'escortent quand il se déplace (II, 5, 68). Les soldats séparent Cyrus de ses sujets; à l'intérieur du cercle qu'ils ferment ne sont admis que les seuls amis du roi et cela lui permet de dire qu'il possède un foyer (VII, 5, 41 sq.). Ce foyer n'est pas, comme l'était celui du roi de l'épopée grecque, le foyer commun à tous les habitants du royaume ; Cyrus de Xénophon sait bien que la royauté ne pourrait fonctionner efficacement de cette façon et que s'il est au centre, il ne doit pas être au « milieu » de tous. Xénophon a bien exprimé là quelle rupture une telle conception du pouvoir impliquait par rapport à la théorie hellénique du pouvoir partagé par l'ensemble du peuple et qui apparaît comme l'aboutissement nécessaire du système politique.

L'organisation du territoire

❑ ***Une structure claire.*** À la façon dont il organise son camp lorsqu'il est en campagne, ses troupes s'installant autour de lui toujours de la même façon, en cercles concentriques, on voit que l'ensemble du royaume est considéré comme une structure parfaitement claire. Hérodote avait expliqué que le monde perse était représenté de façon concentrique, et qu'au fur et à mesure que l'on « descendait » vers les extrémités du monde, on perdait en dignité, les Perses ayant pour tradition « d'estimer entre tous après eux-mêmes, les peuples qui habitaient le plus près d'eux; en seconde ligne ceux qui étaient au second degré d'éloignement; puis graduellement, ils mesuraient leur estime à proportion de la distance, et font moins de cas de ceux qui habitent le plus loin » (*Histoires*, I, 134). L'immense armée est ainsi l'image du royaume qui apparaît « facile à embrasser d'un coup d'œil », les ordres allant du centre vers les périphéries, les informations étant transmises en sens inverse sans obstacles ni obscurité (VIII, 5, 8 sq.). Néanmoins le schéma de fonctionnement de l'État n'est pas aussi simple qu'il y paraît.

Aux côtés de Cyrus, les Perses jouissent d'un statut relativement privilégié parce qu'ils sont de la race des rois et lui ont donné les soldats nécessaires à la construction de son empire. Ils conservent leurs lois et leur gouvernement traditionnel. Mais ils ne sont pas, en tant que tels, au centre du pouvoir, le souverain ne résidant pas à Persépolis, la capitale de la région. Ils ne sont plus collectivement associés institutionnellement au pouvoir, et si tous les hauts personnages de la cour et des gouvernements territoriaux sont perses, c'est parce que chacun de ceux qui a été investi d'une responsabilité est entré personnellement dans l'entourage du roi et fait partie de ses amis. Le statut de la Perse témoigne de ce que l'on imagine sans trop de peine qu'un pouvoir peut avoir deux principes, que deux modes de gouvernement peuvent coexister dans l'empire d'un seul roi, et qu'il s'y trouve donc deux types de populations et de régions. Les unes sont régies selon des conventions qui empêchent le souverain de le faire à son bon plaisir, les autres, en l'occurrence les provinces non perses (à l'exception peut-être de la Cilicie, Chypre, ou la Paphlagonie qui s'administrent de façon autonome) sont soumises à son pouvoir absolu (VIII, 5, 21-27). Les hommes, quant à eux, peuvent vivre dans le cadre de l'un et l'autre des deux systèmes, puisque tel qui étant Perse peut être libre et participer du système conventionnel, mais entre dans le rapport d'obéissance absolue quand il devient pour le roi recteur d'une province de l'empire.

❑ ***« Les yeux et les oreilles du roi ».*** Pour l'essentiel, l'empire est considéré comme terre de conquête, il est organisé dans chacune de ses parties, à l'image de ce qu'en est l'ensemble. Les agents du roi, des *satrapes*, perses comme l'est le roi, sont d'autres lui-même et doivent l'imiter en tout (VIII, 6, 10; 13). Dans chacune de leur capitale, ils doivent construire le centre de leur propre pouvoir, s'entourer d'amis et semblables perses, ainsi que de soldats qui protègeront l'espace de leur palais : le royaume est ainsi décrit comme étant une sorte de grand cercle contenant divers cercles contigus. Rien malheureusement, dans la pensée de Xénophon, ne fait bien comprendre quel lien maintient l'unité du tout, sinon la personne même du roi dont le charisme doit suffire à garantir la fidélité de ses serviteurs : l'idée qu'il exprime selon laquelle les satrapes sont intégrés à une alliance qui les associe au souverain n'aurait de pertinence que dans un système où les Perses seraient chacun des partenaires réels du roi, ce qui n'est pas le cas. D'ailleurs, l'idée connexe qu'il peut exister une sorte de compagnonnage entre le roi et ses gouverneurs, est niée par l'affirmation que les tensions sont permanentes entre le souverain et ses serviteurs de haut rang, et que le roi doit sans cesse peser sur chacun d'eux pour qu'il agisse bien selon ses désirs.

Le roi doit, en effet, rester le seul maître de son domaine et, pour y parvenir, doit faire en sorte que, s'il vit lui-même protégé de tout dans son propre foyer clos à tout autre autorité que la sienne propre, les cercles construits par ses agents ne lui soient nulle part fermés. Pour qu'il en soit bien ainsi, il a fait, en traçant des routes royales et en instituant un service de courriers particulièrement performants, que les trajets de l'information et des ordres soient le plus courts possible, et que son intervention puisse être continue dans le processus de prise de décision (VIII, 6, 17). Il se fait, d'ailleurs, et par des moyens autres que symboliques, ubiquiste, car il s'est donné « beaucoup d'yeux, de mains et de pieds » (Aristote, *Politique*, 1287b 29) : des gens très nombreux parcourent l'ensemble du royaume et sont chargés de voir et d'entendre pour lui. Ils sont considérés, selon la terminologie traditionnelle, comme « les yeux et les oreilles du roi » partout où ils peuvent se trouver être envoyés, mais on ne les voit pas eux-mêmes et ils ne parlent pas (VIII, 2, 10-12). Paradoxalement, en effet, la capacité du roi à sortir métaphoriquement du centre où il vit, à étendre à l'ensemble du cercle de l'empire et de chacun de ses cercles intérieurs ses capacités de voir, d'entendre et de punir, renforce la puissance même de la frontière qui le sépare de ses sujets et de ses serviteurs. Le roi qui voit tout, qui entend tout, ne doit être vu ni entendu par personne : Hérodote savait déjà qu'il devait en être ainsi en faisant le portrait du roi des Mèdes Deiokès qui, enfermé dans le centre d'un système de murs clos, spectateur invisible et muet, savait tout ce qui se passait au-dehors, mais ne communiquait avec les gens dispersés dans les villages du terroir que par le biais de l'écrit (*Histoires*, I, 100-114).

La double hiérarchie territoriale

La structure des satrapies n'est pas la seule qui constitue le maillage du territoire impérial, les agents mobiles du roi ne sont pas les seuls qu'il emploie pour contrôler les façons de travailler des gouverneurs de provinces. Le souverain a construit un réseau de surveillance fixe, en mettant en place dans le pays un système de garnisons et de forteresses, dont les responsables ne sont pas rattachés au pouvoir satrapique ; les « gouverneurs de places fortes, les officiers commandant des forts dans le territoire » n'obéissent qu'au roi, de telle sorte que si l'un des satrapes, « la tête tournée par ses richesses ou par le nombre de ses sujets, tente de se rebeller, il trouve immédiatement des gens pour s'opposer à lui dans le pays » (VIII, 6, 1 et 9) ; ces officiers et leurs troupes sont inscrits sur les contrôles d'une armée qui dépend directement du pouvoir central. Ce sont eux qui ont pour charge la garde des trésors que le souverain dissémine dans l'étendue de son empire. Le système administratif paraît ainsi construit pour fonctionner grâce au jeu équilibré de deux chaînes hiérarchiques concurrentes ; cela nécessite qu'il y ait deux géographies du territoire : les relations du politique à l'espace, dans le système royal, doivent tenir compte des différences existant entre les espaces qu'il organise alors que la cité cherchait à simplifier ses structures pour exprimer l'homogénéité du groupe de ses membres.

Cette hétérogénéité du territoire du royaume est plus significative encore, à un autre niveau. La division des responsabilités entre le satrape et le commandant de place est aussi le témoignage de ce que l'empire n'est pas un monde plein. La totalité des terres située dans l'intérieur du cercle des frontières n'est ni occupée, ni administrée; l'espace impérial est divisé en deux zones : une zone utile que les satrapes ordonnent et dans laquelle ils lèvent le tribut, une seconde totalement imbriquée dans la première consistant en régions laissées libres de toute intervention administrative.

Les satrapes sont là pour exploiter le terroir utile et celui-là seulement car, si les Perses souhaitent avoir « la jouissance des plaines » (VIII, 5, 23), ils n'aspirent à rien d'autre. Le satrape s'occupe de mettre le sol en valeur, à l'instar du roi qui passe pour le premier des agriculteurs d'un royaume (Xénophon, *Économique*, IV, 22-24), de la même façon que les jeunes nobles qui considèrent comme une tâche fondamentale d'apprendre à planter des arbres (Strabon, *Géographie*, 15, 3, 18). Il a pour charge d'établir le cadastre des terres qui sont enregistrées et soumises à tribut, il s'attache à créer lui-même des espaces vitrines de toutes les potentialités des terroirs, les *paradis* : ce ne sont pas seulement, en effet, de merveilleux territoires de chasse mais, exploités comme des domaines modèles, ils peuvent servir à expérimenter la culture de produits nouveaux quand cela paraît nécessaire. Le satrape Gadatas avait transplanté, par exemple, en Asie Mineure les arbres des régions d'au-delà de l'Euphrate pour le plus grand profit du souverain qui lui en fut reconnaissant.

Les gouverneurs des places fortes, les *phrourarques*, ont pour rôle de protéger la terre utile contre toute incursion des peuples qui vivent dans les pays irrédents, au contact de la terre royale, en général des zones de montagne : « si le phrourarque ne défend pas le pays comme il devrait le faire, le gouverneur civil qui veille aux travaux agricoles l'accuse, parce que faute de protection le travail des champs est impossible; mais si, malgré la paix, le gouverneur laisse le pays mal peuplé et improductif, c'est au tour du phrourarque de devoir l'accuser, car ceux qui travaillent mal la terre ne nourrissent plus les garnisons et ne peuvent s'acquitter du tribut » (Xénophon, *Économique*, IV, 10-11).

L'image que donne Xénophon de l'imbrication de pays administrés et de terroirs irrédents de façon quasi institutionnelle correspond bien à la réalité qu'ont perçue Alexandre et ses compagnons quand ils sont venus conquérir le royaume. Il y avait partout « une foule de peuples » qui étaient cause d'ennuis (Arrien, *Anabase*, II, 5, 13); en Asie Mineure (en Pisidie ou en Carie), une « infinité de petites tribus des montagnes vivaient de rapines et de brigandages » (Strabon, *Géographie*, 11, 12, 4). En Perside et en Médie, dans la chaîne du Zagros qui s'étend de la mer Caspienne au golfe Persique, les Mardes, les Cadousiens, étaient des peuples belliqueux par nature, d'autres se nourrissaient de viande crue. Tous pratiquaient des raids périodiques sur la terre royale, certains étaient tellement insistants et persévérants que l'on pouvait même dire que c'étaient eux, et non plus le roi, qui exploitaient le sol des Perses (Arrien, *Anabase*, III, 2, 23). Lorsque l'on cherchait à entrer dans leur domaine propre, leur arme principale devenait le terrain lui-même, un terroir qu'ils ne labouraient pas, qui ressemblait plus au biotope d'un demi-animal qu'à celui d'un homme qui, pour être digne de ce nom, aurait dû le contraindre, l'asservir à ses besoins. Ils en aménageaient parfois la végétation, par bricolage, pour qu'elle concoure à la défense de leurs positions. On sait, depuis quelque temps, que les descriptions de ce type de « brigands » étaient construites en fonction de stéréotypes bien définis et ne correspondaient pas à ce qu'étaient réellement les choses : nombre de ces peuples soi-disant redoutables étaient, en fait, de paisibles agriculteurs et éleveurs ; il était tout à fait possible, donc, si on le voulait bien, de faire vivre harmonieusement ensemble, par exemple, les Arméniens des plaines et les Chaldéens des montagnes en un partage honnête (Diodore, *Bibliothèque*, 19, 7, 3). Le maintien de ces zones de dissidence et le fait que l'on se fût contenté d'en fixer les limites en les jalonnant de fortins situés à leur périphérie, était en quelque sorte un choix idéologique : c'était un moyen d'exclure du système social un certain nombre de gens que l'on ne savait pas très bien comment exploiter et dont le mode de vie échappait à l'enregistrement systématique. Mais le plus intéressant de la pratique perse était que, les surveillant étroitement, les rois avaient tenu à nouer avec eux des relations qui leur permettaient de les intégrer d'une certaine façon à leur ordre tout en les laissant vivre dans les vides de son territoire.

Certains de ces peuples ont été décrits par les auteurs anciens comme se trouvant dans la situation de pouvoir exiger du roi le paiement d'un tribut : ainsi les Cosséens qui, lorsque « le roi quittait Ecbatane après avoir passé l'été et descendait vers Babylone » l'arrêtaient en un point de la route qu'ils contrôlaient, les Ouxiens faisaient de même quand il allait, de Susiane en Perside, pour les fêtes de la nouvelle année. En fait, il est bien évident que le roi empruntait délibérément la route qui le faisait passer par le territoire des tribus irrédentes, qu'il aurait pu, s'il l'avait souhaité, passer par la route royale qui contournait leur domaine, que c'est donc volontairement qu'il se soumettait au prélèvement que les montagnards prétendaient exiger de lui. Le don qu'il leur faisait était ainsi un des éléments constitutifs d'un contrat qui liait les parties en présence, et devait être de quelque façon contraignant : le roi donnait quelque chose que les auteurs (Strabon, *Géographie*, 11, 13, 6 ; 15, 3, 6 ; Arrien, *Anabase*, III, 17, 2) appellent un tribut. Mais les montagnards qui acceptaient qu'il le fasse s'engageaient pour l'année à ne pas envahir la terre des plaines, et peut-être même à le servir en lui fournissant des contingents militaires. Ils étaient réputés vivre à l'extérieur de l'empire et celui-ci, quelque œcuménique qu'il fût, admettait ainsi qu'il n'était ni continu, ni homogène.

Nombre de Grecs, et parmi eux, Xénophon, avaient de ce jeu politico-diplomatique, une expérience directe puisqu'ils n'avaient cessé de se heurter à des peuples insoumis durant le long voyage que fut le retour vers la mer, après Counaxa, des 10 000 soldats mercenaires de Cyrus le Jeune qu'une longue *anabase* avait conduits à Counaxa (401) ; mais l'expérience de la cité, monde clos et nécessairement panoptique, faisait qu'ils ne comprenaient pas les principes de cette façon de faire et jugeaient sévèrement ce qu'ils assimilaient à une démission du pouvoir. Pourtant, ils en reprendraient l'usage, sous des formes diverses, par la suite, quand ils auraient à leur tour fait l'expérience de la gestion d'un domaine de même implantation et de même nature.

DOCUMENTS

■ Décret d'Aristotélès, charte de fondation de la seconde Confédération athénienne (377)

Sous l'archontat de Nausinikos, Callibios fils de Képhisophon de Paiania était secrétaire, alors que la tribu Hippoponthis exerçait la septième prytanie, il a plu au conseil et au peuple, Charinos d'Athmonia était président, Aristotélès a fait la proposition ; à la bonne fortune d'Athènes et des alliés des Athéniens ; afin que les Lacédémoniens laissent les Grecs vivre tranquilles, libres et autonomes et se voient garantir la propriété de tout le territoire qui leur appartient, afin que dure à jamais la paix commune qu'ont jurée les Grecs et le roi, le peuple a décrété : si l'un des Grecs ou des Barbares du continent ou des îles, qui n'appartiennent pas au roi, veut être l'allié des Athéniens et de leurs alliés, qu'il puisse le faire en conservant sa liberté et son autonomie, en se gouvernant selon les règles de la constitution qu'il voudra, sans devoir accueillir de garnison ou recevoir un gouverneur, sans avoir à payer de tribut, cela dans les mêmes conditions que les Chiotes, les Thébains et les autres alliés ; à ceux qui feront alliance avec les Athéniens et leurs alliés, le peuple rendra toutes les propriétés qui se trouvent appartenir à des Athéniens à titre privé ou à titre public, sur le territoire de ceux qui auront fait l'alliance, et il se porte garant de cette restitution ; s'il se trouve à Athènes des stèles désagréables pour l'une des cités qui font alliance avec les Athéniens, le conseil en fonction aura pouvoir de les détruire ; à partir de l'archontat de Nausinikos, il ne sera plus permis aux Athéniens, ni à titre privé, ni à titre public, d'acquérir aucune propriété sur le territoire des alliés, ni maison, ni terre, ni par achat, ni par l'effet d'une mise en gage, ni d'aucune autre façon ; si une propriété est achetée, ou acquise, ou prise en gage, de quelque façon que s'en fasse l'appropriation, n'importe lequel des alliés pourra déposer une plainte devant l'assemblée des alliés et celle-ci procédera à la vente du bien, remettra la moitié de la somme au dénonciateur et que l'autre moitié sera la propriété commune des alliés ; si quelqu'un attaque l'un des participants à l'alliance, soit par terre, soit par mer, les Athéniens et leurs alliés iront à son secours avec toutes leurs forces, autant que faire se pourra ; si quelqu'un, magistrat ou simple particulier, propose et met aux voix un décret contraire à celui-ci ou tendant à faire disparaître une des clauses de ce décret, qu'il soit privé de ses droits politiques, que ses biens soient confisqués et que la dîme en soit remise à la déesse, qu'il soit mis en accusation devant les Athéniens et leurs alliés pour avoir rompu l'alliance, qu'il soit possible de mort et d'un bannissement étendu à l'ensemble des territoires dont sont maîtres les Athéniens et leurs alliés ; s'il est condamné à mort, qu'il ne reçoive pas de sépulture, ni en Attique, ni dans le territoire des alliés ; que le secrétaire du conseil fasse transcrire ce décret sur une stèle de pierre qui sera placée près de la statue de Zeus Libérateur ; les trésoriers de la déesse prendront sur les dix talents soixante drachmes pour la gravure, sur la stèle on inscrira le nom des cités qui sont actuellement des alliés et de toutes celles qui le deviendront ; telle sera l'inscription ; et le peuple élira trois ambassadeurs qui iront à Thèbes persuader les Thébains d'agir au mieux. Ont été choisis Aristotélès de Marathon, Pyrrandros d'Anaphlyonte, Thrasybule de Kollytè.

Voici quelles sont les cités alliées d'Athènes (*suit la liste des alliés*).

J.-M. Bertrand, *Inscriptions historiques grecques*, Les Belles Lettres, p. 22

■ L'administration de l'empire perse : satrapes et commandants de garnisons

Quand il fut à Babylone, il décida d'envoyer tout de suite des satrapes chez les peuples conquis. Mais il ne voulait pas voir les gouverneurs des citadelles et les colonels des postes de garde répartis dans le pays recevoir leurs ordres d'un autre que lui ; il prenait cette précaution pour que, si l'un des satrapes, la tête tournée par ses richesses ou par le nombre de ses sujets, tentait de se rebeller, il trouvât immédiatement des opposants sur place. Voulant donc obtenir ce résultat, il décida de convoquer d'abord les principaux chefs et de les informer d'avance, afin que ceux qui allaient à leur poste connussent dans quelles conditions ils y allaient ; il pensait que c'était le moyen de leur faire admettre facilement la chose, tandis que si l'un d'eux l'apprenait une fois installé dans son gouvernement, il semblait à Cyrus qu'il pourrait en prendre ombrage à l'idée que le système était dû à la défiance qu'il inspirait. Les ayant donc réunis, il leur tint à peu près ce langage :

« Mes amis, nous avons, dans les États conquis, des gardes et des gouverneurs ; nous les y avons laissés à l'époque ; je ne suis pas parti sans leur avoir confié la mission de ne pas se mêler d'autre chose que d'assurer la sauvegarde de leur forteresse. Je n'ai donc pas l'intention de les relever de leur commandement, puisqu'ils ont été jusqu'au bout fidèles à leur mission ; mais j'entends envoyer en surplus des satrapes, chargés d'administrer les habitants, de percevoir le tribut, de verser leur solde aux gardes et de mener à bien toutes les autres opérations nécessaires. J'entends aussi que ceux d'entre vous qui restent ici, qui auront de mon fait le désagrément d'être envoyés accomplir quelque mission chez ces peuples, trouvent là une terre et une demeure, pour y recevoir une part du tribut et pouvoir, quand ils s'y rendront, descendre là comme chez eux. ». Telles furent ses paroles, et à beaucoup de ses amis ils distribua dans tous les États conquis des maisons et un train de maison. Aujourd'hui encore les descendants des donataires d'alors ont, dans leurs territoires respectifs, gardé la possession de leur terre ; mais eux-mêmes résident auprès du roi.

« Et puis, reprit Cyrus, il nous faut découvrir, pour aller comme satrapes dans ces contrées, des hommes ayant à cœur d'envoyer de là-bas jusqu'ici tout ce qu'il y aura de beau et de bon dans chacun de leurs territoires, afin que nous aussi qui restons ici nous ayons notre part de ce qu'il y a d'excellent dans les produits de toute origine ; car si quelque chose tourne mal, ce sera à nous de venir à la rescousse. »

Sur ces mots il cessa de parler, puis parmi ses amis qu'il savait désireux de partir aux dites conditions, il choisit les plus qualifiés à ses yeux et les envoyait comme satrapes, Mégabyze en Arabie, Artabatas en Cappadoce, Artacamas en Grande Phrygie, Chrysantas en Lydie et Ionie, Adousios en Carie où il était justement demandé, Pharnouchos en Éolie et Phrygie d'Hellespont.

Chez les Ciliciens, Cypriotes et Paphlagoniens il n'envoya point de satrapes perse, car à ses yeux ils avaient volontairement pris part à la campagne contre Babylone ; il prescrivit cependant qu'ils payassent eux aussi tribut.

Selon l'organisation arrêtée alors par Cyrus, aujourd'hui encore les postes de garde dans les citadelles sont sous les ordres du roi, les colonels de ces postes tiennent leur commandement du roi et sont inscrits sur les matricules du roi.

À tous ceux qu'il envoyait comme satrapes il prescrivit de l'imiter en tout ce qu'ils le voyaient faire.

Xénophon, *Cyropédie*, VIII, 6, trad. E. Delebecque, C.U.F.

7

Naissance du monde hellénistique

Les conquêtes d'Alexandre ont démesurément agrandi le monde des Hellènes, détruisant le royaume perse. Le roi voulut imposer partout où il passait sa marque et il voulut borner de façon très claire l'espace de ses conquêtes. Il prétendit avoir construit un monde œcuménique, avoir atteint les limites de la terre habitable et avoir laissé partout, par des signes durables (fondation de cités, monuments ou sacrifices spectaculaires) la trace de son passage. Il sembla vouloir construire un royaume homogène qui fût à l'échelle planétaire ce que la cité était à la sienne et supprimer les vides dont il avait constaté l'existence dans le tissu territorial du royaume achéménide. À sa mort, l'espace conquis se divisa et progressivement se rétrécit : les Hellènes avaient gardé une vision méditerranéocentriste du monde, et aspiraient à retourner vers leur berceau des Balkans. C'est sur la Méditerranée que furent fondées toutes les capitales de grands royaumes, c'est sur ses rivages que moururent les dynasties hellénistiques.

LA CONQUÊTE D'ALEXANDRE

Alexandre le Grand ouvrit aux Macédoniens et aux Grecs une étendue considérable de terres continentales, leur donnant pouvoir sur des peuples innombrables. Il mourut trop tôt pour avoir pu parcourir, comme il l'aurait sans doute souhaité, la totalité de l'œcoumène, trop tôt surtout pour avoir mis en place les structures de gouvernement et d'administration nécessaires à la survie de son empire ébauché. Les *Diadoques*, ses *Successeurs*, incapables d'en assurer l'unité, se partagèrent ses conquêtes et construisirent ainsi le monde hellénistique. Les auteurs qui ont brossé sa geste ont raconté de quelle façon il avait considéré l'espace de sa course et envisagé d'en marquer les étapes. Il semble que se mêlent dans les relations faites de son voyage le souvenir de curieuses images : il fut découverte et pillage, il fut aussi recherche d'enracinements. Alexandre voulait clore le monde qu'il parcourut, mais laisser aussi ouvertes les portes du désir et des rêves.

Du Granique à Siwah

Au printemps de 334, Alexandre jeta sa lance sur le rivage de l'Asie, pour en prendre possession par droit de conquête, en son nom propre. Il voulut aussi renouer avec l'épopée de tradition pan-hellénique en effectuant un pèlerinage à Troie et affirmer qu'en tant que successeur d'Achille, il pouvait se prévaloir d'une certaine légitimité à régir le pays conquis par les Achéens aux temps primitifs de la Grèce.

La victoire du Granique (une charge folle conduite au travers du fleuve sur les armées des satrapes perses) lui permit d'entrer en Ionie et, à la fin de l'hiver 333, hormis l'essentiel des provinces du centre et nord anatolien, la Bithynie et la Cappadoce, qu'il ne pénétra pas, ainsi que quelques poches de résistance dans le sud, le programme de conquête territoriale proposé par Isocrate à son père Philippe était rempli : l'Asie Mineure, en deçà du fleuve Halys, était sous son contrôle. Néanmoins cette situation était instable, la flotte perse restait menaçante et les cités grecques n'étaient pas à l'abri des entreprises de ses amiraux. Il fallait frapper au cœur du pouvoir achéménide. À Gordion, Alexandre avait tranché le nœud qui promettait à qui le dénouerait de devenir le maître des routes de l'Asie ; il avait ainsi montré qu'il ne s'en tiendrait pas aux frontières des montagnes du Taurus. La bataille d'Issos (le roi Darius, vaincu, dut prendre la fuite, laissant sa femme et sa mère aux mains du conquérant) lui ouvrit la Syrie (novembre 333) et la Phénicie, il avait coupé l'empire perse de la mer Méditerranée, résultat que les Grecs depuis les Guerres médiques avaient vainement poursuivi.

L'Égypte l'accueillit avec faveur, par tradition centrifuge, et parce que les Grecs avaient, depuis longtemps, rendu aux souverains indigènes des services éminents. Il sentit le besoin, dans ce pays que les Grecs, lecteurs d'Hérodote, considéraient comme un domaine d'irréductible altérité, de marquer durablement son passage dans le cadre du pragmatique comme du symbolique.

Il créa Alexandrie. C'était la première cité qu'il fondait en une terre étrangère à l'hellénisme, ce fut la seule qui garda le nom qu'il lui donna. L'architecte en fut Deinocratès de Rhodes. Quelque temps auparavant celui-ci lui avait proposé de sculpter sur les pentes du mont Athos une ville qui, vue de la mer, fût son portrait. Alexandre avait dû lui expliquer que, désinserrée de tout arrière-pays productif, elle eut été inutile et précaire mais, séduit par le charme du jeune homme, il lui fit confiance pour construire une ville au débouché du pays immensément riche que le Nil avait créé. Jusqu'alors l'Égypte n'avait été qu'entrouverte aux entreprises commerciales grecques ; désormais, pour l'aborder, le réseau de la circulation des navires en Méditerranée allait se modifier au détriment du Pirée, Rhodes, à portée de voile, allait voir son rôle d'escale et de centre de redistribution devenir essentiel. Alexandrie serait la porte d'une Égypte immensément riche, en un lieu où jadis les pharaons avaient installé un fort pour repousser tout étranger jeté sur le rivage. Les récits mêmes de la fondation montrent bien que le roi nouveau venu était accepté par la terre même de l'Égypte, qu'elle voulait bien nourrir les hommes du monde entier qui s'y rassembleraient ou dépendraient d'elle : ils rappellent que les contours de la ville et la trame urbaine ayant été tracées, par manque de craie, avec de la farine, une nuée d'oiseaux s'étaient alors rassemblés pour profiter de l'aubaine.

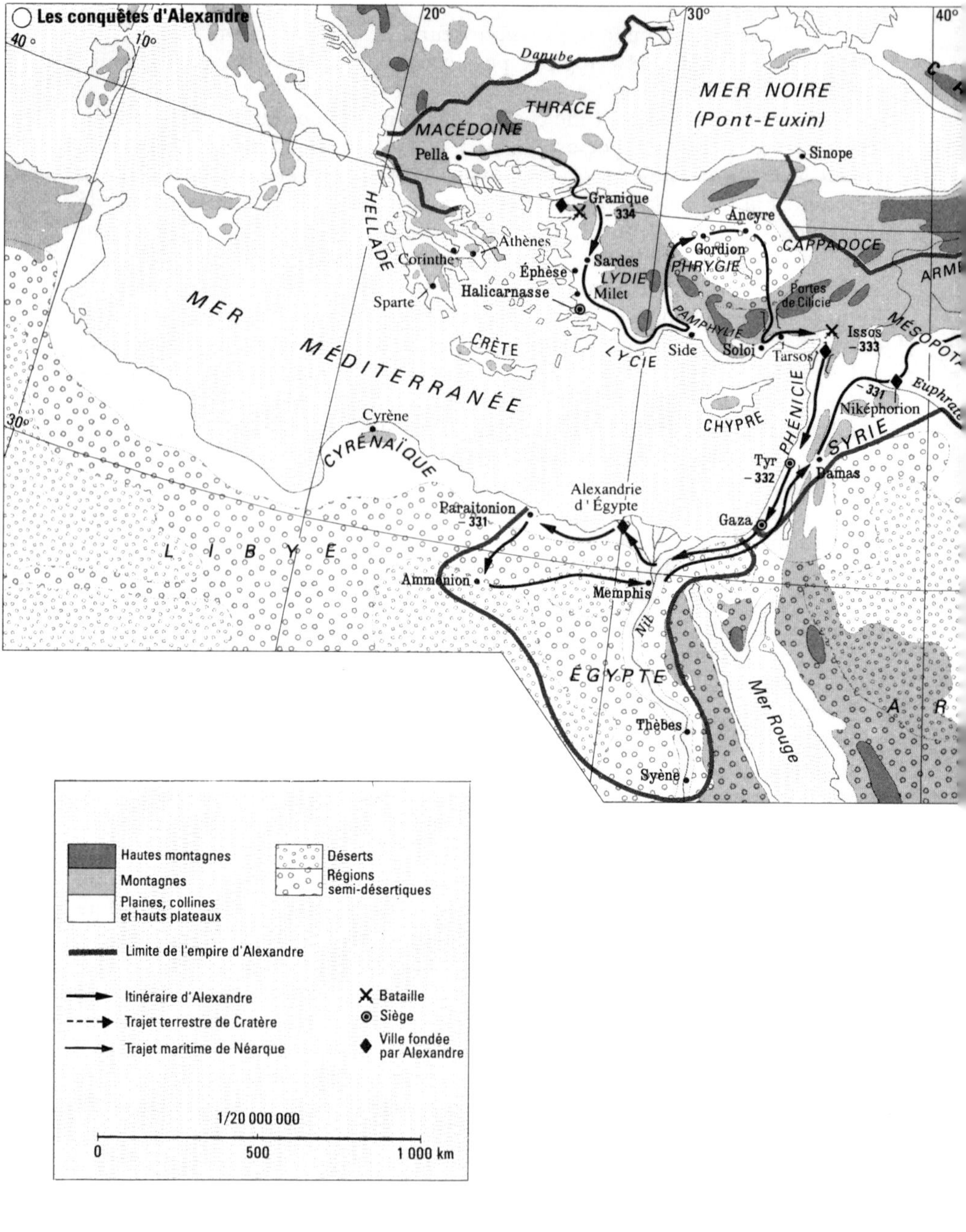
Les conquêtes d'Alexandre
40°
10°
20°
30°
40°
Danube
THRACE
MACÉDOINE
MER NOIRE
(Pont-Euxin)
Pella
Sinope
HELLADE
Granique
– 334
Ancyre
CAPPADOCE
Athènes
Corinthe
Gordion
Sardes
Éphèse
LYDIE
PHRYGIE
Halicarnasse
Milet
Sparte
Portes de Cilicie
MER MÉDITERRANÉE
CRÈTE
PAMPHYLIE
LYCIE
Side
Soloi
Tarsos
Issos
– 333
MÉSOPOTAMIE
– 331
Euphrate
Niképhorion
CHYPRE
PHÉNICIE
SYRIE
30°
Cyrène
CYRÉNAÏQUE
Tyr
– 332
Damas
Alexandrie d'Égypte
Paraitonion
– 331
Gaza
LIBYE
Ammonion
Memphis
Nil
ÉGYPTE
Mer Rouge
Thèbes
Syène
Hautes montagnes
Montagnes
Plaines, collines et hauts plateaux
Déserts
Régions semi-désertiques
Limite de l'empire d'Alexandre
Itinéraire d'Alexandre
Trajet terrestre de Cratère
Trajet maritime de Néarque
Bataille
Siège
Ville fondée par Alexandre
1/20 000 000
0
500
1 000 km

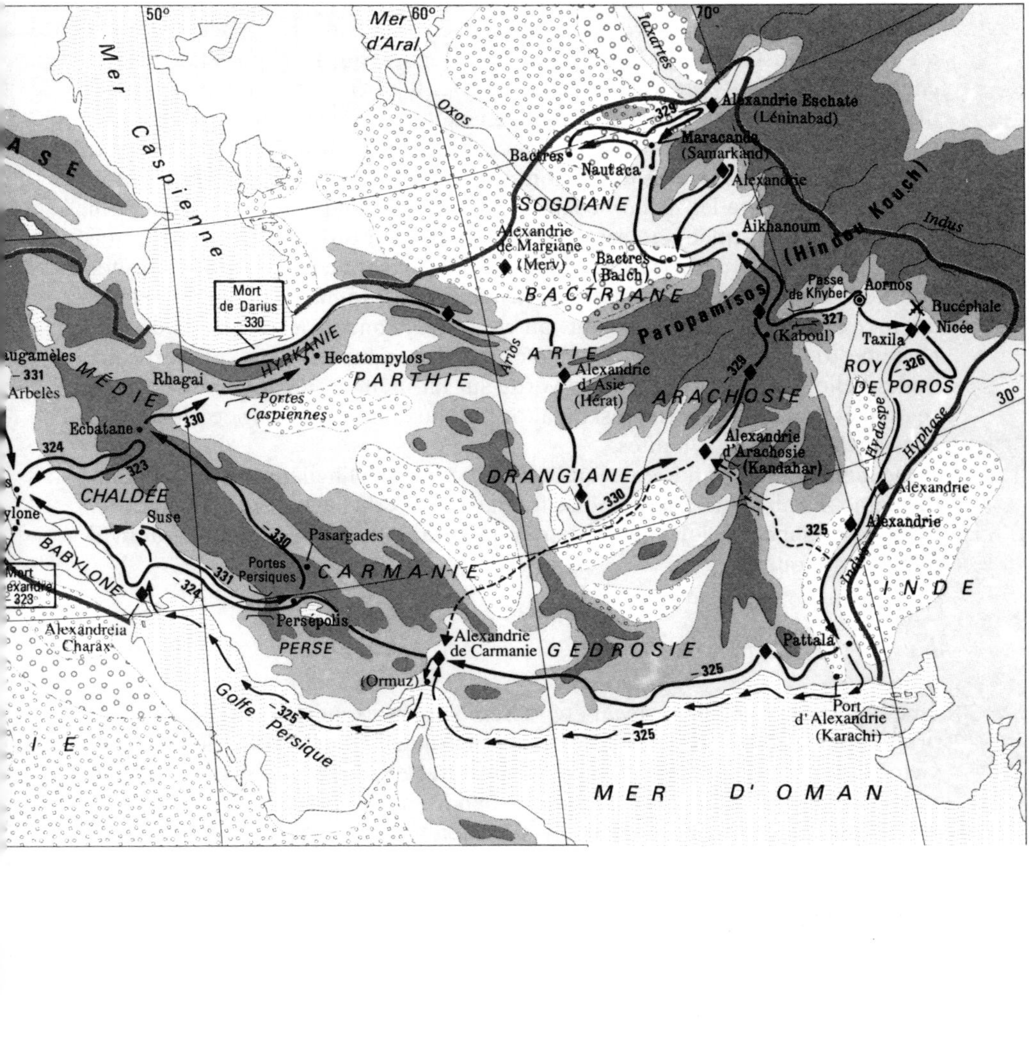

Mer d'Aral
Mer Caspienne
Alexandrie Eschate
(Léninabad)
Maracanda
(Samarkand)
Bactres
Nautaca
Alexandrie
SOGDIANE
Aikhanoum
Alexandrie de Margiane
(Merv)
Bactres
(Balch)
BACTRIANE
(Hindou Kouch)
Indus
Passe de Khyber
Aornos
Bucéphale
Nicée
Taxila
Mort de Darius
– 330
HYRKANIE
Hecatompylos
Paropamisos
(Kaboul)
ARIE
Alexandrie d'Asie
(Hérat)
PARTHIE
ARACHOSIE
ROY DE POROS
Rhagai
Portes Caspiennes
MÉDIE
Arbelès
Ecbatane
Alexandrie d'Arachosie
(Kandahar)
DRANGIANE
Hydaspe
Hyphase
Alexandrie
Alexandrie
CHALDÉE
Suse
Pasargades
BABYLONE
Portes Persiques
CARMANIE
INDE
Persépolis
Alexandreia Charax
PERSE
Alexandrie de Carmanie
GEDROSIE
Pattala
(Ormuz)
Golfe Persique
Port d'Alexandrie
(Karachi)
MER D'OMAN
Oxos
Iaxartes
Arios

Alexandre voulut aussi trouver une place éminente dans l'espace mythique qu'avaient construit les géographes anciens, pour qui l'Égypte était un des chemins conduisant vers tout au-delà possible. Il partit donc pour Siwah, oasis du désert lybique, faisant de ce voyage un cheminement initiatique. Les récits qu'on écrivit des difficultés de son aventure, assez banale au demeurant, furent des reprises inverses des histoires racontant ce qu'avait été l'expédition de Cambyse contre les Éthiopiens-Longue-Vie. Le roi perse impie avait failli périr avec son armée, et ses soldats avaient perdu progressivement, en s'éloignant dans le désert, toute humanité : ils avaient commencé par brouter l'herbe des premiers chemins et ils avaient fini, animaux déréglés, par se dévorer entre eux. Alexandre fut, au contraire, conduit à travers les déserts parsemés de pierres de sel et les vagues des dunes par les dieux, les corbeaux ou les béliers. Il découvrit alors la vérité sur lui-même, prenant conscience de ce qu'il était dieu. Il apprit ainsi qu'à toucher aux bornes du monde on pouvait s'affranchir de toutes limites.

De même qu'Alexandrie devint l'un des centres de l'hellénisme triomphant, de même Siwah resta l'un des pôles fondamentaux de l'aventure d'Alexandre. C'est par rapport à lui que se définirent toutes les autres marques dont il jalonna sa course.

Le cercle de la course

Une nouvelle armée perse avait été rassemblée. Alexandre quitta l'Égypte au printemps de 331 et remporta, après avoir franchi l'Euphrate et le Tigre, la victoire d'Arbèles. Darius, désormais en fuite, était écarté du centre de son pouvoir : il quitta Suse sa capitale, abandonna la Babylonie, ses trésors tombèrent aux mains d'Alexandre qui occupa toutes les résidences royales et finit par arriver en Perse (janvier 330). La région résistait, par fidélité aux rois et à son propre passé.

Pour lui faire comprendre qu'elle devait se soumettre — et non pour venger Athènes des crimes de Xerxès comme le roi fut dit l'avoir prétendu —, les palais royaux de Persépolis furent pillés et livrés aux flammes. Un monde cessait d'exister puisqu'on en détruisait le noyau. Le geste, néanmoins, dans sa symbolique, ne servait pas l'intérêt immédiat d'Alexandre et échappait à la logique du discours politique qu'il allait désormais tenir : en détruisant des richesses devenues siennes par la victoire, il semblait vouloir signifier « qu'il ne garderait pas l'empire de l'Asie, et qu'il allait se contenter de la parcourir en y remportant des victoires » (Arrien, *Anabase*, III, 18, 11-12), alors qu'au contraire il voudrait s'y présenter en roi prolongeant la dynastie achéménide. Il s'attacha donc, patiemment, au fil du temps bref qui lui resta, à effacer ou du moins à atténuer l'importance idéologique de ces destructions : quand, l'année suivante, Darius fut mort, il fit revenir son corps et le fit inhumer dans les tombeaux royaux de Persépolis ; à son retour des Indes, il visita la tombe de

Cyrus à Pasargades et, comme elle avait été pillée, la remit en état, faisant pendre le satrape responsable de sa destruction. Il est difficile de croire qu'il aurait pu, même en disposant des délais nécessaires, reconstruire en Perse, pour son pouvoir, une base idéologiquement et humainement viable, abandonnant la Macédoine à la périphérie d'un empire qu'il aurait régi depuis Persépolis. Parmi ses successeurs, Peucestas, quelle que fut son habileté et sa capacité à se lier à l'aristocratie locale, ne réussit pas à en faire un tremplin pour le pouvoir. Ce ne fut pas en Perse, mais à Babylone que Séleucos s'installa et c'est à partir de la Mésopotamie qu'il put s'emparer de l'Asie au détriment de ses collègues : cette région n'avait pas la même tradition, les mêmes sentiments de particularisme, et n'entretenait pas les mêmes liens que la Perse avec la dynastie achéménide.

Au printemps de 330, Darius était en fuite, à la merci des grands responsables des gouvernements orientaux qui l'assassinèrent. Alexandre remonta vers la mer Caspienne à sa poursuite, franchit l'Elbourz par les portes Hyrcaniennes ; il arrivait là aux limites du désert et de la terre connue. C'est là qu'il découvrit mort le Grand Roi. Ses soldats, fatigués, et certains de ses officiers songèrent alors qu'il était temps de rentrer en Macédoine. Mais il sut les entraîner et leur expliquer que la conquête devait être totale pour être durable (Quinte Curce, *Histoire d'Alexandre*, 6, 3 et 5), que la guerre devait continuer, qu'il fallait prolonger l'expédition dans l'intérieur infini des terres pour assurer la sécurité même de l'Égée. Ce curieux rétrécissement des espaces, qui semblait faire bon marché de la souffrance et de la rapidité d'action de ses troupes, en était la conséquence même. Il parut de plus en plus évident au roi, aussi bien quand il rencontra les Scythes des frontières de Sodgiane qui lui révélèrent qu'ils étaient frères des nomades du nord de la Thrace, que lorsqu'il vit venir à lui, en Perside, des voyageurs arrivés par un raccourci qui rendait cette région toute proche du Pont Euxin (Arrien, VIII, 40, 5). En faire prendre conscience à ses hommes devint un des objectifs ordinaires des discours royaux, tels qu'ils nous ont été rapportés. Il ne cessa de leur dire qu'il fallait toujours aller de l'avant, car nulle part on ne serait assez loin pour ne pas risquer de perdre le fruit des victoires passées. Plus tard, il prétendit les convaincre qu'ils devaient abreuver leurs chevaux sur les rives du Gange pour assurer leur pouvoir sur les Thraces et les Triballes des premières batailles de son père Philippe. En Hyrcanie, d'une certaine façon, cette logique argumentative se trouvait justifiée de ce que la reine des Amazones vint le trouver pour qu'il lui fît un enfant, or le peuple redoutable de ces femmes avait jadis envahi l'Attique.

Dans la plaine qui s'ouvrit alors, au sud de la chaîne de montagnes que les géographes appelaient le Caucase et qui se continuait jusqu'à ce que nous connaissons aujourd'hui comme l'Himalaya, il avança sans trop de peine. Il put montrer toute sa bienveillance aux agriculteurs qui la peuplaient, fonder au rythme de ses étapes des villes qui seraient des centres d'exploitation du terroir, des garnisons, les nœuds plus stricts d'un système ancien de routes de commerce, Alexandrie de Drangiane, puis sur le site de Kandahar, Alexandrie d'Arachosie, Alexandrie du Caucase, près de Kaboul. Au printemps 329, faisant de nouveau route au nord, il franchit, à l'autre bout du pays, l'Hindou Kouch, entra en Bactriane, riche plaine, bien irriguée, puis en Sodgiane, pays des contreforts du Pamir, entre l'Amou-Daria (Oxos) et le Syr-Daria (Iaxarte). Il passa à Bactres puis à Samarcande. Son premier geste fut de placer, aux frontières de la steppe, sur les berges de l'Iaxarte, bordant le pays des Scythes-Saces, Alexandrie Ultime, « dans un lieu qui lui paraissait propre à permettre à la ville d'atteindre à la gloire, d'être bien placée si l'on voulait au besoin envahir la Scythie, et d'assurer la protection du pays contre les incursions des barbares habitant au-delà du fleuve » (Arrien, IV, 4, 1). La ville était une installation militaire et ses remparts furent achevés en quelques jours. C'était surtout une borne aux limites de l'Asie qu'il croyait avoir atteintes : un poste frontière en un pays mouvant où jusqu'alors les populations nomades et sédentaires, installées de part et d'autre du fleuve, avaient gardé l'habitude de vivre en symbiose mais où, désormais, une garnison pourrait interdire le passage de l'eau. Les Barbares, issus d'une immensité aussi vide que les steppes qui s'étendaient au-delà du Danube, devraient, depuis leur rive, se contenter de manifester leur impuissance à troubler l'ordre nouveau du pays par des démonstrations menaçantes, ils pousseraient depuis l'endroit où ils seraient arrêtés par des cris de mort, et c'est dans les flots qu'ils lanceraient leurs flèches.

En 326 et 325, Alexandre entreprit la conquête des pays indiens qui jadis avaient été tributaires de Cyrus. Il s'empara d'abord du Ghandara puis, guidé par le prince de Taxila, passa l'Indus, traversa le Pendjab, bouscula dans une bataille extrêmement dure le roi Poros et ses éléphants de guerre, victoire emblématique sur un souverain présenté comme le maître des mondes orientaux, dont le souvenir serait, à l'époque hellénistique, périodiquement repris et exalté. Il put alors partir à la conquête de la plaine du Gange, fleuve dont il apprit qu'il se jetait dans l'océan de l'est. C'est là que ses soldats décidèrent d'arrêter sa marche.

Arrivé sur les rives de l'Hyphase, il ne put les convaincre qu'il serait plus facile de rentrer « sur le sol de la patrie » depuis la mer Orientale par une navigation vers la mer Caspienne, qui n'était, à l'entendre, qu'un golfe de l'Océan, contournant ainsi par le nord le pays des Scythes. Sans doute, lui-même ne savait pas assez bien pour pouvoir les persuader en quel endroit il avait fini par se trouver (Arrien, V, 26) : il était, en fait, bien difficile de comprendre un monde dont les repères n'étaient pas clairs dans le jeu des déplacements des hommes et du soleil. La tradition littéraire et ethnographique des Grecs avait construit une logique de description et de perception des confins qui faisait associer l'Éthiopie et les Indes. Alexandre ne pouvait que se perdre à vouloir en retrouver les éléments sur le sol mobile de sa course. Il semble qu'il avait pu imaginer que l'œcoumène était un système cohérent organisé symétriquement autour de l'axe de ce que les géographes appelaient le Caucase qu'il avait longé, puis franchi pour passer en Bactriane ; que la Caspienne était ainsi, au nord, un golfe semblable au golfe Persique du sud. Pourtant l'on n'était même pas assez sûr de ce qu'était ce dernier et de son rapport à l'Océan pour ne pas pouvoir émettre l'hypothèse que l'Indus n'était, en fait, que le haut cours du Nil « qui, prenant sa source quelque part en Inde, traversait une grande étendue de terre désertique, et perdait là son nom d'Indus, puis recommençant à couler dans des terres habitées, était désormais appelé Nil par les Éthiopiens de cette région et par les Égyptiens » (Appien, VI, 1). En tout cas les soldats en avaient assez. Ils avaient le sentiment nouveau qu'ils pourraient posséder parfaitement le monde qu'ils avaient parcouru et semé de villes, mais qu'il serait fou d'aller plus loin. Un des officiers, Cœnos, sut expliquer à son roi que « toutes les mers et les terres qu'ils avaient parcourues à sa suite, leur étaient mieux connues qu'à ceux-là même qui les habitaient », mais il l'avertit solennellement que continuer plus avant serait « changer de monde », passer dans « des espaces plus vastes que le soleil n'en voit dans sa course », tomber dans l'éternelle errance en des terroirs où nulle borne ne pourrait être posée (Quinte Curce, 9, 2, 30). Le roi se contenta donc de marquer l'extrémité du chemin parcouru ; la façon dont il le fit, ou plutôt dont les auteurs indiquent qu'il le fit, témoigne de ce qu'il semblait avoir, pour un instant, compris le caractère dérisoire de son projet personnel de conquête universelle.

Il fit, en effet, construire douze autels pour les dieux et un cantonnement fallacieux pour des soldats imaginaires qu'il aurait menés là. Les casernements en étaient de dimension double de ceux qui étaient bâtis d'ordinaire, car « il voulait faire un camp comme en avaient les héros et laisser aux indigènes des vestiges annonçant des hommes de haute taille et d'une force physique dépassant la normale » (Diodore, *Bibliothèque*, 17, 95), montant des chevaux géants. C'était volonté de laisser un mémorial « des épreuves qu'il avait endurées », mais promesse qu'il ne reviendrait pas, ne fût-ce que pour ne pas décevoir. Il semble qu'il dût savoir alors, de même que l'avait appris la reine des Amazones surprise de le voir si commun d'apparence, que sa gloire était trop grande pour lui, qu'il n'était pas à la taille du monde qu'il avait conquis, que ses descendants ne pourraient en être les légitimes possesseurs qu'en tant qu'héritier d'ancêtres mythiques, comme il l'était lui-même d'Héraclès devant lequel il sembla vouloir lui-même, en ces moments, s'effacer.

En novembre 326, il entreprit, faute de mieux, comme jadis l'avait fait Darius, la descente de l'Indus, fonda deux nouvelles cités, conquit le Sindh et le détroit du fleuve. De Pattala, il partit pour la pleine mer et navigua sur l'Océan, au plus loin qu'il lui fut possible. Alors, il sacrifia des taureaux à Poséidon, et jeta dans la mer coupes et lingots d'or. Le dieu de Siwah, depuis son oasis cachée dans une mer de dunes, guidait alors sa flotte et ses instructions imposaient la forme du rituel. Bornée de cette façon aux deux extrémités de son orbe, aux limites du désert comme au profond des mers, la boucle des conquêtes pouvait être désormais, par une décision personnelle, fermée.

Une partie de l'armée rentra sans problème par Alexandrie d'Arachosie. L'amiral Néarque fut, lui, chargé de revenir par la mer jusqu'au golfe Persique. Alexandre devait l'escorter au long des côtes du Bélouchistan désertique, pour préparer ses étapes, mais il avait sous-estimé ce qu'étaient les périls du trajet par voie de terre : il y perdit bien des hommes, la totalité de ses bêtes de somme et de ses chevaux, et, si le voyage se termina dans une sorte d'apothéose bacchique, celle-ci ne put faire oublier les souffrances subies.

La flotte était chargée d'une mission prosaïque, témoignant de ce que le monde parcouru pouvait être civilisé, devenir, au long d'une route commerciale, territoire productif de richesses : « il lui fallait examiner les rivages, les mouillages, les îlots, s'enquérir des cités maritimes, des terres fertiles » (Arrien, VIII, 32). La routine de l'exploitation semblait aussi devoir l'emporter désormais sur le jeu de la construction symbolique, car Alexandre pensait avoir constitué en territoire le pays situé entre les bornes de son parcours. Des hypothèses fondées sur les connaissances géographiques acquises permettaient d'y envisager des cheminements qui ne fussent pas ceux que la tradition des voyageurs grecs avait connus, de multiplier les moyens de corrélation entre des espaces originellement disjoints. Cependant, le monde était encore plus conceptualisé que maîtrisé.

Les conquêtes et les explorations qui lui étaient associées avaient, en effet, repoussé très loin les limites des terres connues des Grecs, sans pourtant avoir toujours rendu l'inconnu plus proche. L'Inde décrite par de nouveaux ethnologues, Callisthène, Aristobule ou Mégasthène n'avait plus grand chose de commun désormais avec celle qu'avait prétendu avoir découverte, naguère, Ctésias, un médecin grec de la cour perse. Pourtant il était encore possible de lire et de citer les fables qu'il avait bâties et d'écrire des récits à la mode d'Hérodote. Alexandre s'était aperçu qu'il ne pouvait « soumettre la terre entière à une même loi de raison, faire de l'humanité tout entière un peuple unique » (Plutarque, *Sur la fortune d'Alexandre*, 330D) et il devait s'accommoder de l'existence de zones d'altérité dont il ne lui était pas possible de nier l'existence, mais il fut assez habile pour les intégrer à son ordre. La façon dont Néarque raconta son voyage était conforme à la logique d'une conquête œcuménique qui, voulant exclure du territoire construit par la conquête tout ce qui s'avouait irréductiblement contraire à la norme hellénique, le réintégrait néanmoins dans le système territorial construit. Le voyage de la flotte macédonienne vers l'ouest fut décrit comme une progression vers les pays du cuit et du pain, il commença dans les pays des peuples dévoreurs de poissons crus (*ichtyophages*) sur les côtes du Bélouchistan, pour continuer chez les gens qui se nourrissaient de farine de poisson et pour qui le « pain était seulement une friandise », il atteignit enfin Babylone. Les jeux qui firent apparaître ces hommes vivant une sorte d'âge d'or, incapables de rompre avec la nature pour produire des artefacts, aménageant par bricolage ce qu'elle fournissait spontanément, n'étaient pas apparus sous le regard de l'ethnologue. Ils étaient nés de la nécessité de constituer le monde impérial en une sorte de territoire politique : le récit de l'expédition conduite sur les marges extrêmes servait à construire pour le monde conquis, qu'Alexandre et les Hellènes devraient administrer et exploiter, des confins, des *eschatiai*, qui seraient du type de ceux que la cité possédait aux marges de son territoire cultivé et qui lui étaient nécessaires pour proposer à ses jeunes gens, les éphèbes des terrains d'aventure, de découvertes et d'apprentissage. On ne pouvait imaginer, en effet, qu'il fût possible à un homme civilisé de vivre sans avoir connu ces terres sauvages, pendant nécessaire du territoire civilisé dont elles étaient comme le revers. La géo-ethnographie de l'époque hellénistique perpétua ce système de description du monde, se plaisant parfois, par cynisme, à modifier la valeur des signes.

Ce n'est que plus tard que les Grecs et les Romains se plurent à réintroduire le sauvage dans le monde civilisé, que le poète Lycophron, décrivant l'Arcadie des « mangeurs de glands lycanthropes », que plus tard encore les romanciers Achille Tatius et Héliodore évoquant les bouviers cannibales du delta du Nil, se plurent à le faire pour introduire au cœur même d'un monde désormais trop simple une porte au rêve. À l'intérieur même du monde conquis, Alexandre, lui, ne pouvait s'accommoder de la présence de l'autre. Il rompit donc avec la pratique des rois achéménides qui avaient voulu limiter leur domaine aux terroirs utiles des plaines, acceptant que continuent de les côtoyer les étranges peuples des montagnes (Arrien, III, 17, 2). Il se souciait de régir un monde cohérent : il combattit donc pour les détruire à défaut de pouvoir les intégrer à son ordre, les Mardes de Caspienne « accoutumés à se glisser à travers les broussailles, à la façon des bêtes sauvages, ils furent forcés dans leurs retraites, comme s'il s'agissait d'une chasse ». Il ne lui paraissait pas possible de conserver en permanence dans le monde plein qu'il prétendait construire des zones d'ombre, et là où le roi perse consentait à payer les tribus pour lier à lui des peuples irréductiblement différents dans un système d'échanges complexes, le Macédonien tua et pilla, puis sembla vouloir exiger paiement d'un tribut. Son objectif était purement politique et idéologique, les intérêts matériels en cause étaient médiocres et le succès fut mince.

En fait ces peuples ne changèrent guère leur mode de vie. L'idée souvent émise que certains furent urbanisés et se civilisèrent ne résiste pas à l'examen : ils restèrent insoumis pour la plupart. Ainsi l'on sait qu'Antigone le Borgne, en 316, pour passer en Médie depuis le fleuve Eulaios, avait le choix entre la « route royale » et, donc, quarante jours d'une marche brûlée par le soleil, et celle qui « courte et fraîche » traversait le pays des Cosséens qu'Alexandre avait cru soumettre ; elle était restée « un territoire ennemi qu'il était difficile de parcourir sans le consentement des barbares qui l'habitaient ». Il eut ainsi le plus grand mal à passer, subit de lourdes pertes et regretta de ne pas avoir écouté Pithon « qui lui avait conseillé d'acheter le droit de passage » (Diodore, *Bibliothèque*, 19, 19). L'expérience de l'Orient, des espaces infinis avait commencé à faire comprendre à certains qu'un territoire grec pouvait n'être pas homogène, accessible directement en toutes ses parties.

Mise en place des structures intérieures

Alexandre mourut trop jeune et trop brutalement pour avoir eu le temps de se consacrer à la structuration de son domaine, et donc de lui donner une quelconque durée.

Il lui voulait une forme, qu'il définit en une image, semblable à celles que l'on pouvait dessiner sur l'agora d'Athènes ou dans le théâtre de Mantinée en y rassemblant les membres de la cité. Il traça celle de son royaume, à Opis, en offrant un banquet dont les convives, plus de neuf mille, furent installés à la place qu'ils occupaient dans la hiérarchie politique. Le plan de table était représentation de l'ensemble impérial et d'une hiérarchie fondée sur des critères ethno-géographiques : « le roi était assis au milieu de tous les Macédoniens, autour d'eux étaient les Perses, puis ceux des autres peuples qui se distinguaient par leur rang ou quelque autre qualité » (Arrien, VII, 11). En 316, il se trouva un de ses successeurs, Peucestas, pour reprendre, à Persépolis, dans la capitale de la satrapie dont il avait été désigné comme responsable, à un moment où il aspirait à devenir le maître, la même façon de faire. Il rassembla l'armée à laquelle se résumait désormais l'État. Il installa « les convives sur quatre cercles concentriques de tables; le cercle extérieur avait dix stades de périmètre (près de deux kilomètres) et il était occupé par les mercenaires et la foule des alliés, dans le deuxième cercle de huit stades se trouvaient les soldats macédoniens au bouclier d'argent et les compagnons qui avaient fait campagne, dans le cercle suivant de quatre stades étaient étendus les commandants en second, les amis, les stratèges hors cadre, ainsi que les cavaliers, dans le dernier cercle de deux stades, on avait réparti les lits de banquet des stratèges, des commandants de cavalerie et des plus distingués des Perses; au centre se trouvaient les autels des dieux, d'Alexandre et de Philippe » (Diodore, *Bibliothèque*, 19, 22). Ces deux images, qui devaient d'ailleurs, peut-être, quelque chose à la façon aussi dont les rois perses décrivaient eux-mêmes leur empire, ne se recouvraient pas et rien ne permet de considérer que le pays s'organisait en fonction d'elles; car, si le centre était clairement posé, les éléments de périphérie pouvaient être déplacés en fonction de rapports de force encore à définir.

Un des problèmes essentiels de la conquête d'Alexandre était qu'elle avait associé des peuples et des territoires très divers. Le royaume, pour exister, devait pourtant découvrir un principe d'unité : pour la rendre possible, Alexandre s'était vu conseiller de supprimer les ancrages anciens des peuples à leur sol. Son père Philippe avait compris que, dans le système composite qu'était devenu son domaine balkanique, il devait déplacer « à son caprice, à l'exemple des bergers qui font passer leurs troupeaux tantôt dans les pâturages d'hiver, tantôt dans les pâturages d'été, des peuples et des villes, selon qu'il croyait devoir peupler ou dépeupler telle ou telle localité » (Justin, *Histoires philippiques*, 8, 5). Les rois d'Orient n'avaient pas hésité à pratiquer de même en déportant les juifs à Babylone, et nombre de Grecs d'Asie Mineure en Bactriane ou en Sodgiane. Aristote, dans une *Lettre* dont l'authenticité est controversée mais la leçon fort claire, l'avait invité à faire de même, ce qui lui aurait permis de mieux imposer sa marque à son territoire et de le rendre, d'une certaine façon, homogène. Parce que « l'on demanderait dans les temps futurs d'où vient de peuple et qui l'a établi dans ces endroits, comment et quand cela est arrivé, et il serait répondu qu'ils avaient été l'élite de l'Asie, mais quand Alexandre était devenu roi, il les avait vaincus et transférés dans ce pays » (Aristote, *Lettre sur les cités*, 9, 8). L'histoire même des peuples déplacés aurait assuré au roi « une gloire durable », elle serait devenue comme le monument de son passage. Si les bornes plantées aux limites de sa course limitaient l'espace de son pouvoir, si les cités fondées à la mode traditionnelle attestaient de sa présence en un lieu du territoire ainsi défini, déplacer des peuples entiers aurait témoigné de ce qu'il était capable de remodeler la nature même des mondes, en brisant les liens organiques établis entre l'homme et son terroir natal, sans même que lui fût fournie la médiation du politique. Ce furent les seuls soldats grecs qui peuplèrent les colonies lointaines, ainsi que ceux des autres contingents qui se révélaient incapables de suivre le cours des opérations. Le roi n'eut guère le temps d'installer d'autres gens en Orient. Quant aux indigènes, ils restèrent dans leur pays d'origine, et il n'y eut de courants migratoires allant de l'Orient vers l'Occident, ni sous le règne d'Alexandre, ni sous celui de ses successeurs, si l'on excepte le cas marginal de colons juifs installés en Asie Mineure par Antiochos III (Flavius Josèphe, *Antiquités judaïques*, XII, 147). Alexandre ne fut pas, ainsi, le créateur d'un espace impérial nouveau, unitaire, cohérent et semblable en toutes ses parties. Il n'eut pas le temps de « procéder aux regroupements de cités et à des transferts de population d'Asie en Europe et, inversement, d'Europe en Asie, pour que les mariages de peuple à peuple, l'habitude de vivre côte à côte eussent permis entre les deux plus grands continents la concorde générale et les liens d'affection qu'engendre la communauté de sang » (Diodore, *Bibliothèque*, 18, 4).

La rapidité de sa course l'empêcha, par ailleurs, de s'intéresser aux détails de l'inventaire du pays, d'installer partout une administration locale témoignant de volontés ou de projets neufs. Il ne toucha guère à la géographie administrative dont il hérita, laissa les agents qu'il nomma dans les satrapies conquises, bien seuls. Pourtant, il prétendit punir, quand il rentra des Indes et s'établit en Mésopotamie, ceux qui n'avaient pas su traduire en actes des ambitions dont ils ne savaient, sans doute, pas grand-chose. Aux yeux de ceux qui purent ensuite connaître les vertus d'ordre développées par les empereurs romains, il apparut ainsi comme un prince qui n'avait pu instaurer de pratique administrative raisonnable, établir les circuits normaux de l'exercice du pouvoir et ses relais nécessaires : « quelles lois donna-t-il pour chacun des peuples, quelles contributions durables d'hommes, de vaisseaux ou d'argent fixa-t-il, quelle routine administrative établit-il pour que les affaires se règlent au fil du temps », « la seule chose qu'il laissa en souvenir et qui fût digne de ce qu'il avait été est la ville qui porte son nom » (Ælius Aristide, *Éloge de Rome*, 26). Il fut plus un « voleur d'empire » que le constructeur d'un espace politique nouveau, et comme l'en avaient averti les sages de l'Inde, il ne posséderait jamais que la portion de terre qui recouvrirait sa dépouille (Arrien, VII, 7, 1).

LES PARTAGES DE L'EMPIRE

Le rêve occidental d'Alexandre

Au printemps de 323, quand « s'étant engagé dans l'Indus depuis l'Océan comme on tourne une borne au cirque, Alexandre était rentré rapidement à Babylone » de nombreuses ambassades étaient venues l'honorer comme « le maître de toute la terre et de toutes les mers » (Arrien, VII, 15, 4); « l'attendaient terrifiés, les ambassadeurs de toutes les provinces de la terre : ceux des Carthaginois, des cités d'Afrique, des Espagnes, des Gaules, de Sardaigne, et en outre de beaucoup de régions d'Italie; car telle était la crainte inspirée par le chef installé aux fins fonds de l'Orient, qu'elle avait gagné les peuples de l'extrême Occident et que l'on pouvait voir sur les routes du monde des ambassades aller vers lui, de là où l'on pouvait à peine croire que la nouvelle en fût parvenue » (Orose, *Histoires*, 3, 20). Ces victoires possibles et cette soumission du monde occidental restèrent du domaine du rêve.

Sa mort, le 10 juin 323, mit un terme à des projets qui eussent changé peut-être, au moins pour un temps, le destin du monde. Il avait préparé une exploration de la Caspienne pour comprendre ce qu'elle était réellement et de quelle façon elle s'ouvrait sur l'Océan. Il faisait construire une flotte sur l'Euphrate pour entreprendre une circumnavigation de l'Arabie. Il envisageait une expédition contre les Carthaginois et l'Ibérie (Diodore, *Bibliothèque*, 18, 4, 2-6), qui aurait dû prendre la forme d'une opération combinée entre une armée accompagnant par voie de terre jusqu'aux colonnes d'Héraclès une flotte qui se serait rassemblée en Cilicie et en Phénicie. Quinte Curce évoque un projet qui lui aurait fait, ensuite, longer les Alpes et les côtes de l'Italie d'où il serait rentré en Épire (10, 1). Arrien, qui pensait que la conquête de l'Afrique aurait été réalisée depuis l'Atlantique, à la suite d'une circumnavigation de la péninsule africaine considérée comme la partie ultime du continent asiatique, prétend qu'il serait passé en Italie depuis Carthage, en traversant la Sicile

(VII, 1, 1). Cette expédition eut donné véritablement un caractère œcuménique à l'empire.

Des souverains, aspirant à la gloire, entreprirent de mener en Occident une campagne symétrique à la sienne, soucieux de placer leur activité dans sa lumière. « Le roi d'Épire, Alexandre, dit le Molosse, appelé en Italie par les Tarentins, qui imploraient son secours contre les Bruttiens, était parti plein d'espoir, comme si, dans le partage du monde, le sort qui avait assigné l'Orient à Alexandre, fils de sa sœur Olympias lui avait réservé, à lui, l'Occident, il comptait trouver en Italie, en Afrique et en Sicile autant d'occasions de se signaler que son neveu en Asie et en Perse » (Justin, *Histoires Philippiques*, 12, 2). L'échec final de son entreprise (en 330), après trois ans de succès éclatants, fit que la Grande Grèce et la Sicile, pour ne rien dire des autres régions occidentales, restèrent extérieures à la grande aventure de l'hellénisme triomphant. Nul ne sait ce que chercha Pyrrhos, roi d'Épire et de Macédoine, quand il partit pour l'Italie, en 281, répondant, lui aussi, à l'appel des Tarentins que leurs voisins de Rome inquiétaient de plus en plus. Dix ans après la mort de son beau-père, Agathoclès de Syracuse, il songeait peut-être à reconstituer le royaume sicilo-italique qui avait été le sien, mais il est douteux qu'il ait songé à conquérir l'Afrique, ne serait-ce que parce qu'il gardait un œil extrêmement attentif sur les affaires de Macédoine où régnait alors Ptolémée la Foudre. La mythologie politique et le souci de trouver en Occident, après l'expédition avortée de son prédécesseur, un nouveau pendant à la geste d'Alexandre le Grand, ont néanmoins fait décrire Pyrrhos comme un conquérant qui pût être son semblable, et dont les désirs eussent été, comme les siens, d'atteindre aux limites du monde pour n'y rien faire de durable. « Quand tout nous sera soumis, que ferons-nous ? » demandait Cinéas au roi qui lui répondait en riant, « Nous nous reposerons, mon bon, et chaque jour, la coupe en main, ensemble, nous prendrons du bon temps » ; le philosophe était sage et rétorquait « Qui nous empêche, aujourd'hui, si nous le voulons, de prendre la coupe en main et d'avoir du bon temps ensemble ; nous pouvons le faire, dès maintenant, et sans nous imposer la peine de verser le sang, de subir de grandes fatigues et d'affronter les dangers, sans causer mille maux, sans en subir » ; il contrariait Pyrrhos, mais ne le fit pas changer d'avis car, « s'il savait quel bonheur il allait abandonner, il ne pouvait renoncer à satisfaire ses espérances » (Plutarque, *Vie de Pyrrhos*, 14). Sa défaite fut ainsi la confirmation de ce qu'il était impossible à l'hellénisme de s'étendre vers l'ouest, que désormais tout l'Occident appartiendrait à Rome, que le monde hellénistique resterait béant sur son flanc. Quand Rome eut appris à ne plus craindre la mer et osa franchir l'Adriatique qui pour elle était une frontière symbolique, elle n'eut ainsi aucune peine à conquérir l'Orient méditerranéen, puis à reconstruire autour de l'Italie un monde qui, centré sur la Méditerranée toute entière, fut équilibré et relativement durable.

Le recentrage du monde

Parmi les derniers projets d'Alexandre dont ses proches eurent connaissance, était celui de faire bâtir de merveilleux temples, signes de sa générosité à l'égard de la patrie hellène vers laquelle il était revenue, en des endroits dont la localisation n'était pas indifférente : « ils devaient être édifiés à Délos, Delphes et Dodone, ainsi qu'en Macédoine, l'un à Dion consacré à Zeus ; un autre à Amphipolis consacré à Artémis Tauropole ; un autre à Kyrrhos, consacré à Athéna ; à Ilion, il construirait également en l'honneur de cette déesse un temple tel que l'on ne pourrait faire mieux ». Même si nous ne savons pas si ce retour aux lieux anciens de la gloire et de la religiosité grecque n'était pas accompagné de manifestations de respect tout aussi spectaculaires à l'égard des cultes orientaux, il semble bien que ces projets témoignaient d'un intérêt renouvelé du roi pour les affaires méditerranéennes, et que cela allait de pair avec le souci qu'il manifesta alors de remettre de l'ordre dans les cités balkaniques, d'y réinstaller les bannis, de s'occuper, avec un grand soin du détail, de la façon dont cela devait se faire.

❑ ***Les espoirs des Macédoniens.*** Sa mort eut pour effet d'accélérer le processus ainsi amorcé de retour vers l'Égée. Les dizaines de milliers de Macédoniens qui se trouvaient alors en Asie, constituaient plusieurs générations de combattants ; on comptait parmi eux les 3 000 vétérans d'élite dont certains avaient déjà près de soixante ans et qui, distingués par le port d'un bouclier d'argent, formeraient le corps des *argyraspides*, ainsi que des troupes fraîches arrivées en 324 à Babylone ; l'ensemble restait néanmoins homogène. Les hommes avaient, dix ans auparavant, montré leur joie lorsque Alexandre avait fait brûler Persépolis, parce qu'ils pensaient que ce geste signifiait qu'ils allaient pouvoir rentrer chez eux. Lors de la mort de Darius, en 330, ils s'étaient réjouis de ce que l'expédition allait pouvoir se terminer. En 326, sur l'Hyphase, ils avaient pu contraindre Alexandre à revenir sur ses pas. À Opis, ils s'étaient mutiné parce qu'ils avaient l'impression qu'Alexandre renvoyait dans leurs foyers les vétérans, les incapables et les invalides pour être libre de « fixer pour toujours le siège du pouvoir en Asie » et qu'ils n'admettaient pas qu'il ne veuille pas les suivre sur le chemin de l'Europe (Quinte Curce, 10, 2, 12). Or ils voulaient rentrer en Macédoine avec leur chef, être réinstallé par lui dans leurs foyers ; il voulait que leurs souffrances fussent reconnues de leurs parents laissés au pays natal par l'effet du témoignage direct de leur roi, que leur enrichissement fût considéré comme honorable de ce qu'il serait le résultat d'une campagne désormais officiellement close : elle ne pouvait l'être que si Alexandre les accompagnait lui-même en Europe, quelque libre qu'il fût de repartir ensuite pour de nouvelles aventures. Lors de son discours sur les bords de l'Hyphase leur porte-parole avait souligné que « tous sans exception désiraient revoir leurs parents sans savoir pourtant s'ils étaient encore en vie, leurs femmes et leurs enfants et, bien sûr, le sol de leur patrie », il lui avait demandé de « revenir lui-même dans ses foyers, de rendre visite à sa mère et après avoir réglé les affaires des Grecs et rapporté au palais de ses ancêtres ces grandes et nombreuses victoires, de recommencer » s'il le souhaitait, avec des soldats neufs » (Arrien, VII, 8).

❑ ***Le partage de Babylone.*** Les désirs des troupes ne coïncidaient pas en toutes choses avec ceux des grands personnages de l'entourage d'Alexandre. Ceux-ci étaient plus soucieux de tirer de leurs travaux, en restant quelque temps encore après la mort du roi, en Orient, des bénéfices qui fussent à la hauteur des responsabilités qu'ils avaient exercées et des opportunités qu'elles offraient. Ils n'avaient pas les moyens, pourtant, de résister trop ouvertement à leurs hommes. Lors de ce que l'on appelle le partage de Babylone, qui suivit immédiatement la mort d'Alexandre, les phalangites macédoniens jouèrent leur partie. Pour les satisfaire et empêcher que leur mutinerie ne dégénérât, on désigna Philippe Arrhidée pour occuper symboliquement le trône en association avec l'enfant que Rhoxane, la femme d'Alexandre, attendait. Les officiers organisèrent le gouvernement de l'empire, parce que Philippe III Arrhidée, malade mental ou du moins psychologiquement instable, était considéré comme incapable, et que le petit Alexandre IV était encore à naître et qu'il lui faudrait grandir. Le pouvoir suprême fut partagé entre Antipater, un vieil officier qui n'avait jamais quitté l'Europe et resta responsable des affaires de Macédoine et de Grèce, Perdiccas qui exercerait un droit de regard sur les affaires d'Asie et porterait le titre de *chiliarque*, et enfin Cratère, qui se trouvait alors en Cilicie où il avait été envoyé pour préparer l'expédition occidentale et à qui l'on devait confier une sorte de procuratèle sur les rois mineurs. Les gouvernements territoriaux furent confiés aux compagnons et officiers d'Alexandre, à la demande, semble-t-il, de Ptolémée fils de Lagos (Pausanias, *Périégèse*, I, 6, 2), qui se fit attribuer l'Égypte. Il n'était sans doute pas possible de procéder d'autre manière, puisque l'autorité des vainqueurs devait être exercée au niveau local, mais il est bien clair que cette répartition initiale des responsabilités territoriales, par la façon dont fut exercée l'autorité centrale, finit par conduire au partage définitif du royaume d'Alexandre, après les convulsions d'ajustement nécessaires que furent les guerres entre les successeurs que l'on a pris l'habitude d'appeler les *diadoques*.

❑ ***Les révoltes des soldats.*** Les soldats macédoniens sortirent assez vite du jeu politique. Leur idée fixe était bien toujours de rentrer chez eux et ils mesuraient donc leur appui aux officiers qui voulaient utiliser leur valeur technique et leur âpreté au gain pour faire aboutir des ambitions personnelles : leurs mutineries, désertions ou révoltes furent, en l'occurrence, signifiantes. En 323, les Grecs de Bactriane qui, déjà, en 325, à l'annonce fausse de la mort du roi Alexandre, s'étaient révoltés, se rebellèrent à nouveau : « installés par Alexandre dans les Hautes satrapies, lointaines marches de l'Extrême-Orient, rejetés ainsi sur les marges du royaume, ils regrettaient la vie culturelle de la Grèce, la façon dont on y vivait » (Diodore, *Bibliothèque*, 18, 7). Perdiccas fit réprimer leur mouvement en dépêchant sur place un important contingent de troupes macédoniennes. Les soldats partirent vers l'est sans plaisir et il fallut tirer au sort le nom de ceux qui devaient marcher. Peithon, leur chef désigné, envisageait, pour sa part, de se constituer une principauté dans le pays révolté, au besoin en traitant avec les mutins, mais les soldats refusèrent d'entrer dans ses vues. Contrairement à ses ordres, ils pillèrent les biens des rebelles et ils les massacrèrent, aussi le général fut-il obligé de rentrer auprès de Perdiccas avec eux puisqu'ils n'avaient aucune envie de se fixer et de rester sous ses ordres dans un pays aussi lointain. Antigone le Borgne, préféra faire raccompagner vers la Macédoine des troupes infidèles plutôt que de risquer qu'elles ne s'opposent à lui et rejoignent l'un ou l'autre des satrapes qui lui étaient hostiles. La plus significative de ce type de mutinerie fut celle des *argyraspides*, vétérans d'élite de l'armée d'Eumène de Cardia. Celui-ci les avait conduits durant plusieurs années sur tous les champs de bataille, conformément aux ordres de Perdiccas, d'Antigonos, puis de Polyperchon, mettant leur expérience au service des rois légitimes ou de ceux que l'on présentait pour tels. En 316, quand il fut battu par Antigone le Borgne, ils le trahirent et le livrèrent à son vainqueur. Pour tenter de justifier leur infamie, ils lui reprochèrent de les « avoir rappelés pour de nouveaux combats et une guerre interminable, de les avoir arrachés à leurs foyers par des promesses creuses, de les avoir rappelés du seuil même de la patrie alors même qu'ils allaient l'atteindre chargés du butin de tant de guerres ». Eumène qui ne pouvait guère leur répondre sur le fond, se contenta de leur souhaiter de finir misérablement leur vie « sans ressources et sans patrie », et il fut exaucé (Justin, *Histoires philippiques*, 14, 3-4). Antigone, en effet, répugné par ce qu'ils avaient fait à leur général, les fit, pour les punir, partir pour l'Orient, de telle sorte qu'aucun de ces vieux soldats « ne rentra en Macédoine et qu'il n'en est pas un qui revit la mer de Grèce » (Plutarque, *Vie d'Eumène*, 19).

Quels que fussent les désirs des hommes ou ceux des chefs, l'Égée redevenait ainsi, on s'en rend compte, centre de référence pour juger de l'orientation de tout déplacement à effectuer dans l'espace de la conquête. Le souci de ne pas s'éloigner de la mer avait été, au début du ve siècle, le prétexte qu'avaient trouvé les Spartiates pour ne pas s'engager dans la révolte de l'Ionie contre les rois perses; revoir la mer avait été un soulagement extraordinaire pour les soldats engagés dans la longue retraite des Dix Mille, encore n'était-ce que le Pont. En 317, dans l'armée d'Eumène, on comptait les troupes qui « montaient depuis la mer » et n'aspiraient qu'à « redescendre » avec leurs officiers. Les satrapes orientaux « descendus des hautes satrapies, s'inquiétaient pour leurs possessions », eux commandaient des hommes qu'ils avaient recrutés sur place, et s'ils pensaient devoir remonter « dans les hauts cantons », c'est pour pouvoir y attirer Antigone qui ne les connaissait pas et qu'il s'y perde avec ses armées (Diodore, *Bibliothèque*, 19, 21).

Les ruptures assumées

Le partage de Babylone était censé maintenir l'unité de l'empire. Perdiccas le *chiliarque* se fit le défenseur de cette politique, il fut amené à intervenir contre Ptolémée qui donnait l'impression de vouloir jouer, lui, le jeu de la dislocation.

En fait la guerre qu'il mena fut un échec absolu. Il ne réussit pas à convaincre ceux qui le suivaient de la nécessité de la faire ni de ce qu'il ne cherchait pas, la faisant, à réaliser des projets personnels. Il fut donc assassiné. L'Égypte était un pays difficile d'accès, imprenable même, quand le Nil s'accordait avec celui qui gouvernait pour vouloir la défendre.

❑ ***Le partage de Triparadisos.*** La renégociation des accords de 323 eut lieu, entre les survivants, en 321, à Triparadisos, en Syrie. On avait compris que l'empire d'Alexandre ne se perpétuerait plus, quand Ptolémée, le vainqueur, refusa d'assumer la succession de Perdiccas, ce qui, dans la logique unitaire, lui revenait de droit puisque c'est lui qui l'avait abattu. Il ne pensait pas que participer à l'exercice du pouvoir central lui servirait à quelque chose. Séleucos, l'un des meurtriers de Perdiccas, raisonnant de la même façon, se fit attribuer la satrapie de Babylonie : il avait été fort heureux, lors du partage de Babylone, de prendre le commandement de la cavalerie des Compagnons, une charge prestigieuse dont il était le troisième détenteur après Héphaistion et Perdiccas lui-même ; mais il s'était rendu compte de ce que, désormais, il était plus important d'être le maître d'un territoire quel qu'il fût et de ses ressources en argent et en hommes que de prétendre jouer un rôle au niveau d'un ensemble qui n'avait plus d'avenir ni de raison d'être. Le vieil Antipater sembla, pour sa part, se réjouir de pouvoir profiter de la mort de Perdiccas et de celle, concomitante, de Cratère, d'être nommé régent du royaume et protecteur des rois : il devenait ainsi le détenteur d'un pouvoir suprême dont il n'était pas encore temps que la communauté des successeurs avouât l'inefficience et l'irréalité même.

❑ ***Le retour des rois en Macédoine.*** Antipater ramena les deux rois, Philippe Arrhidée et le petit Alexandre IV, en Macédoine, supprimant ainsi tout lien personnel entre ceux-ci et les espaces asiatiques constituant l'héritage d'Alexandre. Philippe Arrhidée, roi des Macédoniens, se trouvait lié de façon infrangible au pays de ses pères ; ce n'est pas le fait que le corps d'Alexandre eut été détourné vers Memphis d'Égypte qui pouvait faire oublier que les capitales de la Macédoine ancestrale, Aigai cité des tombes royales, Pella ville du renouveau de la monarchie sous Philippe II, ne fussent l'origine de sa légitimité. Alexandre IV était, lui, encore trop enfant pour pouvoir compter dans le discours idéologique d'une monarchie en voie de constitution éventuelle. Ses droits à la succession de son père étaient indiscutables, et rien n'imposait qu'il dût revenir vers le vieux pays où n'existait aucune instance institutionnelle qui fût à même de reconnaître sa légitimité à régner. L'Asie ne se trouvait, en revanche, véritablement liée à la Macédoine que dans la mesure où ses rois s'y trouvaient présents, actifs et victorieux, comme l'avait été Alexandre. Faire rentrer les rois en Europe était prendre le risque de rompre les liens personnels qui associaient le pays d'origine de la famille royale, de ses armées et les terres conquises. Réinstaller les rois dans les anciens territoires était nier la réalité des transformations du royaume nées dans le moment de la conquête. C'était en quelque sorte refuser l'évidence des faits pour bâtir un monde différent de celui qu'avait envisagé Alexandre. Antipater avait sans doute son idée sur la question. Antigone le Borgne qui fut le stratège désigné pour superviser l'ensemble des problèmes de l'Asie en avait sans doute une autre, mais les luttes entre l'ensemble des successeurs, les *diadoques*, n'allaient pas tarder à morceler l'espace conquis et à constituer, dans l'espace éclaté, plusieurs royaumes.

LES GUERRES ENTRE LES DIADOQUES

Les nouvelles royautés

Chacun des diadoques se constitua un domaine d'une partie de l'espace impérial. Après avoir beaucoup lutté les uns contre les autres, en 306, ils se firent rois et se reconnurent mutuellement pour tels, acceptant implicitement ainsi de partager le prestige d'un titre jusqu'alors unique, de même qu'ils se répartissaient l'espace des conquêtes.

La tradition historiographique semble vouloir prétendre qu'Antigone le Borgne et son fils Démétrios Poliorcète avaient eu le désir de perpétuer en sa forme l'héritage d'Alexandre et de l'assumer dans son ensemble. Ce furent eux pourtant qui, principalement intéressés par la gestion des affaires méditerranéennes, modifièrent de façon durable les perspectives et l'orientation du monde. Luttant contre Eumène de Cardia, contre Ptolémée, ou Cassandre, voulant sans doute les supplanter ou les faire disparaître pour rester seuls maîtres de la succession royale, ils ne donnèrent jamais l'impression d'avoir eu d'autres ambitions territoriales que de tenir les pays que Darius avaient offerts à Alexandre après Issos, c'est-à-dire la contrée située entre la mer grecque et le fleuve Euphrate. Alexandre avait refusé cette offre pour être fidèle à son destin ; Antigone, qui ne l'avait pas accompagné dans les profondeurs de l'Asie, n'avait pas pour sa part d'attache particulière avec l'Orient où il n'alla jamais. C'est par lui que les régions de la Méditerranée orientale, les zones où les flottes perses et grecques s'étaient affrontées, où les cités grecques avaient servi d'enjeu aux rivalités entre mondes différents, redevinrent, de façon irrémédiable, le champ clos où s'affronteraient les souverains hellènes, le centre de tous les regards et l'objet de toutes les ambitions.

Cette volonté de retour vers la mer fut manifeste dès le moment de la victoire qu'Antigone le Borgne remporta sur Eumène de Cardia, en 316. Vainqueur, il prétendit, bien évidemment, vouloir assurer son autorité sur l'Orient. Il chassa donc Séleucos de Babylone, car celui-ci, s'étant installé en Mésopotamie à la suite du partage de Triparadisos et avec l'aval des armées macédoniennes, n'était pas son obligé, ni ne dépendait de lui et donc pouvait se sentir le droit d'agir à sa guise. Il se contenta de cette démonstration de puissance et, cette action symbolique accomplie, laissa en place dans les satrapies d'Extrême-Orient, sous l'autorité de Nicanor, nommé gouverneur de Médie et des Hautes satrapies, les anciens responsables, des nobles indigènes parfois, comme pour bien signifier qu'il se satisfaisait parfaitement de ce que l'ordre pût y être maintenu par l'activité des notabilités locales, dans les cadres territoriaux qu'Alexandre n'avait pas modifiés, par rapport à ce qu'ils étaient durant l'époque achéménide.

La liberté des cités grecques

Sa préoccupation essentielle semble avoir été de s'assurer, alors, la possession de la Syrie où Ptolémée s'était installé, de l'Asie Mineure dont Lysimaque revendiquait une partie ; de se lier avec Polyperchon pour, le nommant son stratège, assurer son droit à régir par son intermédiaire le Péloponnèse. Il regroupa les îles de l'Égée, pour être sûr de pouvoir tenir la mer, en une Ligue des Nésiotes. Dans une importante proclamation, adressée de Tyr à l'ensemble des cités grecques, il prétendit qu'il assurerait leur liberté et leur autonomie (Diodore, *Bibliothèque*, 61, 3). Cela lui permettait de faire pièce à ses rivaux qui s'étaient parfois montrés rudes avec elles et allaient être obligés de s'aligner sur sa position, parce que leur rivalité n'avait plus pour objet l'empire dans son ensemble. Cette manœuvre présentait surtout l'intérêt de lui permettre d'amadouer les villes des Balkans et les cités côtières d'Asie Mineure, d'acquérir comme un droit à les protéger, de pouvoir ainsi se procurer une multitude de bases et de points d'appui pour la guerre telle qu'il voulait la faire. Mais, cette façon de remettre au centre du débat public, en tant qu'enjeu des conflits, le sort de cette petite partie de l'héritage d'Alexandre qu'était le monde des cités, de prétendre constituer en critère de la légitimité à exercer le pouvoir la capacité à protéger leur liberté alors qu'elles avaient accepté de se soumettre à la volonté d'Alexandre après avoir montré leur incapacité à constituer leur indépendance en un droit international créateur de paix et de stabilité, témoigne d'une certaine régression de la réflexion politique. Il est évident qu'une telle façon de proclamer que les cités grecques seraient des territoires libres, alors que la conséquence, explicitement formulée, en serait que le souverain ne pourrait y installer de troupes, mettait chacune d'entre elles en dehors de tout espace possible de pouvoir. La création d'un État de type nouveau, en pays grec, serait devenue impossible à qui aurait voulu tirer toutes les conséquences nécessaires de cette déclaration de Tyr, s'il avait été tenté de le faire ou s'il n'avait trouvé des accommodements à ses principes.

Une lettre adressée par Antigone à la cité de Scepsis de Troade est, néanmoins, la meilleure expression de sa mauvaise foi ; la réponse que la cité y fit exprime bien de quelle façon le jeu pervers des discours schizophréniques de la tradition grecque pouvait affirmer bien haut l'indépendance théorique des cités de l'Hellade et accepter en fait qu'elle allât de pair avec l'obéissance à l'égard de « ceux qui étaient aux affaires ». Antigone y décrivait la paix qu'il avait été contraint de négocier après ses défaites contre Ptolémée, puis le retour de Séleucos à Babylone, en 312, comme une paix commune du type de celles qui avaient pu être conclues ou rêvées durant le IVe siècle, il invitait les Grecs à agir « ensemble pour préserver leur liberté réciproque et leur autonomie, dans la pensée que celles-ci seraient assurées, tant que lui-même vivrait, selon toute prévision humaine; mais que pour l'avenir, cette liberté serait mieux assurée pour les Grecs si tous les Grecs étaient liés par un serment, ainsi que ceux qui étaient aux affaires » (*Inscriptions grecques,* no 7). Les Scepsiens se réjouirent de ce qu'il avait « fait pour la paix des Hellènes et leur autonomie », « que la cité se déclarait heureuse aussi de ce que, de même que tous les Grecs, elle vivrait désormais libre, autonome et en paix », « pour qu'Antigone fût honoré de façon digne de ce qu'il avait fait et que le peuple parût rendre grâce pour les bienfaits qu'il avait reçus, il lui serait délimité un terrain sacré, construit un autel et dressé une statue la plus belle possible, la cité célébrerait des sacrifices de bonne nouvelle pour ce qu'Antigone avait annoncé ». Ce texte valait surtout par son humour noir involontaire car, peu de temps après qu'il eut été gravé, Antigone détruisit la ville ancienne, pour fonder, par un synœcisme régional, la cité d'Antigoneia de Troade; la chose, sans doute, ne convint pas aux Scepsiens, puisqu'ils n'eurent de cesse que Lysimaque les réinstallât sur leur ancien territoire, mais l'inscription que nous connaissons subsista.

Qu'elle ait pu être inscrite dans l'espace politique et conservée témoigne du fait qu'il se construisait alors un discours parfaitement fallacieux qui affirmait l'existence d'une liberté pourtant inexistante et taisait la dépendance effective des cités qui le prononçaient. Cela évidemment interdisait que se constitue un espace de liberté réelle, puisque celle-ci était dite exister alors que ce n'était pas le cas, aussi bien qu'un espace de pouvoir nouveau, puisque celui-ci n'aurait pu trouver sa place que par l'effacement des frontières politiques anciennes, dont on prétendait pourtant, qu'elles continuaient d'exister. Les mondes hellénistiques naquirent ainsi, atomisés dans le discours de cités soi-disant libres puisqu'on les avait proclamées telles. La logique même des proclamations de liberté étant assez puissante pour aboutir à ce qu'une Ligue de Corinthe fût reconstituée, en 302, par Antigone et Démétrios, remettant ainsi au goût du jour les vieilles méthodes de gouvernement indirect dont Alexandre avait tout fait pour se dégager au profit d'une certaine clarté des rapports entre son pouvoir et ceux qu'il dominait. On était revenu près de vingt-cinq années en arrière dans la définition des rapports entre les Grecs et ceux qui les régissaient. Progressivement, les cités laissées ainsi opérationnelles, définies comme inamovibles en leurs éléments et en leur dignité, retrouveraient un réel pouvoir avec l'affaiblissement des monarchies, non seulement dans les Balkans, mais aussi en Anatolie et en Syrie ; elles survivraient aux pouvoirs royaux dès que ceux-ci, devenus inutiles à remplir la mission de paix que leur avait assignée Isocrate, auraient été mis à l'écart, comme s'ils n'avaient été que d'inutiles superstructures.

En 301, la victoire des rois coalisés contre Antigone et son fils, à Ipsos, permit aux survivants de procéder à un dernier partage du domaine hellénique, avant qu'il ne fût mis fin à ce type de gestion collective. Lysimaque, jusqu'alors maître de la seule Thrace, reçut l'Asie Mineure jusqu'à sa frontière du Taurus, Cassandre la Macédoine d'où il espérait bien pouvoir reconquérir la Grèce, Séleucos se rapprochait de la mer en prenant possession de la Syrie du Nord : s'étant consacré, depuis 312, à l'organisation de son royaume babylonien, possesseur effectif des provinces d'Orient, il avait choisi, en 303, de ne plus s'occuper des problèmes orientaux, avait abandonné à Sandracottos, prince fondateur de la dynastie indienne des Mauryas, le Gandhara, ainsi que les parties les plus lointaines de l'Arachosie et de la Gédrosie. Il était ainsi plus libre pour jouer un rôle dans les affaires méditerranéennes, pùisque tel était le tropisme de l'époque.

Rois sans royaume

À la bataille d'Ipsos, Démétrios, fils d'Antigone le Borgne, roi comme l'avait été son père, avait perdu toute réelle assise territoriale ; sa puissance navale était pourtant restée intacte et il possédait toujours Chypre, Tyr, Sidon, les îles égéennes, la Cilicie. Il profita de la mort de Cassandre, pour s'installer en 294 en Macédoine, perdant en l'occurrence la possession de Chypre que lui enlevait Ptolémée, de la Cilicie que prenait Séleucos tandis que les places d'Ionie qu'il tenait encore passaient aux mains de Lysimaque ; quelques années plus tard, la Confédération des Nésiotes tomba, de la même façon, sous le contrôle de l'Égypte. Il semblait ne guère se soucier de ces bouleversements de sa fortune ; il lui suffisait alors d'être le maître quelque part, où que ce fût, car son royaume se trouvait là où il s'installait. Il put tenir la Macédoine jusqu'en 288, puis, chassé par Pyrrhus d'Épire, dut fuir, repartant pour l'Asie où Séleucos le fit prisonnier, puis il mourut. Son fils, Antigonos Gonatas, portait comme lui, le titre de roi ; souverain sans terre, il réussit à durer alors qu'il ne possédait que Corinthe avec sa citadelle, les forteresses de Démétrias, de Chalcis, et du Pirée ; puis il sut, après dix ans, profiter des circonstances et se réinstaller dans une Macédoine tombée en déshérence, fondant la dynastie des Antigonides qui régit le pays jusqu'à l'époque de la conquête romaine.

Les aventures du père, comme celles du fils, posent le problème de ce que pouvait bien être la réalité territoriale des royaumes des diadoques. Quand Démétrios avait quitté son royaume de Macédoine, il s'était réfugié à Cassandreia et sa femme Phila s'était suicidée parce que, roi vaincu, « il était redevenu simple particulier » et qu'elle-même n'avait plus d'espoir de recouvrer son rang. Cela ne l'empêcha pas néanmoins d'espérer : il réunit ses amis et commença à parcourir les villes ; il le fit bien d'abord en tant que « simple particulier et sans l'entourage de la pompe royale » (Plutarque, *Vie de Démétrios*, 45), mais il retrouva rapidement la « réalité et les apparences du pouvoir » et il put regrouper une flotte et partir pour l'Asie parce que rien ne le retenait en Europe. Sans attache au sol, ni loi qui lui fixât des devoirs à l'égard de quiconque, le souverain pouvait, ainsi, errer à son gré sans perdre de ses qualités royales, car ses vertus évidentes révélées par ses victoires sur le champ de bataille attestaient de ses droits à être l'organisateur des mondes comme en témoignait, d'ailleurs, le manteau royal sur lequel il avait fait broder la représentation de « l'univers et des phénomènes célestes » dont il se sentait bien sûr le centre et le moteur. Il était le centre d'un monde qui existait dès que ses amis voulaient bien faire comme un cercle de planètes autour du soleil qu'il se sentait être chaque fois qu'il paraissait en public. Le roi pouvait se contenter, ainsi, d'être le maître d'un domaine virtuel ; l'existence d'un royaume n'était pas nécessaire à la manifestation de sa vertu royale. S'il tenait réellement un territoire, celui-ci n'avait pas besoin de frontières pérennes, imaginables ou définissables ; il n'était rien, donc, que « *ta pragmata tou basiléôs* », « les affaires du roi ».

Cette conception du monde était inspirée de ce qu'avait été la course folle d'Alexandre, créant toujours le futur d'un empire qui n'avait pas de présent connaissable, et n'eut pas d'avenir. Mais nul ne pouvait s'accommoder de cette incertitude dans l'espace. Les peuples ne pouvaient concevoir de se lier durablement dans des associations transitoires. Les rois eux-mêmes ne pouvaient se satisfaire de la reconnaissance de leur charisme ; il leur fallait exercer leur capacité royale qui ne pouvait faire bon marché des uniques permanences qui pussent être perçues, celles des limites d'un territoire dont ils auraient eu le droit, à un moment ou à un autre, de se dire les maîtres. Démétrios lui-même, avant de mourir, avait essayé d'obtenir de Séleucos, dans les états duquel il était passé, de pouvoir se constituer une principauté aux dépens de Barbares autonomes pour pouvoir achever sa vie dans un domaine qu'il aurait conquis sans rien devoir à personne qui fût hellène, et qui donc aurait été pleinement à lui, « et de mettre un terme à ses courses errantes » (Plutarque, *Vie de Démétrios*, 47, 6). Il avait fini par comprendre que le temps de la stabilisation des frontières des royaumes nés de l'histoire grecque et de la conquête d'Alexandre était venue, qu'il fallait que les diadoques survivants s'accommodent de l'héritage, sans vouloir remettre en cause les résultats des longues guerres qu'ils avaient menées les uns contre les autres.

Les ancrages sur la mer intérieure

Il n'était plus temps, non plus, de se lancer en des quêtes nouvelles. Séleucos, le dernier survivant des compagnons d'Alexandre, qui avait, pour se mêler à la lutte contre Antigone, abandonné les frontières de l'Inde, qui, en 281, ayant pu se débarrasser de Lysimaque, un vieillard de son âge, était devenu le maître absolu de toute l'Asie, voulut réoccuper en roi la Macédoine et rentrer chez lui. Une chronique de Babylone, où il régnait depuis 312, nous apprend qu'il « rentrait dans son pays » et le renvoyait par ces mots à ses origines; on l'y savait d'un autre monde que de l'Asie même si, seul des diadoques il avait gardé en son palais la princesse orientale qu'Alexandre lui avait donnée pour épouse. Alexandre avait tracé d'immenses routes sur le continent, il avait pris soin de borner son empire aux limites de l'Océan. Il avait, sans doute, envisagé de faire de Babylone la capitale de son empire et Perdiccas, jusqu'à sa mort, y résidait avec les rois. Ses successeurs revenaient à son point de départ, la Méditerranée.

Alexandrie d'Égypte constituait le modèle idéal de la ville nouvelle. Située au débouché d'un terroir d'une infinie richesse, elle était ouverte sur la mer et faite pour elle. C'est à son image que les souverains construisirent leurs capitales, quand ils surent que Ptolémée resterait là où il avait été installé par le partage de Babylone.

Lysimacheia fut fondée par Lysimaque sur les détroits, pour supplanter l'antique ville de Cardia. Le fait que l'on ait pu dire qu'elle devait servir de rempart contre les Thraces était la preuve que ceux-ci étaient, malgré les victoires de Philippe, puis celles d'Alexandre, redevenus pressants, que l'installation sur la mer n'était pas partout ouverture vers l'intérieur des terres.

Antigoneia fut construite sur l'Oronte quelque temps avant 306. C'était une « ville magnifique bien située pour servir à veiller sur les Hautes satrapies mais aussi sur la Basse Syrie et les satrapies proches de l'Égypte », indique Diodore (*Bibliothèque*, 20, 47) qui se leurre sans doute, car elle était bien excentrée pour un royaume qui se serait voulu continental. Elle était proche de la mer, de Chypre d'où l'envoyé de Démétrios était venu annoncer une victoire décisive sur Ptolémée. Séleucos détruisit la ville de fond en combles et fonda Séleucie qui fut une capitale plus proche encore de la mer. Plus tard Antiochos Ier préféra Antioche, refondée plus haut sur l'Oronte, à peu de distance de l'ancienne Antigoneia qu'elle remplaçait. La création de Séleucie ainsi que celle du port voisin de Laodicée avait modifié profondément les conditions mêmes de vie en Syrie du Nord : ce pays d'agriculture modeste devint une zone de grande activité économique et commerciale, pleinement intégré désormais aux systèmes des échanges méditerranéens.

Cassandre, roi de Macédoine, avait quitté, lui aussi, la vieille capitale continentale de Pella pour s'installer en Chalcidique, à Cassandreia, sur le site des anciennes cités de Potidée et d'Olynthe, puis il fonda Thessalonique. Démétrios, lui succédant, fonda, en Thessalie, sur le golfe dit aujourd'hui de Volo, le port de Démétrias, dont la citadelle fut l'une des « entraves » tenant la Grèce, mais le palais, une des résidences ordinaires de la cour et du roi.

L'implantation de leur capitale témoigne du tropisme maritime indéniable des premiers rois. Ce n'est pas être coupable d'hellénocentrisme que de constater que leurs successeurs ne mirent pas en cause leur choix. Même s'il est bien évident que les souverains hellénistiques, une fois installés dans des royaumes devenus durables, ont eu à cœur de rééquilibrer leur activité. Si l'on constate sans grande surprise que les Séleucides se sont occupés avec soin de l'administration de leurs provinces orientales, que les Lagides ont porté loin en mer Rouge leurs efforts de découverte pour pouvoir exploiter les ressources de l'Afrique, que les rois de Macédoine ont, avec bien du mal et des efforts, essayé de construire au nord des Balkans une frontière solide, on ne peut oublier que c'est au bord de la mer que chacune des dynasties a fini par mourir, à l'endroit où leurs fondateurs avaient voulu implanter leurs palais, centres pluriels d'un monde qui s'était fermé à l'Orient.

DOCUMENTS

■ Une des bornes du monde : l'oasis de Siwah. Seuls les rois aimés des dieux peuvent l'atteindre, les impies s'y perdent

— **Le roi perse Cambyse** (525)

Cambyse aussitôt, plein de colère, partit en guerre contre les Éthiopiens, sans avoir ordonné aucun préparatif en vue d'assurer les subsistances, et sans avoir réfléchi qu'il se mettait en marche pour les extrémités de la terre; en fou qu'il était, en homme qui n'avait pas de bon sens, dès qu'il eut entendu les Ichthyophages, il partit en guerre, enjoignant aux Grecs qui étaient dans son armée de rester là où ils se trouvaient, et emmenant avec lui toutes les troupes de terre. Lorsque, au cours de sa marche, il fut arrivé à Thèbes, il choisit dans l'armée environ cinquante mille hommes, qu'il chargea de réduire les Ammoniens en esclavage et de mettre le feu à l'oracle de Zeus ; lui-même, avec le reste des troupes, marcha contre les Éthiopiens. Mais, avant que les soldats eussent accompli la cinquième partie du trajet, déjà tout ce qu'ils avaient en fait de vivres se trouvait épuisé; et, après les vivres, les bêtes de somme, qu'on dévorait, vinrent à leur tour à manquer. Si, voyant cela, Cambyse était revenu sur sa décision et s'il avait ramené son armée en arrière, il se serait, à la suite de l'erreur initiale, conduit en homme sage; mais, sans tenir aucun compte de rien, il continua de pousser en avant. Les soldats, tant qu'ils purent tirer quelque chose de la terre, se maintinrent en vie en se nourrissant d'herbe; mais, quand ils furent arrivés dans les sables, certains d'entre eux commirent un acte horrible : ils tirèrent au sort un homme sur dix, et le mangèrent. Cambyse, quand il en fut informé, craignant qu'ils ne se dévorassent les uns les autres, renonça à son expédition contre les Éthiopiens et revint sur ses pas; il arriva à Thèbes après avoir perdu une grande partie de son armée. De Thèbes il descendit à Memphis, et congédia les Grecs, qui partirent par mer.

Tel fut le sort de l'expédition dirigée contre les Éthiopiens. Quant aux Perses qui avaient été détachés pour marcher contre les Ammoniens, partis de Thèbes, ils faisaient route avec des guides ; il est manifeste qu'ils atteignirent la ville d'Oasis ; cette ville est occupée par des Samiens appartenant, dit-on, à la tribu Aischrionienne ; elle est distante de Thèbes de sept jours de chemin à travers une région sablonneuse ; cet endroit s'appelle, en langue grecque, Ile des Bienheureux. L'armée, à ce qu'on dit, atteignit donc cet endroit ; mais, à partir de là, les Ammoniens eux-mêmes mis à part et ceux qui les ont entendus parler, personne d'autre ne sait rien dire de son sort ; car elle ne parvint pas chez les Ammoniens et elle ne revint pas à son point de départ. Voici ce que racontent les Ammoniens eux-mêmes : comme les Perses, partis de la ville susdite d'Oasis, cheminaient à travers le sable pour les attaquer et qu'ils étaient à peu près à mi-chemin entre leur pays et Oasis, un vent du Sud violent et soudain aurait soufflé sur eux tandis qu'ils prenaient leur repas, apportant des monceaux de sable qui les ensevelirent ; et c'est ainsi qu'ils auraient disparu. Voilà, à en croire les Ammoniens, ce qui est advenu de cette armée.

Hérodote, *Histoire*, III, 25-26 (trad. R.E. Legrand).

— Alexandre

Alexandre fut pris du désir de rendre visite à Ammon, en Lybie, d'une part pour consulter le dieu, parce que l'oracle d'Ammon était réputé infaillible, et parce que l'on disait que Persée, comme Héraclès, l'avaient consulté, le premier quand il avait été envoyé contre la Gorgone par Polydecte, le second quand il allait vers la Libye, pour trouver Antée, et vers l'Égypte, pour trouver Busiris. Or Alexandre entendait rivaliser avec Persée et Héraclès, en tant qu'il était de leur race à tous les deux, et aussi parce qu'il faisait remonter sa naissance, dans une certaine mesure, jusqu'à Ammon, comme les légendes font remonter celles d'Héraclès et de Persée à Zeus. C'est donc dans cet esprit qu'il rendit visite à Ammon, pour avoir une connaissance plus rigoureuse de ses propres affaires ou, du moins, pour dire qu'il l'avait acquise.

Jusqu'à Parétonium, il suivit le rivage à travers une contrée désertique, bien que non dépourvue d'eau, sur une distance de mille six cents stades, d'après Aristobule. De là il tourna vers l'intérieur, où se trouvait l'oracle d'Ammon. La route est déserte, faite de sable le plus souvent, et privée d'eau. Or une pluie abondante tomba du ciel pour Alexandre, et ceci fut mis au compte de la divinité, ainsi que le fait suivant : quand le vent du Sud souffle dans cette région, il pousse sur la route de grandes quantités de sable, faisant disparaître son tracé ; on ne peut plus savoir où il faut marcher, dans une sorte d'océan de sable, parce qu'il n'y a pas de points de repère sur la route ; nulle part une montagne, un arbre, des collines stables, ne se dressent, sur quoi les voyageurs pourraient régler leur marche, comme des marins sur les étoiles. Et effectivement Alexandre et sa troupe se perdirent, et les guides hésitaient sur la route à suivre. Alors, d'après Ptolémée, fils de Lagos, deux serpents avaient pris la tête de la colonne en poussant des cris, et Alexandre avait ordonné aux guides d'avoir confiance dans la divinité et de les suivre ; ils les avaient alors guidés jusqu'à l'oracle, puis pour en revenir. Mais Aristobule, en accord avec la version la plus répandue, et qui a prévalu, dit que ce furent deux corbeaux, volant devant la colonne, qui servirent de guides à Alexandre. Et qu'il ait bénéficié du secours d'un dieu, cela je peux l'affirmer, parce que même la vraisemblance le permet ; mais l'exactitude du récit a été perdue, du fait des interprétations divergentes à son sujet.

L'endroit où est situé le sanctuaire d'Ammon est constitué tout autour par un désert, ne comportant que du sable et privé d'eau, mais le centre, de faibles dimensions (il mesure dans sa plus grande largeur dans les quarante stades), regorge d'arbres de culture, oliviers et palmiers, et se trouve seul à la ronde à bénéficier de rosée. Une source y jaillit mais ne ressemblant en rien aux sources qui jaillissent de terre : quand on en boit à midi, elle est froide et, encore plus quand on y met la main, elle est on ne peut plus froide ; elle se réchauffe quand le soleil décline vers le soir et, à la tombée de la nuit, elle ne cesse de devenir plus chaude jusqu'à minuit, et c'est à minuit qu'elle atteint sa plus haute température. À partir de minuit, elle se refroidit progressivement ; dès l'aurore, elle est déjà fraîche, et c'est à midi qu'elle est la plus froide. Et ce cycle se reproduit chaque jour. La contrée renferme aussi du sel naturel, qu'on extrait en creusant. Et c'est de ce sel que des prêtres du sanctuaire d'Ammon apportent en Égypte. Quand en effet ils vont en Égypte, ils mettent ce sel dans des corbeilles tressées avec les feuilles des palmiers, et l'apportent en présent au roi ou à quelqu'un d'autre. Ce sel se présente en gros grains (on en a déjà trouvé qui font plus de trois doigts), aussi purs que du cristal. Les Égyptiens, et tous ceux qui sont très scrupuleux pour le culte, s'en servent pour les sacrifices, comme étant plus pur que le sel marin. Pour l'heure, Alexandre admira les lieux et consulta le dieu. Après avoir entendu ce que son cœur désirait, à ce qu'il prétendit, il revint en Égypte, en prenant la même route du retour, d'après Aristobule, et d'après Ptolémée, fils de Lagos, une autre, directe, pour Memphis.

Arrien, *Anabase*, III, 4, 3-4 (trad. P. Savinel).

8

Les mondes hellénistiques, espaces vécus, espaces virtuels

Les rois hellénistiques étaient rois à titre personnel, le royaume n'était pas considéré, de prime abord, comme un pays, mais comme ce dont le roi s'occupait, il était « ses affaires » (ta pragmata) *: il n'y eut pourtant pas de roi qui n'eût pas de territoire à régir ; chaque royaume était un bien patrimonial qu'il pouvait transmettre à ses enfants, ou par testament à qui bon lui semblait. Par le jeu de pratiques symboliques, les rois ont voulu signifier le caractère unitaire du territoire qu'ils régissaient, insistant sur l'aspect harmonieux et homogène de l'ensemble qu'ils formaient. Pourtant, souverains absolus, ils surent y laisser subsister des espaces qui furent réputés étrangers à leur domaine ; il y existait ainsi des cités ou des peuples de leur mouvance qui passaient pour libres et autonomes. Cela permettait au discours idéologique de continuer à exalter la capacité des Grecs à vivre en hommes pleinement responsables de leur destin individuel et collectif. À l'échelle du monde hellénistique lui-même, dans les endroits qui échappaient aux influences réciproques de souverains rivaux, il existait aussi de véritables États libres, cités, peuples ou confédérations, qui conservaient intacts les modes de fonctionnement de l'antique Grèce ou qui avaient inventé de nouvelles formes d'exercice du pouvoir.*

LES DIVERS TYPES D'ORGANISATIONS ÉTATIQUES

Le monde hellénistique ne fut pas le monde des seuls rois : on y connaît des cités parfaitement indépendantes et, dans la péninsule balkanique ou en Anatolie, des États fédéraux puissants naquirent ou se développèrent, dont les institutions étaient originales. Les royaumes formèrent néanmoins l'essentiel du paysage politique. Ils étaient régis par les grandes dynasties originelles, Lagides en Égypte, Séleucides en Asie, Antigonides de Macédoine ; certains se constituèrent dans les espaces qu'elles abandonnèrent, ainsi le royaume des Attalides autour de Pergame, ou celui de la Bactriane des Grecs d'Extrême-Orient ; d'autres virent le jour, en des régions que n'avait pas touchées la conquête, construits à la mode hellénique par des princes indigènes, en Bithynie, Cappadoce, dans le Pont ou l'Arménie, témoignage de ce qu'était la force pacifique de séduction qu'exerçait l'hellénisme.

Les États fédéraux

❑ ***Des confédérations nouvelles.*** L'époque fut celle de la montée en puissance d'États de types nouveaux, des confédérations dont les institutions pouvaient être très subtilement agencées et dont la puissance fut grande en raison de leur capacité à mobiliser de très grands nombres de membres. En Grèce propre, elles purent se passer de la protection des rois, et même les combattre avec des succès durables. Néanmoins elles ne donnèrent pas naissance à des réflexions idéologiques qui auraient pu les transformer en modèles assez fonctionnels pour que le monde grec pût concevoir différemment ses rapports au politique. La confédération achéenne fut sans doute la plus puissante et la mieux établie, elle est aussi la mieux connue. Si l'on en croit l'historien Polybe, sa perfection était de s'être constituée en une sorte de cité : « l'unification y avait fait de tels progrès, elle était même devenue si complète que les Achéens n'étaient plus seulement des alliés unis par l'amitié, mais qu'ils avaient mêmes lois, mêmes mesures, mêmes poids, même monnaie, mêmes magistrats, mêmes assemblées, mêmes juges. En un mot, il ne manquait au Péloponnèse tout entier, pour ressembler à une cité, que d'enclore en un seul rempart tous ses habitants » (*Histoires*, XLIII, 37, 38). On sait qu'Aristote avait récusé par avance la possibilité de réaliser un tel synœcisme. Aussi n'est-il pas étonnant que la confédération, par manque d'imagination institutionnelle, ait échoué à unifier durablement l'aire de son activité et fini par s'engluer dans les difficultés d'un impérialisme mal accepté de ceux qu'elle y soumit, Argiens, Mégalopolitains, Spartiates.

❑ ***La confédération étolienne.*** Le schéma étatique le plus original fut sans doute celui qu'avaient construit les Étoliens. La confédération étolienne, État important de Grèce centrale, était devenue après 278, une puissance respectable parce qu'elle contrôlait le sanctuaire de Delphes. Elle existait depuis le IVe siècle, sans que l'on sache très bien de quelle façon s'organisaient les rapports entre les communautés de base, parfois de petites cités, et le pouvoir fédéral. À l'époque hellénistique, l'État était doté de magistrats, d'une assemblée qui se réunissait deux fois par an et d'un conseil de 1 000 *synèdres* où chaque communauté membre était représentée, à proportion de son importance. L'essentiel de l'activité des Étoliens consistait alors en la pratique de la piraterie, et nombre de cités insulaires leur avaient demandé, en échange de facilités d'escale ou de transit accordées à leurs flottes, de ne pas être pillées. Les Étoliens accordèrent, pour ce faire, par décret, à certaines d'entre elles la sécurité et l'inviolabilité. C'était pour elles un premier pas vers l'intégration à une grande nébuleuse de cités qui constituait une sorte d'empire, zone où les Étoliens exerçaient un certain pouvoir ou du moins une certaine influence. Telle ou telle d'entre elles pouvait recevoir par surcroît le droit de citoyenneté étolienne, l'*isopolitie*. Cela permettrait à chacun de ses membres qui le souhaitait de pouvoir s'installer dans les territoires dépendants directement de la confédération et d'y jouir de tous les droits politiques appartenant aux Étoliens d'origine, sur un plan d'égalité absolue avec eux car la *koinopoliteia*, « droit de citoyenneté commune », n'était pas un leurre ; on connaît ainsi, peu après 170, un stratège de la confédération qui était d'origine crétoise, et tel ancien citoyen de Vaxos, en Crète, devenu esclave qui, libéré, avait fini par s'installer à Amphissa avec sa famille, et y jouissait de tous les droits civils et politiques.

La structure extrêmement lâche du territoire fédéral ne faisait pas obstacle, de cette façon, à son homogénéité juridique, car lorsque les Étoliens reconnaissaient « le caractère saint et inviolable d'une ville et de son territoire », « aucun ressortissant étolien, aucune personne résidant en Étolie n'avait le droit de se saisir des citoyens de la ville ou des personnes y résidant, d'où qu'ils viennent, mais ceux-ci jouissaient de la part des Étoliens et de ceux qui résident en Étolie de la sûreté et de l'inviolabilité », « si un Étolien s'emparait d'eux ou se saisissait de biens qu'ils possédaient dans la ville ou dans le territoire, les biens récupérables seraient saisis par le stratège des Étoliens et les conseillers en fonction, pour les biens déjà vendus, les coupables seraient traduits en justice, amendes et autres produits revenant à la cité » (*L'Hellénisme,* p. 163). Cette façon de conjuguer ainsi la liberté des individus et des cités avec une pratique juridique stricte aurait dû constituer en un monde durable le système. Néanmoins, le jugement très négatif que Polybe portait sur les Étoliens, adversaires des Achéens, le fait que l'on connaît mal le détail des mécanismes institutionnels, les erreurs graves qu'ils commirent dans la conduite de leur politique étrangère, s'alliant à Rome, puis en l'abandonnant pour tenter de lui opposer Antiochos III, leur donnèrent une réputation si mauvaise que l'on ne cherchait pas à connaître ce qui faisait l'originalité du système étatique qu'ils avaient construit, et ne put donc servir de modèle pour un renouvellement des rapports internationaux dans le monde grec.

Les cités libres

Des cités de forme traditionnelle continuaient, pour leur part, de vivre selon l'ancien mode, dans les cadres que leur construisait la puissance des divers rois.

❑ ***Le cas de Rhodes.*** Il n'en existait qu'une qui fût réellement libre de toute allégeance depuis la mort d'Alexandre, Rhodes. Elle avait toujours évité de s'engager en faveur de tel ou tel des diadoques. Quand Antigone et Démétrios, en 306, voulurent la soumettre, la ville avait réussi à résister, avec l'aide de tous les autres dynastes, Ptolémée, Cassandre et Lysimaque qui l'avaient aidé en sous-main pour empêcher leur rival de devenir le maître absolu de la mer. La forme politique montra sa perfection et sa capacité de survie, en 305, quand Démétrios Poliorcète vint mettre le siège devant la ville. « Le nombre des vaisseaux de sa flotte était immense », et il semblait « que l'espace de la mer compris entre l'île et la côte opposée fût entièrement couvert de navires », comme si l'armada se préparait à rattacher matériellement l'île à la terre continentale dont les deux rois étaient maîtres. La cité sut regrouper tous ses membres, « les soldats des Rhodiens échelonnés sur les murailles attendaient l'arrivée des ennemis, les vieillards et les femmes étaient montés sur les maisons d'où ils observaient les mouvements de la flotte, la ville étant bâtie en forme de théâtre, tous les habitants pouvaient jouir du spectacle que leur offrait cette immense flotte et les armes dont l'éclat était réfléchi par les eaux de la mer » (Diodore, *Bibliothèque*, 20, 83). Rassemblée toute entière, elle se voyait regardant l'armée immense d'un descendant d'Alexandre ; elle sut prendre conscience de sa force et de son homogénéité, elle résista à un siège de deux ans.

Rhodes avait profité de ce que les forces antagonistes de tous les souverains d'alors avaient tendu à s'annuler; il se créa ainsi une zone neutre où elle resta libre, autant par son propre vouloir que de l'équilibre des tensions. Dans le monde nouveau né de la conquête, elle restait ainsi le symbole de la permanence, puisqu'elle pouvait prétendre n'avoir pas changé depuis ses origines, n'avoir jamais été soumise et exprimer de quelle vertu était la tradition hellénique. En 227, lors du grand tremblement de terre qui détruisit, « avec le grand colosse, la plus forte partie de ses murailles et de ses arsenaux », les villes et surtout les rois, eurent à cœur non seulement de lui offrir des présents magnifiques, mais encore « lui surent gré de ce qu'elle acceptait leurs offrandes » (Polybe, *Histoires*, v, 88). Chacun voulait que son nom apparaisse au nombre des bienfaiteurs de la ville; certains rois d'origine barbare, ou de petits dynastes d'Asie, le firent, parce que participer à ce grand mouvement international de solidarité témoignait de leur capacité à comprendre ce qu'était l'essence de l'hellénisme et, donc, de leur appartenance au monde grec.

❑ ***Des espaces de liberté internationale.*** De nombreuses autres cités furent libres à un moment ou à un autre de la période hellénistique. Ce fut toujours sur les marges des grands pouvoirs, là où pouvait se contrebalancer les influences de plusieurs protecteurs potentiels. Parce qu'il voulait disputer aux Antigonides le contrôle de la Grèce continentale, le roi Ptolémée II Philadelphe s'employa avec zèle « à assurer la liberté commune des Grecs conformément à la volonté politique de ses ancêtres et de sa sœur », et la Grèce put s'engager dans la guerre dite de Chrémonidès pour tenter de secouer, en 267, le joug macédonien. Quand un envoyé de Ptolémée IV Philopatôr vint annoncer à Cléomène de Sparte « que le roi refusait de continuer à financer la guerre et l'invitait à traiter avec Antigonos Dôson, il pensa qu'il serait sage de tout miser sur un combat, avant que la nouvelle n'atteignit ses troupes, puisqu'il n'avait pas dans son propre royaume de quoi les payer », et il fut battu à Sellasie, en 222, dut partir pour Alexandrie où il mourut assassiné par son ancien protecteur. Quand les royaumes continentaux semblèrent perdre durant un certain temps de leurs intérêts pour les affaires maritimes, nombre de cités insulaires se retrouvèrent libres, par défaut, avant qu'Antigonos Dôson ne reprenne du goût pour la politique égéenne et que Rhodes, au début du second siècle, n'ait reconstitué, sous son autorité, une communauté des Nésiotes dont la capitale était Ténos. Délos profita du prestige de son sanctuaire et de sa position centrale pour rester neutre durant la troisième guerre de Macédoine : en 168, toutes les flottes antagonistes, celles des Attalides et des Antigonides, ainsi que celles de Rome, venaient faire relâche dans ses ports; les unes et les autres respectaient son indépendance et sa neutralité utile ; elles ne s'affrontaient qu'à l'extérieur de ses eaux territoriales (Tite-Live, *Histoire romaine*, 44, 29).

Ces espaces de liberté internationale restaient ainsi à la merci de l'émergence de pouvoirs œcuméniques nouveaux. Les grandes confédérations, aussi bien que les cités plus fragiles encore, disparaîtraient en tant que structures étatiques libres avec la venue de Rome. Néanmoins le jeu du politique continuerait de se jouer puisqu'elles avaient continué d'exister et qu'avait été garantie, en quelque sorte, la survie des idéologies anciennes. Les royaumes, en raison de leurs oppositions, n'ayant pas réussi à passer pour assez forts pour avoir été capables de faire disparaître ni les espaces appartent aux cités, ni leur discours de liberté.

Les royaumes

Ils ne sont pas tous de même nature et il ne serait pas raisonnable de les considérer tous avec les mêmes yeux, même si les principes juridiques organisant leur gestion n'étaient guère différents dans l'un ou l'autre.

En Macédoine se prolongeait la pratique des anciens rois argéades. Le peuple des Macédoniens conservait les moyens d'expression qui lui étaient propres dans le cadre des grandes régions géographiques traditionnelles du pays qui en constituaient autant de circonscriptions spécifiques. Quant à la Grèce, qui faisait naturellement partie de leur zone d'influence traditionnelle, les souverains antigonides la tenaient par les moyens médiocres de la seule force : des forteresses, sièges de garnisons importantes, étaient, à Corinthe, Athènes, Chalcis ou Démétrias ; autant « d'entraves » ; ils suscitaient des tyrannies dans les cités pour mieux les exploiter. Antigonos Dôson finit par reconstituer, au moment de sa plus grande puissance, une ligue hégémonique de type classique, regroupant les Achéens, Épirotes, Phocidiens, Béotiens, Arcadiens, Locriens, Eubéens, Thessaliens, pour pouvoir réussir à vaincre Sparte dont il avait suffi qu'elle se réformât pour sembler être redevenue une cité redoutable. Ce ne sont pas les entreprises d'Antigonos Dôson puis de Philippe V en Carie, et dans les îles qui purent donner l'impression que les rois d'Europe pesaient du même poids dans le système méditerranéen que les souverains d'Antioche ou d'Alexandrie. La mission géopolitique des Anti-

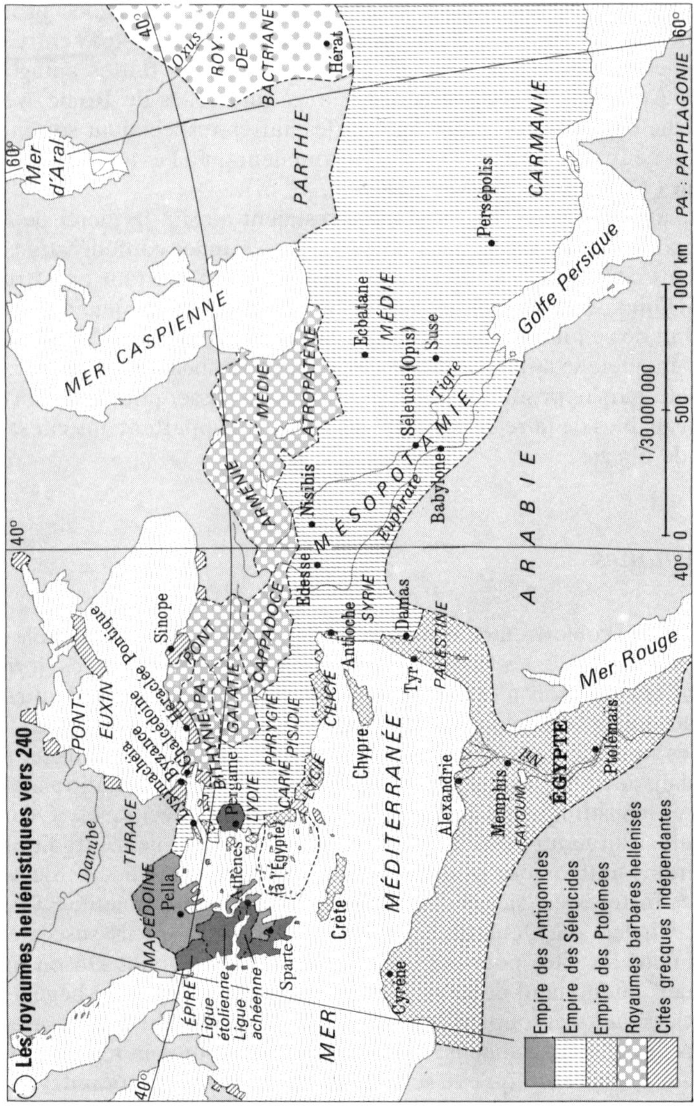
Les royaumes hellénistiques vers 240
MER CASPIENNE
Mer d'Aral
PONT-EUXIN
Danube
THRACE
MACÉDOINE
Pella
ÉPIRE
Ligue étolienne
Ligue achéenne
Sparte
Athènes
Lysimacheia
Byzance
Chalcédoine
Héraclée Pontique
Sinope
BITHYNIE
PA.
PONT
GALATIE
CAPPADOCE
Pergame
LYDIE
PHRYGIE
CARIE
PISIDIE
LYCIE
CILICIE
(à l'Égypte)
Crète
Chypre
MER MÉDITERRANÉE
Cyrène
Alexandrie
Memphis
FAYOUM
Nil
ÉGYPTE
Ptolémaïs
Mer Rouge
Antioche
SYRIE
Tyr
Damas
PALESTINE
Edesse
Nisibis
MÉSOPOTAMIE
Euphrate
Tigre
Babylone
Séleucie (Opis)
Suse
Ecbatane
MÉDIE
ARMÉNIE
MÉDIE ATROPATÈNE
PARTHIE
ROY. DE BACTRIANE
Oxus
Hérat
CARMANIE
Persépolis
Golfe Persique
ARABIE
40°
60°
1/30 000 000
0
500
1 000 km
PA. : PAPHLAGONIE
Empire des Antigonides
Empire des Séleucides
Empire des Ptolémées
Royaumes barbares hellénisés
Cités grecques indépendantes

Rappel chronologique

323 **(10 juin)** Mort d'Alexandre, partage dit de Babylone.

321 Perdiccas est assassiné, alors qu'il tentait, par la force, de ramener à l'obéissance Ptolémée Lagide, maître de l'Égypte. Partage de Triparadisos, Séleucos reçoit la Babylonie.

319-311 Conflits incessants entre les diadoques.

311-306 En Occident, Agathoclès, tyran de Syracuse, unifie la Sicile. Il est actif dans l'Adriatique et en Afrique.

310 Alexandre IV, fils posthume d'Alexandre le Grand, est assassiné par Cassandre.

306-305 Les diadoques se proclament rois.

305-304 Rhodes réussit à résister à Démétrios Poliorcète, le fils d'Antigone le Borgne, qui assiège la ville.

301 Bataille d'Ipsos : Antigone le Borgne et son fils Démétrios Poliorcète sont vaincus par une coalition des autres rois.

294-286 Démétrios Poliorcète s'installe en Macédoine.

278 Antigonos Gonatas, fils de Démétrios Poliorcète, devient roi de Macédoine.

263 Eumène de Pergame fonde la quatrième des grandes dynasties, gérant l'héritage d'Alexandre, celle des Attalides.

246-245 Première crise dynastique dans le royaume séleucide, premières révoltes en Égypte.

246 Les Étoliens réorganisent l'amphictyonie delphique et construisent une sorte d'empire dans la péninsule balkanique et en Égée.

241-226 Les deux fils d'Antiochos II se disputent l'Asie Mineure, en Orient les Parthes s'installent, les colons grecs d'Extrême-Orient assument leur indépendance à l'égard des pouvoirs méditerranéens.

217-206 Antiochos III rétablit son autorité sur l'Asie Mineure et conduit, jusqu'aux Indes, une extraordinaire *anabase*.

212-205 Première guerre de Macédoine : les Romains entrent dans le monde hellénistique.

200-185 La Haute-Égypte est en état de sécession, les révoltes se succèdent dans le Delta.

189 Victoire des Romains sur Antiochos III séleucide, qui doit abandonner l'Asie Mineure.

168 Fin des guerres de Macédoine. Rome fait de l'Orient méditerranéen une sorte de protectorat.

148-146 La Macédoine devient province romaine. Révolte contre Rome de la Confédération achéenne.

140 Nouvelles invasions parthes en Iran.

133-129 Attale III de Pergame lègue son royaume aux Romains ; il devient la province d'Asie.

88-84 Mithridate du Pont chasse les Romains d'Asie Mineure et de Grèce.

83 Tigrane d'Arménie s'installe en Syrie.

67-63 Victoires de Pompée et mort de Mithridate.

64 Le royaume séleucide devient province romaine de Syrie.

53 Crassus est tué par les Parthes à la bataille de Carrhes.

31 **(2 septembre)** Défaite de Cléopâtre et d'Antoine à Actium.

30 **(1er août)** César le jeune, futur Auguste, fait son entrée à Alexandrie. L'Égypte devient province romaine.

gonides était en fait relativement marginale par rapport à l'immensité du monde conquis par Alexandre ; elle se limitait à assurer la sécurité de la péninsule balkanique car « qui ne savait à quels dangers la Grèce aurait été en permanence exposée si elle n'avait été protégée par ce rempart que constituaient pour elle les Macédoniens et la noble ardeur de leur rois, la meilleure preuve en étant que, dès que Brennos et ses Gaulois, vainqueurs de Ptolémée la Foudre, n'avaient plus rien eu à craindre de la Macédoine, ils avaient pu s'avancer sans s'inquiéter, jusqu'au cœur de la Grèce centrale, de telles invasions se seraient souvent reproduites si les Macédoniens n'avaient pas été là pour y faire barrage » (Polybe, *Histoires*, IX, 32-39).

Les autres rois, les Séleucides ou les Lagides, ne furent pas tributaires du même passé. Ils durent apprendre à réunir les terres de leur domaine, faire accéder l'ensemble au statut de territoire, créer les structures nécessaires à la naissance et à la permanence de leur royaume. Le fait que l'espace de leur pouvoir fut bien un territoire est en général nié parce que l'on a coutume de considérer comme exemplaire pour décrire ce qu'est la royauté dans le monde hellénistique, l'expérience des rois sans royaume, Démétrios et de son fils Antigonos Gonatas, parce que, d'autre part, il n'existe pas pour désigner chacun des rois une titulature qui établisse un lien étroit entre leur personne et le pays qu'ils ont soumis à leur autorité. Il n'existe pas en effet de « roi de Syrie » ou de « roi d'Égypte », et l'on ne connaît guère que des « rois qui règnent à Alexandrie et en Égypte », d'autres « qui le font à Cyrène » ou « en Syrie », ce qui semblerait n'établir qu'un lien contingent entre leur personne et l'espace régi. Néanmoins, si la capacité à mener des troupes à la victoire était un élément nécessaire au charisme royal, si le souvenir de la naissance même du monde hellénistique maintenait le souvenir de ce que la terre royale l'était parce qu'elle avait été conquise, que toute conquête, donc, pouvait ouvrir des droits à la possession, le roi était bien souverain dans un territoire qui lui appartenait : le droit de victoire ne l'emportait donc pas sur le droit de chacune des dynasties à conserver en héritage légitime ce que lui avait légué la conquête originelle d'Alexandre et les premiers partages des diadoques. Chacun des descendants cherchait à s'assurer la *perpetua possessio* de son royaume (Tite-Live, *Histoire romaine*, 35, 16, 8), dans les limites nouvelles qu'avaient pu leur donner des guerres présentées comme justes et légitimes, au regard du droit traditionnel de la guerre, auquel on ne reconnaissait ainsi qu'une valeur relative : les grands affrontements entre les survivants de l'épopée, la bataille d'Ipsos (301), la bataille de Couroupedion (281) étaient considérés comme ayant valeur fondatrice. Les rois séleucides avaient le droit, ainsi, de posséder l'ensemble de leur royaume parce que les Macédoniens leur avaient confié, lors du partage de Triparadisos, en 321, la satrapie de Babylonie à laquelle avait été progressivement agrégée la Syrie et l'Orient; s'ils revendiquaient, au début du second siècle, la possession de l'Anatolie et des cités du nord de l'Égée (bien que, sur ces villes, les rois lagides aient pu faire valoir, en tant que descendants d'Arsinoè, des droits), c'est que Séleucos Ier l'avait emporté sur Lysimaque en 281 et que « tout son royaume était par droit de la lance devenu sa propriété » (Polybe, *Histoires*, XVIII, 5, 4). Le royaume construit de cette façon devait se transmettre, de père en fils, comme un bien patrimonial. Il était bien clair, dès la mort de Séleucos, fondateur de la dynastie, en 280, pour tous les habitants des pays qui lui avaient obéi, qu'il était légitime qu'Antiochos Ier, son fils aîné, en reçût la totalité. Il paraissait très évident que vouloir en détacher une partie, comme tenta de le faire Ptolémée II en suscitant des rébellions en Syrie séleucide, était lui faire un tort injuste.

Le territoire royal

Si le royaume continuait d'être désigné, sans doute, comme étant les « affaires royales » (*ta pragmata tou basiléôs*), ce dont, avec l'aide de sa femme, la reine, de ses amis (*philoi*) et de son armée, le roi devait s'occuper, cela n'impliquait pas que ce ne fût pas aussi, désormais, et surtout, un territoire royal, une *basileia* qui était une structure des lieux (*topoi*) rassemblés sous son autorité. Le sentiment qu'il en était bien ainsi faisait d'ailleurs que dans nombre des textes que nous pouvons lire, la formule « les affaires royales » pouvait même désigner métaphoriquement des espaces, des territoires soumis à l'autorité légitime d'un roi. Chacun savait bien alors qu'entre les diverses régions d'un royaume pouvaient se tisser des liens de solidarités et de connivences, qui faisaient que telle cité se réjouissait quand un souverain pouvait, après des troubles ou des difficultés, « chasser ceux qui se dressaient contre ses intérêts, et recouvrer son domaine ancestral, parce qu'il avait su donner à ses amis et l'armée un très vif désir de combattre pour les affaires royales, s'assurer les faveurs et l'aide de la divinité, et qu'il avait rendu la paix aux villes pour remettre le royaume dans son état antérieur ». Quand un roi était chassé de son trône, il était beau que ses pairs l'aident à y revenir ; le roi Attale de Pergame et la reine Apollonis, reçurent d'Athènes l'hommage d'une couronne, pour la valeur, le « dévouement et le courage qu'ils avaient manifesté à l'égard de tous les hommes en s'employant pour le roi Antiochos IV, en le rétablissant dans le pouvoir de ses ancêtres ».

Le territoire royal existait ainsi dans des frontières fixes et bien connues. Ses diverses régions pouvaient s'articuler en sous-ensembles régionaux dotés de statuts différents, ce qui prouve combien l'image construite en était claire et bien dessinée. Rois, sujets et observateurs extérieurs pouvaient ainsi avoir le sentiment qu'il était composé d'un noyau central et de diverses zones périphériques. La chose était particulièrement nette pour l'empire lagide qui s'étendait, au IIIe siècle, jusqu'au nord de la mer Égée ; il comprenait Cyrène et, également, la plupart des îles, dont Chypre, nombre de cités et de territoires de l'Asie Mineure, une bonne partie de la Syrie. On pouvait y distinguer, outre l'Égypte qui, avec Alexandrie, en constituait le centre vital et dont la protection était une des raisons de l'annexion des autres terres regroupées sous l'autorité du roi, des régions qui en étaient comme le corps, Chypre, la Cyrénaïque, et la Syrie-Phénicie que l'on administrait selon les mêmes principes que l'Égypte elle-même, puis des zones où le pouvoir se faisait moins direct et le principe de la fermeture des frontières aux influences étrangères moins rigide. L'administration de ces domaines ressortissait d'un département des « affaires extérieures » confiées à des agents qui étaient désignés comme étant « en charge des affaires du dehors » (Polybe, *Histoires*, V, 34, 4-9). Cela signifie bien que les Lagides, du temps de Ptolémée II Philadelphe et de Ptolémée III Évergète, distinguaient dans l'immensité des pays dont ils étaient les maîtres, ce qu'ils considéraient comme leur domaine originel, à savoir la satrapie qui avait été confiée à Ptolémée Sauveur, par le partage de Babylone et Cyrène dont la conquête avait été avalisée par les Macédoniens en 321, du reste de leur royaume. De façon plus spontanée, tel agent du roi Mithridate du Pont, qui s'occupait des affaires du souverain au nord de la mer Noire et avait réussi à annexer de grandes étendues de terre barbare, pouvait considérer que seul le territoire ancestral de Mithridate, en Anatolie, méritait d'être désigné par le mot de « royaume », car les possessions de Chersonnèse n'étaient pas encore intégrées à l'image de l'espace royal, comme si, séparées par la mer du noyau originel qui l'avait constitué, elles en étaient une sorte de *pérée*.

Que le royaume fût un bien propre du souverain et de sa famille, que son existence matérielle n'ait pas été tributaire de la vie ou de la mort d'un roi, explique, en tout cas, qu'il ait pu être légué, comme tout bien patrimonial pérenne, par son détenteur à qui bon lui semblait. Ptolémée VIII Évergète II, propriétaire de Cyrène, fit des Romains les héritiers de « la royauté qui était sienne, leur confiant le soin d'assurer la préservation de son royaume, les priant au nom de tous les dieux et de leur propre renommée, si quelqu'un attaquait les villes ou le territoire, de les secourir avec toutes leur force, respectant l'amitié, l'alliance et le droit »; d'autres, Ptolémée Apion, Eumène II de Pergame, Prusias de Bithynie firent de même.

SYMBOLIQUE TERRITORIALE

Espaces virtuels : l'appel de l'Orient

Les souverains hellénistiques, successeurs d'Alexandre, n'ont cessé de voir se rétrécir l'espace d'un pouvoir dont ils avaient ramené le centre sur la mer. Ils n'ont pourtant jamais cessé non plus de représenter chacun de leurs royaumes comme étant en état d'être continuellement redessiné à l'image du monde de la conquête originelle, réaffirmant sans cesse leur légitimité à faire des conquêtes dans un au-delà de leur domaine propre sur les traces d'Alexandre, le roi fondateur. Ils ne cessèrent de rêver de grands voyages vers les Indes ; la publication de récits officiels relatant fallacieusement leur accomplissement, les rares réalisations effectives de ce type d'expédition, répétèrent la geste initiatrice et furent considérées comme nécessaires à l'épanouissement de leur gloire.

Le caractère imaginaire de ces relations de voyage vers l'Orient est d'autant plus évident qu'elles furent particulièrement nombreuses dans le discours idéologique diffusé pour glorifier la royauté lagide et construire l'image des rois d'Alexandrie, alors que l'on sait bien que le premier des Ptolémées avait voulu se cantonner dans son domaine propre d'Égypte et que la seule conquête qu'il fit fut celle de Cyrène, vieille cité grecque située à l'occident de la vallée du Nil. Dès 322, le satrape mit en valeur l'épisode indien de la geste d'Alexandre en faisant frapper des monnaies portant l'image du souverain coiffé du scalp d'éléphant, symbole de sa victoire sur Poros. Plus tard diverses représentations des Ptolémées successifs porteurs de cette même coiffure les désignèrent bien évidemment comme des successeurs naturels du fondateur de l'empire et de leur propre royauté, rappelant qu'ils étaient responsables en personne de cette extension de l'hellénisme jusqu'aux bornes du monde et des richesses que celle-ci avait procurées. C'est en célébrant, aussi, la conquête indienne que Ptolémée II affirma et fonda sa propre divinité quand, à l'issue dc la première guerre de Syrie, il fit célébrer à Alexandrie, en 271, une fête magnifique (Athénée, *Propos de table*, 5, 196-203). L'essentiel de cette extraordinaire procession était constitué par la mise en scène du retour des Indes de Dionysos qui, étendu sur le dos d'un énorme éléphant, avait en main la lance du vainqueur ; des troupes à pied l'escortaient, ainsi que des chars traînés par des animaux exotiques, antilopes, chameaux, bœufs blancs des Indes, tandis qu'apparaissaient des perroquets et autres oiseaux curieux, des chariots suivaient le cortège portant des « tentes barbares dans lesquelles étaient installées des femmes indiennes et d'autres origines traitées comme des prisonnières ». Alexandre, était membre de la suite du dieu ; Ptolémée II, récent vainqueur du roi séleucide, régnant désormais sur une partie de la Syrie, était à ses côtés : se proclamant, ainsi, compagnon et héritier de Dionysos et d'Alexandre, il garantissait qu'il était bien capable d'en rééditer les exploits ; associant sa victoire au souvenir des deux expéditions antérieures, il lui donnait un retentissement et une ampleur qui, bien que sans commune mesure avec la réalité, lui permettait de se dire leur égal. Ptolémée III Évergète construisit de la même façon un espace royal à la mesure de ses ambitions et de la grandeur qu'il sentait être la sienne quand il décrivit, dans la fameuse inscription d'Adoulis, son héritage comme étant constitué de « la royauté en Égypte, Libye, Syrie et Phénicie, de Chypre, de la Lycie, de la Carie, des îles Cyclades », et qu'il se faisait gloire d'être « parti pour l'Asie en expédition avec des troupes à pied et à cheval, une flotte et des éléphants troglodytes et éthiopiques que son père et lui avaient été les premiers à chasser dans ces régions, qu'il avait emmenés en Égypte et équipés pour la guerre, de s'être rendu maître de tout le pays en deçà de l'Euphrate, de la Cilicie et Pamphylie, de l'Ionie, de l'Hellespont et de la Thrace, et de toutes les troupes et des éléphants indiens qui se trouvaient dans ces pays, puis, ayant contraint à l'obéissance tous les monarques qui vivaient en ces lieux, d'avoir franchi le fleuve Euphrate, et d'avoir soumis la Babylonie, la Suisiane, la Perse, la Médie et tout le reste des terres jusqu'à la Bactriane » (*Inscriptions historiques grecques*, n° 102). On ne sait rien de ces conquêtes : le roi était parti en guerre contre Séleucos II pour porter secours à sa sœur, veuve d'Antiochos II, et il n'avait guère eu l'occasion de dépasser Antioche. Le récit de son retour ne pouvait être que celui d'une victoire absolue, celle d'un souverain dominant le monde pour être digne de régner sur la seule Égypte.

Les Séleucides eurent l'occasion de mener des expéditions plus concrètes en Orient. Antiochos III, en 213, avait réussi à réduire la sécession d'Achaios et à rétablir son autorité sur l'Asie Mineure, puis se consacra aux affaires d'Orient. Il soumit l'Arménie jusqu'alors intouchée, s'ouvrit un passage à travers le pays où les Parthes s'étaient installés depuis longtemps et dont le roi accepta de faire acte d'allégeance, il passa en Bactriane. La région était indépendante depuis plus de trente ans ; Euthydème y régnait, assuré du soutien de ses sujets qu'il défendait contre la menace barbare ; il refusa de céder et soutint dans Bactres, un siège de deux ans. Les risques de voir s'éterniser le conflit étaient tels que les deux rois préférèrent s'entendre, l'accord se faisant sur la base d'une reconnaissance de l'indépendance du pays, car Antiochos avait compris sans doute qu'il ne pourrait en assurer la protection et que les bénéfices directs qu'il pourrait tirer de la soumission d'Euthydème seraient minces. Voulant alors reprendre le circuit d'Alexandre, il partit pour les Indes, vers les anciennes satrapies conquises par Alexandre et abandonnées par Séleucos Ier mais qu'une dynastie indigène, celle des Mauryas, en pleine décadence, ne pouvait plus tenir. Un dynaste local accepta d'y payer rançon pour être tranquille. Avant de rentrer à Babylone, il fit, en 205, un crochet par l'Arabie, s'arrêtant à Gherra et dans l'île de Failaka. Il s'intéressait à la réouverture possible des routes du commerce indien dans le golfe Persique et, s'il avait voulu conquérir la station indépendante de Gherra, c'était pour détourner vers son domaine le commerce caravanier avec l'Égypte. Au terme de son voyage de sept ans, « il avait réussi à ramener à l'obéissance les satrapes de la Haute-Asie, il avait, en un mot, assuré la sécurité de son royaume, en frappant l'esprit de tous ses sujets par son audace et son activité, par cette expédition il avait montré aux peuples d'Asie, mais aussi de l'Europe, qu'il était digne de son rang de roi » pensait Polybe (Polybe, *Histoires*, XI, 34) qui néglige d'indiquer que cette expédition fut, pourtant, sans résultats durables, que le roi finit par se précipiter dans les complications inefficaces et sans ampleur d'une guerre dans les Balkans où ils se trouvait être l'allié de la confédération des Étoliens. Antiochos IV, son successeur, envisagea de reprendre le même parcours avant de mourir dans une lamentable escarmouche en Élymaïde.

Antiochos VII, qui éprouvait pourtant bien de la peine à tenir la Syrie, repartit lui aussi vers l'est pour y mériter comme son aïeul le titre de Grand qu'il se donna mais qu'une mort immédiate lui arracha bien vite. Quand elle n'était pas un rêve, l'anabase n'était, ainsi, que la course folle d'un roi traversant un monde qu'il prétendait construire : le modèle d'Alexandre restait présent dans son inefficience.

Jeux de perspectives

L'espace effectif des royaumes se représentait dans divers systèmes d'images. Une partie d'entre elles naissaient du regard des indigènes, s'inscrivant dans la tradition locale et induisant parfois de curieux renversements de perspectives. Les souverains étaient, en effet, habiles à assimiler les grands courants religieux des pays qu'ils dominaient, à en utiliser l'idéologie pour que le discours local put servir à affermir leur propre pouvoir, et pour que les représentations indigènes les installent à la place qu'occupaient depuis toujours et comme naturellement les souverains traditionnels. Ainsi la stèle hiéroglyphique dite du Satrape, faisait de l'Égypte le centre du monde construit par Alexandre et légué à ses successeurs ; les prêtres qui l'avaient rédigée considérant Alexandrie comme l'ancienne citadelle, où les pharaons avaient jadis installé une garnison pour repousser les étrangers, « au bord de la mer Ionienne, en un lieu qui s'appelait Rhacotis » ; le petit roi Alexandre IV était devenu le pharaon et comme il se trouvait « régner de surcroît sur les pays étrangers, il y avait en Égypte un gouverneur du nom de Ptolémée », celui-ci n'ayant d'autre souci que de rendre hommage aux divinités ancestrales de Pè et de Tep, Horus et Bouto. Ptolémée II de la même façon pouvait être décrit comme un roi excellent « quand il combattait pour l'Égypte et protégeait ses enfants, il était le bon gardien qui délivrait l'Égypte, qui faisait paître ses chevaux dans les plaines et sur les montagnes, qui construisait ses vaisseaux sur la mer, repoussait les nomades du désert d'Arabie, qui, par son intelligence, faisait régner la justice dans les deux pays de Haute et Basse Égypte et soumettait les pays étrangers à l'Égypte, la crainte qu'il inspirait dominait sur l'eau et sur le sable, son intelligence régnait sur tous les peuples de la terre et de la mer ». Divers textes babyloniens montraient bien comment, de la même façon, les rois séleucides étaient des souverains qui, en harmonie avec les dieux locaux, continuent de régir un monde perpétué qui s'organisait autour des temples des villes de Mésopotamie. Ce type de jeu de perspective tenait compte parfois des rapports de force entre le souverain et les sociétés indigènes. Il est bien évident que lorsque la monarchie lagide se fut affaiblie, les synodes périodiques des prêtres égyptiens d'Alexandrie furent déplacés à Memphis. Cela alla de pair avec des infléchissements idéologiques dont témoigne, par exemple, la comparaison entre le grand décret dit de Canope qui, datant de 238, organisait le culte de la princesse Bérénice d'une façon tout imprégnée d'influences grecques, et celui de 196 que l'on connaît par la fameuse pierre de Rosette ; la version originale de ce dernier n'était plus la langue grecque mais l'égyptien ; il y était prévu que le roi Ptolémée V qui s'était d'ailleurs fait couronner dans la vieille capitale des pharaons, ne serait plus représenté à la mode grecque comme l'étaient ses prédécesseurs mais à la manière égyptienne. La volonté, de la part des indigènes conquis, de négliger parfois, par volonté d'indépendance et désir de révolte, ce qu'avaient été les bouleversements du monde, pouvait d'ailleurs leur faire construire de curieuses représentations du pays dans lequel ils souhaitaient vivre : ainsi l'Oracle du Potier, une sorte de récit apocalyptique qui fut repris aussi souvent à l'époque lagide qu'à l'époque romaine, évoquait la renaissance d'une Égypte nouvelle débarrassée des conquérants grecs en montrant comment Alexandrie, « la ville des porteurs de ceinture » allait être détruite, redevenir un désert où les « pêcheurs viendraient faire sécher les poissons ». Le dieu bélier Chnum en ferait le four dans lequel il pourrait remettre à cuire les éléments d'un monde régénéré. Alexandrie détruite serait ainsi comme une nouvelle matrice de l'Égypte. La dissolution interne de la dynastie lagide permit ce genre de basculement des axes de la représentation des mondes. Mais tout naturellement la symbolique de territorialisation fut, en général, initiée par les rois et ceux qui les avaient accompagnés : elle se faisait donc dans un cadre hellénique.

Les premiers rois hellènes construisirent de nouvelles Macédoines ou de nouvelles Grèces, pour être chez eux dans des mondes nouveaux, pour atténuer les douleurs de l'exil aux soldats qu'ils y attiraient. Les Séleucides fondèrent des cités qui furent des répliques : on connut une nouvelle Pella dans la Tétrapole syrienne qui devint par la suite Apamée, une autre en Palestine, Osrhoène devint Édesse, Beroia, Dion, Larissa naquirent en Syrie, toponymes qui évoquaient le bon vieux pays, de même Achaia, Tégée, Périnthe, Kallipolis, Héraia, Astakos, fondations de Séleucos. Ces dénominations laissaient à la population des Hellènes déracinée les noms anciens en bouche et maintenaient en eux l'ancienne musique du terroir ; Alexandre lui-même avait donné l'exemple de cette nostalgie créatrice en fondant à Alexandrie Charax un quartier qu'il avait appelé « Pella, du nom de sa patrie, et qu'il voulut ainsi proprement macédonien » (Pline, *Histoire naturelle*, 6, 138).

Quand ils furent plus forts et mieux assurés de la durée de leurs possessions, les rois organisèrent le monde comme s'il devait être le prolongement de leur personne même, expression de leur existence et de celle des membres de leur famille. Ils donnèrent aux villes qu'ils fondaient les noms de Lysimacheia, d'Antioche, Séleucie, Cassandreia, Ptolémaïs, Arsinoée, Laodicée, Apamée, Stratonicée, Apollonis. Chaque dynastie tenait à marquer fortement sa présence en récusant les noms donnés par ses prédécesseurs quand elle s'installait en un pays conquis sur un autre roi hellène : ainsi, par exemple, Antigoneia de l'Oronte devint Antioche quand Séleucos eut chassé de Syrie Antigone.

C'était un moyen de construire des repères durables dans chaque royaume, car les peuples savaient parfaitement quelle toponymie caractérisait les possessions de chaque dynastie. C'était aussi un moyen de créer chez les habitants un certain sentiment légitimiste à l'échelon local, puisque les cités honoraient depuis toujours leur fondateur en célébrant en son honneur un culte de type héroïque, ainsi qu'à l'échelle du royaume dans son ensemble. La cité de Téos d'Ionie, voulant manifester de façon exemplaire son attachement au roi Antiochos III et à la dynastie, décida par exemple « de partager tout ce que le roi avait donné et donnerait de bon au peuple avec les villes qui avaient reçu le nom des ancêtres du roi, pour que leurs habitants soient mieux disposés encore à l'avenir à leur procurer leurs bienfaits, comme ils le feraient justement à l'égard de sa propre patrie, et pour que soit renouvelée l'amitié qui existe avec elles » ; ils votèrent donc « un décret qui donnait la citoyenneté au peuple d'Antioche proche de Daphnè, à celui de Séleucie de Piérie, de Laodicée sur mer », reconnaissant de cette façon qu'ils considéraient la Séleucide, région de Syrie peuplée de villes éminemment royales par le nom qui leur avait été donné comme le véritable cœur de l'empire, le centre et « comme le foyer de la dynastie » (Polybe, *Histoire*, V, 58, 4). Tous ceux qui tenaient à être fidèles aux Séleucides, leur souverain légitime, se devaient de considérer que la conjonction en un espace si limité de tant de cités fondées pour rappeler le souvenir d'un souverain ou d'une reine éminente lui donnait un rôle particulier dans la symbolique de l'espace royal.

De nouveaux paysages

Fonder de multiples cités, comme le firent les Séleucides, produisit de nouveaux paysages, de même que le lotissement de terres nouvelles comme cela fut le cas dans le Fayoum qui, peuplé de Grecs, se couvrit de villages semblables à des villes. Celles-ci furent partout construites sur un plan hippodamien qui était, bien évidemment, le même à Doura Europos, à Séleucie du Tigre, qu'à Aï Khanoun sur les bords de l'Oxus. Elles étaient des centres d'expression du pouvoir puisque le gouverneur local y logeait en un palais; elles furent dotées de territoires d'exploitation, des terroirs divisés souvent en lots, des *clèroi* comme dans les fondations anciennes de l'hellénisme colonial. Des forts et des remparts témoignaient non seulement de ce qu'elles avaient pour fonction de tenir un pays ou une route, mais surtout de ce qu'elles savaient garder l'aspect traditionnel de la cité grecque ; le matériau pouvait être nouveau, car l'usage de la brique abondante en Orient n'était pas fréquent jusqu'alors dans le monde grec, mais les modes de dessin et de conception restaient identiques à ceux que l'on connaissait dans les Balkans ou en Ionie. Le souci de faciliter l'intégration des populations indigènes dans l'univers des villes neuves conduisit à installer parfois des bâtiments symboliques de leur localisation orientale ; des temples de style composite, consacrés

Fondations hellénistiques
1) *Plan de la ville d'Aï Khanoum*

In Huot, J.-L. (éd.), *La ville neuve, une idée de l'Antiquité*, éd. Errance, p. 125.

2) *Plan de la ville de Laodicée*

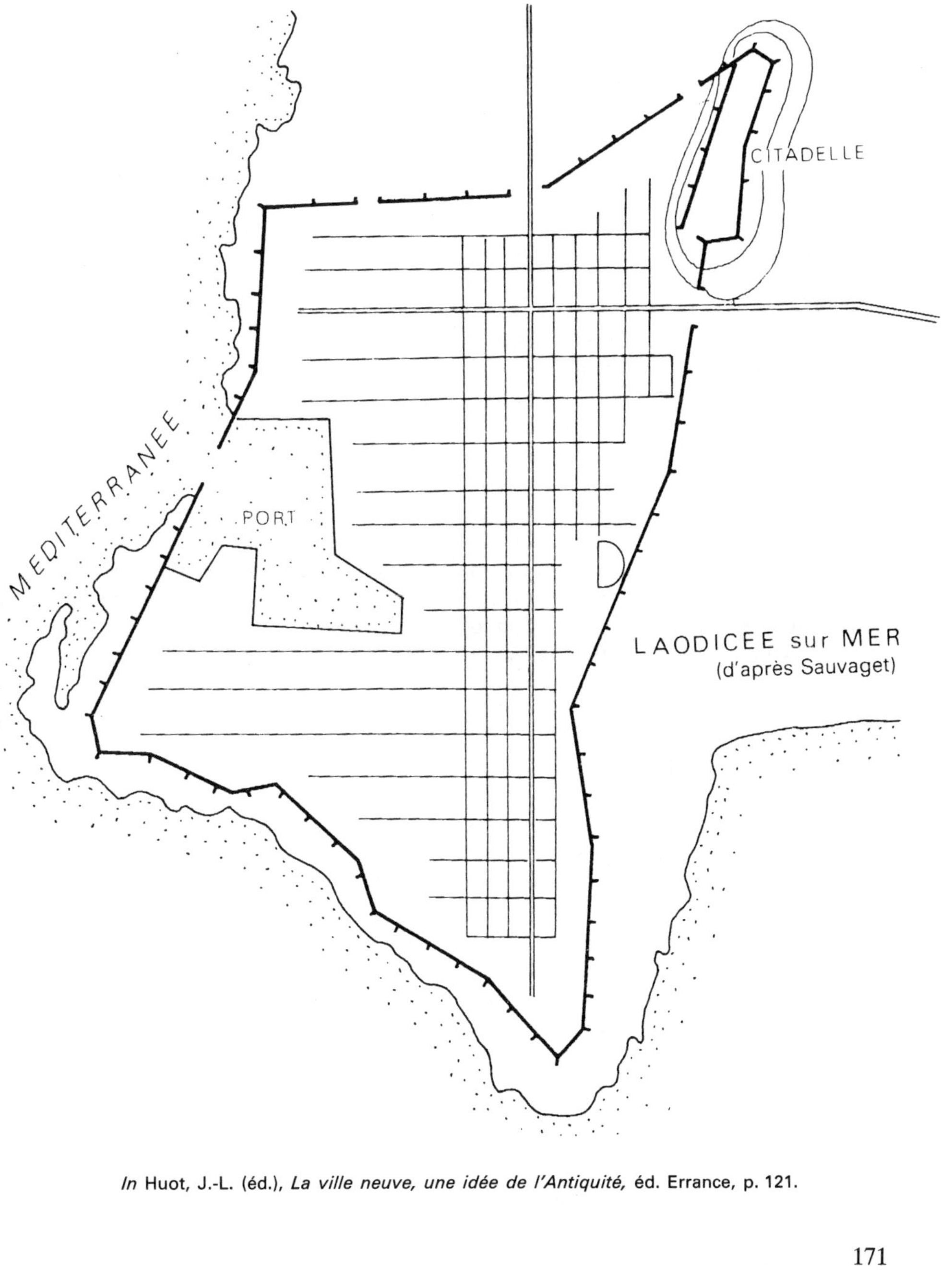

In Huot, J.-L. (éd.), *La ville neuve, une idée de l'Antiquité,* éd. Errance, p. 121.

éventuellement à des dieux grecs, vinrent rythmer le paysage urbain dans le monde séleucide. Néanmoins l'essentiel de la structure et du décor urbain était assez caractéristique de la culture de ses promoteurs, pour que les Orientaux qui le virent s'établir aient voulu en décrire, parfois, les étapes. À Karkaséleucie, dont le nom signifiait en syriaque, « la forteresse de la maison de Séleucos », fondée en Iran occidental, dans la haute vallée d'un affluent du Tigre : « Séleucos, le roi de Grèce, transforma le vieux mur qui avait été construit, en une colline en dehors de laquelle fut édifiée un nouveau mur bien plus haut. L'une des portes fut érigée du côté sud-est, l'autre du côté nord-ouest. Près de cette dernière porte et sur toute sa hauteur, il fit ériger une statue de pierre et à droite de cette porte et à gauche de cette porte, une tour en pierre et en chaux. Cette porte reçut le nom de celui qui en avait dirigé la construction, Totay. Au centre de la ville, Séleucos fit bâtir un palais royal. Il élargit la ville et la couvrit de murs et de palais, non seulement à l'intérieur de l'enceinte, mais encore en dehors de celle-ci. Il la divisa en soixante-douze rues, y amena cinq familles d'Istakhr et les y établit avec d'autres gens transférés de divers endroits. Il donna à ces cinq familles des terres et des villes dans la région et laissa Karka sans imposition. Douze de ces rues furent appelées d'après des noms de métiers. En mémoire du roi Sardana, qui le premier avait bâti Karka, Séleucos édifia une tour de guet près du palais royal, à l'intérieur de la forteresse. Cette tour s'appelle encore de nos jours, Sarboy. » Cette chronique syriaque, malgré quelques anachronismes dus à la date tardive de sa rédaction, témoigne bien de ce qu'était et ce que resterait très longtemps après la disparition des rois grecs la plupart de ces villes nouvelles et la trace qu'elles laissèrent dans la contrée (M.-L. Chaumont, *Iranica antiqua*, 17, 148-179).

Géographie humaine

Tout aussi intéressante est la façon dont les rois ont organisé les rapports entre les populations hellènes qu'ils régissaient, les liant les unes aux autres pour assurer la cohésion de leur royaume, mais acceptant que fussent maintenus les liens qu'elles entretenaient avec les vieilles cités dont elles étaient originaires.

❑ ***La force des liens de parenté.*** Ils avaient favorisé dans le prolongement des traditions anciennes remontant à l'époque de la colonisation archaïque, des rapports de familiarités et de parentés qui structuraient de façon durable l'ensemble des mondes conquis. Téos était associée aux villes de Séleucide, par les liens puissants de la citoyenneté partagée. Les Magnètes du Méandre furent honorés à la demande d'Antiochos III par les citoyens d'Antioche de Perside en tant que « parents et amis du peuple, qui avaient fait beaucoup de grandes choses qui furent utiles aux Grecs et qui les honorent », ceux-ci témoignaient de leur reconnaissance de ce que « lorsqu'Antiochos Sauveur, désireux d'agrandir leur cité qui avait reçu de lui son nom, avait demandé d'envoyer des colons, c'était la cité de Magnésie qui avait fait des décrets beaux et glorieux, des vœux et des sacrifices et envoyé un nombre important d'hommes remarquables par leur valeur, désireux de servir le peuple des Antiochéens ». Magnésie et, de façon plus générale, les villes de la vallée du Méandre, avaient joué un grand rôle dans le cadre de la politique de construction du royaume séleucide, en fournissant partout des hommes compétents, capables et entreprenants ; c'est d'ailleurs de Magnésie qu'étaient originaires Euthydème et ses descendants qui furent rois en Bactriane. On pourrait donc découvrir quelque jour nombre de décrets semblables.

Si chaque roi savait en jouer pour son propre intérêt, ces liens de parenté dépassaient néanmoins les limites de chaque royaume et constituaient, en fait, l'armature profonde du monde hellénistique. Toutes les cités communiaient dans une même idéologie politique qui assurait leur solidarité, et permettrait leur survie après la mort des royaumes eux-mêmes. Les cités renouvelaient les attaches anciennes, affirmaient leur validité même quand elles se trouvaient fort éloignées l'une de l'autre. Ainsi, la cité de Lampsaque renouvela ses liens de parenté avec Marseille, à l'autre bout de la mer, pour qu'elle l'aide à entrer en rapport avec Rome, quand elle voulut que celle-ci la protégeât des rois séleucides. Ces liens étaient définis comme « authentiques » quand on avait peur que leur antiquité fût contestée : tel dynaste lointain expliquant, pour ce faire, par exemple, « qu'il était lié en parenté à l'origine même de la dénomination de Grec », l'affirmant bien haut pour être sûr de pouvoir s'intégrer au monde sur les marges duquel il avait peur d'être repoussé. Cette communauté extensive créait des relations transversales à l'intérieur d'un système qui, par l'effet de la multiplicité des royaumes et de l'antériorité d'existence des cités grecques, était moins dépendant de pôles de centralité que les cités archaïques ne l'avaient été de Delphes à l'époque de la colonisation.

Le rapport des individus à l'espace des royaumes pouvait d'ailleurs se dissoudre dans le maintien perpétuellement réaffirmé de liens politiques originels, quelque fallacieux qu'en ait été le rappel. En Égypte notamment, les Hellènes, installés à demeure dans les grands villages qu'étaient les capitales de nomes, qui n'obtiendraient pas le statut de cité avant le règne de Septime Sévère, continuaient de porter l'ethnique de la cité grecque dont leurs parents, grands-parents et aïeux étaient originaires et dont ils pouvaient prétendre être restés citoyens. Tout au long de la vie du royaume lagide, ils continuèrent d'être des Athéniens, des Corinthiens, des Milésiens ou des gens de Myonte, une cité qui pourtant avait disparu, alors qu'ils pouvaient en être partis depuis longtemps et qu'ils ne savaient peut-être pas quel avait été son destin. Juridiquement, en effet, de même qu'Alexandrie était dite « proche de l'Égypte » parce qu'elle n'était pas « de l'Égypte », les Hellènes installés à demeure dans le royaume étaient censés être restés étrangers aux pays : venus servir le souverain, au lieu où il se trouvait installé, ils n'avaient pas pu changer leur attache première. Les rois lagides n'avaient pas en effet construit de cités dans leur domaine, sinon Alexandrie, Ptolémaïs ou Naucratis, qui ne pouvaient intégrer tous les immigrants et leur donner l'identité politique nouvelle sans laquelle un Grec ne pouvait vivre sa vie de relation ; ils voulaient que leur royaume restât un grand terroir d'exploitation. Comme personne, selon la tradition juridique grecque, ne perdait ses droits de citoyenneté dans sa patrie, sauf en cas de condamnation au bannissement, chacun des émigrés se trouvait donc dans la situation de pouvoir se considérer comme un *apoikos* : un homme vivant pour un temps à l'écart de sa cité originelle mais qui n'aurait pas, pourtant, cessé de lui appartenir et donc de pouvoir y revenir. On savait bien pourtant que l'Égypte était un pays d'où l'on ne revenait guère, et que le voyage de retour n'était guère envisageable car « on y oubliait tout pour avoir bu à une autre coupe » qui faisait négliger les breuvages passés (Hérondas, *Mimes*, I, 25) ; mais pour ne pas s'y perdre entièrement et ne pas se fondre dans le pays indigène, il fallait pouvoir parler grec, vivre à proximité d'un gymnase et le fréquenter, il fallait surtout pouvoir dire être d'ailleurs. La validité de ce rattachement n'était pas toujours établie, puisqu'elle ne se fondait pas sur la moindre pièce d'identité de type officiel, ni sur quelque témoignage de notoriété que ce fût. Il se créait de cette façon des identités fictives renvoyant à des États inexistants. Tel se proclamait ainsi Sicilien ou Crétois, citoyen de confédérations de cités qui, pourtant, n'avaient pas de forme juridique. Une communauté extensive d'Hellènes se constituait qui finissait par intégrer des Galates, des Thraces, ou des Juifs, anciens soldats ou non, hellénophones en tout cas et étrangers au pays dans lequel ils gagnaient leur vie. Les adjectifs de rattachement géographique permettaient à ceux qui s'en désignaient de se distinguer de la masse indigène, et de marquer leur appartenance à la classe privilégiée des serviteurs directs du roi, puisque, comme lui, ils étaient allogènes. L'unité de ces populations disparates s'affirmait négativement dans son opposition aux indigènes, mais elle avait pour vertu de donner néanmoins une image extensive de la notion d'hellénisme, puisque sa réalité perçue semblait désormais correspondre à la définition qu'en donnait Isocrate pour qui « le nom d'Hellène n'était pas celui d'un groupe ethnique déterminé, ceux que l'on appelait des Hellènes étant ceux qui partageaient la même éducation et non pas ceux qui étaient de la même origine » (*Discours panégyrique*, 50). Rome mit un terme à cette pratique en supprimant tout lien juridique entre les Grecs d'Égypte et une métropole fictive ; tous furent désormais intégrés à la catégorie juridique des Égyptiens, leur identité prenant en compte non plus leur lieu d'origine mais leur lieu de vie. Les Hellènes purent alors s'intégrer pleinement au pays dans lequel ils vivaient ; ils reconstruisirent une vie conforme à leur idéal en transformant leurs bourgs en pseudo-cités puis, au IIIe siècle, en cités.

❑ ***La fidélité à la cité d'origine.*** Le rapport des Grecs éloignés des Balkans ou de l'Asie Mineure à leur cité d'origine n'était pas toujours, pourtant, purement fictif. Il pouvait se maintenir entre des concitoyens, éloignés par leurs occupations, des liens individuels ou collectifs, qui constituaient des réseaux de familiarité durables entre les habitants de diverses parties de l'espace hellénistique. Pour en rester à ce qui se passait dans le royaume lagide, on constate que Zénon de Caunos, devenu l'un des proches collaborateurs d'Apollonios, ministre des Finances de Ptolémée II, avait conservé des rapports étroits avec ses compatriotes. Ceux-ci estimaient tout naturel qu'il les aidât comme s'il n'avait jamais quitté sa petite cité, car, vivant à l'étranger ou non, il lui revenait toujours de « veiller à ses intérêts, comme tous ceux qui peuvent voir les affaires politiques depuis une position élevée ». Comme il était parfaitement disposé à leur rendre les services qu'ils attendaient de lui, ils lui promirent « de se souvenir de ce qu'il aurait fait, une fois qu'ils seraient rentrés dans la cité, et lui en feraient rendre grâce » : ce n'est pas parce qu'il ne rentra jamais dans sa patrie d'origine, parce qu'il préféra jouir jusqu'à la fin de sa vie de sa fortune et du réseau d'influence qu'il s'était constitué à Philadelphie du Fayoum que ce genre de contact avec sa patrie était sans importance pour lui.

Pas plus que les cités, les familles ne se dissolvaient pas quand leurs membres se dispersaient. Callias, du dème attique de Sphettos avait quitté Athènes, sa patrie, pour recevoir du roi lagide le commandement de la place d'Andros. Il devint responsable de la garnison d'Halicarnasse ; son frère Phaidros était resté dans la ville où il servait, naturellement, les intérêts du roi de Macédoine. La famille n'était pas déchirée de ce que les parents servaient des souverains qui se faisaient la guerre. Les deux frères ne s'étaient pas perdus de vue, quelque différents qu'aient été leurs choix, et ils avaient, d'ailleurs, tout naturellement collaboré lorsqu'ils avaient pu le faire. Au moment où Athènes, soutenue par le roi d'Égypte, s'était révoltée contre Démétrios Poliorcète et lors du siège de la ville qui s'ensuivit, en 286, ils avaient, en commun, assuré l'approvisionnement en blé de la ville et veillé à la sécurité du territoire. Les Athéniens en gardèrent une reconnaissance durable à l'égard de Callias, leur compatriote lointain, et utilisèrent ses services en diverses occasions, le considérant comme un intercesseur nécessaire pour leurs rapports avec le roi d'Alexandrie; ils le traitaient comme s'il était toujours membre de leur communauté, semblant considérer qu'il était resté aux ordres de ses concitoyens et des magistrats désignés par eux, comme en témoigne le décret par lequel ils l'honorèrent pour les avoir bien servis quand « obéissant aux stratèges et au conseil » il avait été « l'ambassadeur du peuple et fait ce qui était utile à la ville, restant dans la cité avec ses soldats jusqu'à ce que la paix fût faite, il prit ensuite la mer pour se rendre auprès du roi Ptolémée et s'associer aux efforts des ambassades envoyées par le peuple et contribua à rendre service au peuple », qu'après que « les stratèges l'aient convoqué et qu'ils lui aient montré ce qu'il en était de la cité, lui demandant d'agir avec zèle auprès du roi pour qu'un secours en grain et en argent fût fourni le plus tôt possible à la ville », il avait pris un bateau à ses frais pour Chypre et, « désireux de s'employer pour la cité avait rencontré le roi là-bas, à la demande du peuple il avait accepté bien volontiers d'accompagner la délégation du peuple, et s'était chargé de la fonction de chef d'ambassade », quand il obtint ensuite du roi des subventions pour la célébration des Panathénées. Plus tard, « établi à Halicarnasse par le roi Ptolémée, Callias, ainsi que chacun des soldats stationnés là-bas avec lui, ne cessa de manifester son zèle aux ambassades et aux ambassades sacrées envoyées par le peuple auprès du roi Ptolémée, individuellement aussi à chacun des citoyens voyageant à titre privé et venant le voir, tenant très grand compte de ce qui pouvait être utile au bon renom de la ville », car il participait d'un système de réseaux d'influences et d'ancrages qui permettait à chacun de trouver partout où il pouvait se rendre dans un monde grec devenu vaste et ouvert des garants et des protecteurs naturels. Son frère, resté dans sa ville, fut honoré plus tard quand l'influence des rois de Macédoine fut redevenue prépondérante dans la cité. L'un comme l'autre avait eu à cœur de servir son pays, ce qui pouvait être difficile dans un monde de souverainetés mouvantes. Que les membres des grandes familles pussent appartenir à des partis différents était, bien sûr, très utile aux cités, qui pouvaient trouver dans chaque camp des protecteurs éventuels et des avocats ; cela surtout leur permettait d'assurer leur pérennité dans un monde où les royaumes pouvaient, eux, passer, en raison des rivalités qui les faisaient se détruire, pour transitoires.

Le fait que les hommes aient pu considérer que se mettre au service des rois ne les exonérait pas des devoirs à rendre à leur patrie d'origine, montre d'ailleurs de façon évidente que les royaumes n'avaient pas réussi à susciter les fidélités que leur puissance apparente aurait pu faire naître. Seules les cités jouissaient du droit à la permanence et à la fidélité de leurs membres.

GESTION DE L'ESPACE DES ROYAUMES

Le domaine royal

L'espace construit et durablement géré par les rois, le royaume, était considéré comme un domaine que le souverain pouvait exploiter comme bon lui semblait car il était l'unique propriétaire de toutes les terres de son royaume.

❑ ***La diversité des modes d'exploitation.*** Les modes d'exploitation pouvaient être divers selon les pays. Profitant de la situation très spécifique de l'Égypte, les Lagides avaient décidé de clore de façon parfaitement étanche leur domaine en pratiquant une politique monétaire particulière : dès l'époque de Ptolémée Ier, ils avaient imposé dans leurs possessions l'usage exclusif d'une monnaie légère et bon marché, mais de valeur fiduciaire élevée. À partir de 300, le roi avait obligé tous les étrangers qui arrivaient à Alexandrie, leur escale obligée, à changer les espèces étrangères qu'ils détenaient pour qu'ils ne fassent commerce qu'en monnaie locale ; il ne circulait pas ainsi de monnaie étrangère en Égypte. Ce système permettait bien évidemment au roi de tirer un bénéfice immédiat de l'obligation de change, mais surtout de contrôler la circulation monétaire sur son territoire, de maîtriser tout risque d'inflation, de fixer à son gré la valeur de ce que devaient fournir les paysans à titre de loyers et d'impôts. Les sommes versées aux producteurs restaient faibles ; ceux-ci en revanche, locataires des terres royales, procuraient au souverain propriétaire du sol d'importantes quantités de céréales au titre des fermages dus et celui-ci pouvait les exporter à des prix particulièrement compétitifs, tout en conservant une importante marge de bénéfice, puisque les cours internationaux étaient beaucoup plus élevés que ceux pratiqués sur le marché intérieur égyptien. Les Attalides de Pergame, à partir de 188, pratiquèrent la même politique, émettant, avec l'accord des cités du royaume qui participaient aux émissions et s'organisaient ainsi en une sorte de confédération monétaire, des *cistophores*, monnaies de faible valeur réelle par comparaison avec celles qui circulaient dans le reste du monde égéen. Les Séleucides avaient préféré, pour leur part, accorder au contraire la libre circulation dans leur empire à toute monnaie frappée selon l'étalon attique. Cela leur permettait d'économiser la bureaucratie nécessaire aux contrôles. Ils n'avaient pas eux-mêmes à se soucier d'émettre un monnayage abondant, à leur type. Peut-être l'étendue de leur domaine, la multiplicité des portes d'entrée possible ne leur permettaient pas de fermer complètement ses frontières, mais leur pratique était peut-être l'effet d'un véritable choix. Elle s'apparentait, en effet, à celle des Achéménides dont ils étaient, en quelque sorte, les héritiers. Puisque l'unité monétaire du royaume était maintenue, malgré la diversité des frappes, de ce qu'un seul étalon y avait cours, celui d'Athènes qu'avait repris Alexandre, ils estimaient, sans doute, que cette ouverture leur permettait de profiter de toutes les opportunités offertes par les divers courants de prospérité dans le monde méditerranéen.

La terre royale ne rapportait que dans la mesure où elle était cultivée, ce qui imposait que l'on y fît vivre des paysans. Le plus souvent, ceux-ci étaient des indigènes restés sur place depuis les origines des temps. Les rois pouvaient avoir aussi installé dans les campagnes des colons d'origines diverses, pour que fussent mis en valeur des terroirs nouveaux. Dans le Fayoum en Égypte, l'île de Failaka dans le golfe Persique, en de nombreuses régions d'Anatolie furent installées des colonies de Macédoniens ; on y connaît aussi des implantations juives. Ces laboureurs soldats pouvaient servir à maintenir la paix et la tranquillité dans un pays peu sûr car ils étaient un corps étranger à la région et à ses habitudes. En Asie et dans une grande partie de la Syrie, les habitants étaient organisés en villages, communautés pérennes qui géraient collectivement l'espace rural et semblent avoir joué le rôle d'unité d'exploitation du terroir. En Égypte la communauté villageoise vivait selon d'autres modes et les paysans étaient donc amenés à signer individuellement avec le propriétaire du sol, le roi, des contrats de location pour chaque parcelle de terre royale qu'ils cherchaient à prendre en culture. Le roi lagide devait donc faire en sorte que les paysans fussent personnellement enclins à prendre leur terre en fermage. Quand les conditions de vie dans les campagnes, à cause notamment des troubles civils, devinrent trop dures, ils quittèrent la terre en masse pour s'enfuir vers Alexandrie ou les marges du désert et, pour combattre cette fuite *(anachorèse)*, les rois Ptolémée VI et Ptolémée VIII imaginèrent de contraindre leurs paysans à prendre les terres à bail, établissant l'obligation de culture et fixant en quelque sorte le paysan au sol, dans son statut de dépendant exploité.

❑ ***Les aliénations.*** Le domaine pouvait faire, de la part du roi, l'objet d'aliénations de nature diverse, des ventes ou des dons précaires ou non. Le roi Antiochos II pouvait ainsi décider de vendre « le village de Pannos, la maison forte, et le territoire appartenant au village, borné par le terroir de Zélitide, celui de Cyzique et l'ancienne route qui conduisait au village de Pannos et qui a été labourée par les paysans des alentours désireux de s'approprier le terrain quand le village de Pannos n'existait pas encore », faisaient « l'objet de cette vente tous les lieux-dits qui appartenaient à ce terroir, les paysans qui y étaient attachés, y compris les paysans du village qui étaient allés ailleurs, avec leurs biens et les revenus de l'année ». L'acheteur était en droit de « rattacher ces terres à une cité de son choix » mais pouvait jouir des revenus qu'il en tirerait sans avoir à le faire ; il pouvait, devenu de cette façon détenteur d'une propriété privée à l'intérieur même du domaine royal, revendre son acquisition à qui bon lui semblait ; les nouveaux propriétaires pouvaient, à leur tour, le rattacher à une cité de leur choix ou le garder en l'état (*L'Hellénisme*, p. 176). Certains domaines concédés étaient immenses, d'autres pouvaient être de taille relativement réduite. C'était le cas, sans doute, dans l'île de Failaka, sur le golfe Persique, où des lots de terre avaient été concédés à des colons qui les « conserveraient à titre de bien patrimonial, quand ils les auraient travaillés et plantés d'arbres » (*ibid.*, p. 178). En Égypte, les soldats hellènes puis indigènes recevaient à titre de bénéfice, des lots de terre à exploiter, des *cléroi*, ce qui justifie le nom de *clérouques* qu'on leur donnait : progressivement ces attributions cessèrent d'impliquer l'effectivité du service qui les avait justifiées ; les terres clérouchiques devinrent ainsi de véritables propriétés privées, transférables, par voie de succession ou de vente, au gré du détenteur.

Le souverain n'abandonnait pas toujours tout droit de regard sur la gestion des domaines concédés. Ainsi les terres dites sacrées en Égypte, parce qu'attribuées aux temples, furent longtemps gérées par les fonctionnaires royaux. Ce n'est que parce qu'ils profitèrent de la décadence de la dynastie que les prêtres finirent par pouvoir les administrer eux-mêmes : Ptolémée VIII et ses deux femmes, sœur et nièce, qui régnaient avec lui, décrétant que « personne ne s'emparerait par la violence de ce qui est consacré aux dieux, ni n'appliquerait la torture aux préposés aux revenus sacrés, ni ne s'approprierait des villages, des terres ou d'autres revenus sacrés, ni ne percevrait les taxes d'association, ni les couronnes, ni les impôts proportionnels sur les terres consacrées aux dieux, ni ne gérerait les espaces sacrés sous aucun prétexte, on laisserait aux prêtres eux-mêmes le droit de s'en occuper » (*Corpus des Ordonnances des Ptolémées*, n° 53). De la même façon, les deux villages sacrés donnés à la petite ville d'Apollonia de Carie restaient surveillés par le fonctionnaire du roi séleucide préposé aux affaires sacrées, ainsi que par l'ensemble des agents territorialement compétents.

Les détenteurs, personnes privées, des grands domaines se trouvaient du fait de leur situation dominante amenés à exercer une sorte de pouvoir dans les villages qu'ils possédaient. Ainsi le régisseur d'Achaios l'Ancien et son comptable se virent remerciés par un décret des « villageois de Neonteichos et de Kiddioukômè réunis en assemblée » pour « avoir rendu, notamment lors de la guerre contre les Galates, des services à tous à titre public comme à titre privé, les villageois sacrifieraient à Achaios, le maître de l'endroit et son sauveur, chaque année, un bœuf dans le sanctuaire de Zeus, et à Lacharès et Banabèlos, ses agents et leurs bienfaiteurs, deux béliers dans le sanctuaire d'Apollon de Kiddioukomè, trois victimes pour que l'on sache que les habitants de Neonteichos et de Kiddioukomè savent remercier et honorer ceux dont ils ont reçu des bienfaits » (*L'hellénisme*, p. 152). Pourtant le souverain n'abandonnait pas ses droits régaliens au bénéfice des grands propriétaires; ce genre de privilège n'était accordé que de façon tout à fait exceptionnelle : dans le domaine d'Achaios, il maintenait un agent sur place, d'une requête de Ptolémaios fils de Thraséas qui demandait au roi « que soient données des instructions pour que les conflits pouvant opposer dans les villages qu'il possédait les paysans entre eux puissent être réglés par ses agents, que ceux qui les opposeraient à des paysans d'autres villages soient examinés par l'économe royal et son régisseur sur place, que, s'ils portaient sur un meurtre ou paraissaient d'une importance particulière, l'affaire soit renvoyée devant le stratège de Syrie et Phénicie » (J.-M. Bertrand, *Zeitschrift für Papyrologie und Epigraphik*, 46, pp. 167-174), on apprend que le paysan qui pouvait être vendu ou donné avec le terroir qu'il cultivait n'était pas soumis en tout au maître du sol. Le souverain lui-même prenait soin, d'ailleurs, de disjoindre en sa personne les deux éléments qui la constituaient : le roi d'Égypte exigeait de ses fermiers des loyers et établissait des baux sous forme contractuelle en tant que propriétaire, et levait des impôts en tant que roi.

❑ ***Le cas des villes*** du domaine royal était spécifique, qu'elles fussent cités indigènes ou grecques, notamment parce qu'elles avaient la possibilité de s'exprimer collectivement. Il était parfaitement admis que le roi, étant bien le seul maître des terres et des communautés de son royaume, pouvait vendre ou donner toute terre lui appartenant à qui bon lui semblait, que les cités lui appartenaient au même titre que les autres terres, qu'il pouvait ainsi disposer comme il l'entendait de toute cité, les vendre, les donner à qui il voulait, à une personne ou à une autre cité ou collectivité quelconque, que le bénéficiaire fût considéré ou non comme appartenant à son royaume : ainsi, par exemple, les gens de Priape furent-ils donnés par les rois Attalides à la cité de Paros ; les premiers appartenaient aux rois de Pergame et non les Pariens, les souverains préférant sans doute se concilier ces derniers aux dépens même de leurs sujets (Strabon, *Géographie*, 13, 1, 14).

On sait que ces façons de faire n'avaient rien qui pût surprendre un Grec, mais les citoyens pouvaient n'être pas satisfaits d'être objets de telles aliénations. Ils pouvaient « prononcer des malédictions pour que personne ne réclame en donation, ni la cité des Telmessiens, ni les villages, ni rien du territoire des Telmessiens, à aucun roi ou reine ou aucun autre dynaste sous aucun prétexte, et demander aux dieux qu'à celui qui ferait cette demande sous quelque prétexte, que la terre ne porte pas de fruit, que les femmes ne fassent pas d'enfants normaux, que lui et sa race tout entière soit anéantie et qu'il soit coupable devant Lato et tous les autres dieux et déesses » (*Inscriptions historiques grecques,* n° 91, f 103), car le détenteur d'un tel cadeau, *doréa*, pouvait se sentir le droit de surveiller de près l'état du terroir qu'on lui avait concédé, puisque les revenus qu'il en tirerait en dépendaient, le don étant la mise à la disposition du donataire des taxes levées jusqu'alors par le donateur sur un territoire et ceux qui l'habitaient. Il pouvait vouloir, donc, y jouer le rôle d'une sorte de dynaste. C'est bien ce qui se passa à Telmessos où Ptolémée II installa Prolémée de Telmessos ; celui-ci exerça, sur la cité et la région, un véritable pouvoir dynastique : il y levait à son gré les impôts, ou bien en exemptait les citoyens. Le territoire devint ainsi comme une sorte de petit royaume, et d'ailleurs les habitants de la ville ne songeaient plus à se plaindre qu'il les ait acquis et le remercièrent de sa bienveillance à leur égard. Souvent les dons d'une cité à une autre était un mode d'aménagement du territoire, et prenait la forme d'un synœcisme regroupant, au sein d'une puissante cité qui les absorbait, diverses communautés politiques ayant jusqu'alors vécu une existence indépendante et qui pouvaient ne pas apprécier du tout la chose : le pouvoir royal pouvant apparaître parfois comme l'instrument qui favorisait d'anciennes ambitions et celles-ci étaient d'autant plus inacceptables qu'elles avaient pu susciter de grandes résistances. Aussi n'est-il pas étonnant que toutes les unions dont le souverain se fit l'instigateur, dans la mesure où il voulait en faire accepter les modalités par les deux partis en présence ne purent se réaliser. Dans les pays qu'ils se disputèrent, d'ailleurs, les rois n'étaient pas toujours disposés à suivre la même politique que leur prédécesseur : ce que l'un construisait, l'autre souvent pouvait le défaire.

❑ ***Le « bon roi »*** n'était pas, en tout cas, dans le discours grec, celui qui se servait de son pouvoir de cette façon. Sa puissance devait lui servir à « maintenir, à garantir, à conserver » ce que chacune des cités avait possédé. L'idéologie dominante qui voulait que l'on évoquât à tout propos la liberté des cités grecques, quelle que fût la réalité de leur sujétion, nécessitait que le roi prétendît « garantir ou restaurer » un passé tenu, de ce qu'il était passé, pour excellent, assurer la permanence de l'ordre politique ancien et en particulier du *statu quo* territorial. Une cité pouvait, par un décret, remercier le roi du don qu'il lui faisait d'une autre ville, ou d'un territoire nouveau qui lui fournirait des revenus supplémentaires, mais le donné n'était pas à même de dire son mot, ou ne tenait pas à le faire. Le discours des cités grecques dans les royaumes était ainsi resté tout aussi fallacieux qu'à l'époque classique, rendant difficile une appréciation toujours lucide des réalités.

L'organisation administrative

Le royaume ne pouvait être considéré sous son seul aspect de domaine royal. Le roi profitait de la puissance que lui donnaient ses immenses richesses, mais, sachant que la terre du royaume était aussi terre d'État, que les gens dont on exploitait le travail devaient aussi être administrés, il dut se donner les moyens de la faire de la façon la plus économique possible. La diversité des modes d'administration des populations et des terres fut de règle, diversité rendue nécessaire par le fait que les sujets avaient vécu des histoires différentes et qu'ils se trouvaient à des stades différents de développement social ou politique.

Il serait illusoire de vouloir prétendre établir un organigramme de la bureaucratie des royaumes, car même là où il semble qu'on en connaisse le mieux les rouages, en Égypte, où les conditions de préservation des textes écrits sur papyrus font qu'une documentation parfois pléthorique nous cache quelque peu la réalité des choses, il est bien difficile de comprendre ce qui en constitue l'essentiel, c'est-à-dire le cheminement des documents tout au long du circuit de décision. Les redondances semblent multiplier les instances d'intervention et les courts-circuits paraissent, à l'inverse, fréquents. Le consensus des historiens et des érudits semblait vouloir prétendre naguère que l'administration des royaumes devait s'être constituée en une structure ramifiée de circonscriptions emboîtées dont la forme aurait été semblable, mais la taille de plus en plus réduite. Il ne semble pas que l'on doive mettre en doute ce schéma raisonnable, néanmoins, on doit admettre que la géographie administrative ne constituait sans doute pas un système de mailles partout semblables, et que la variété, dans chacun des royaumes, était de règle. Le monde séleucide est le plus complexe des royaumes et le plus durable dans sa diversité, c'est celui dont les principes de gestion sont le mieux établis, le plus clairement définis et expliqués.

❑ ***Les satrapies.*** Le pays était, de façon assez limpide, partagé en fonction des nécessités géographiques, en trois immenses gouvernements, les Hautes satrapies orientales dont le premier responsable avait été Antiochos, le fils de Séleucos Ier, la Syrie, centre du pouvoir où le roi se tenait le plus souvent, ce qui n'excluait pas qu'il pût y avoir un administrateur particulier, enfin l'Asie

Mineure à l'ouest du Taurus dont le responsable le mieux connu fut, sous le règne d'Antiochos III, Zeuxis qui succéda en 213 à Achaios, nommé en 223 à ce poste, mais infidèle à son roi. Zeuxis portait le titre de « préposé aux affaires » (*épi tôn pragmatôn*), titre qui ne signifie pas grand-chose en lui-même, puisque cette désignation était courante à tous les échelons de la hiérarchie administrative et que c'est la seule délimitation géographique de sa compétence, « l'au-delà du Taurus » en l'occurrence, qui précisait de quel rang il était.

L'ensemble du royaume était partagé en satrapies, comme l'Égypte l'était en nomes, elles-mêmes divisées en circonscriptions plus petites qui constituaient le réseau administratif élémentaire, le maillage premier : ces circonscriptions de base semblent avoir été d'aspect et de nom fort différents. Leur fonction même, hors le fait qu'elles constituaient un relais nécessaire entre le roi, l'administration et les sujets, n'était pas partout la même. L'essentiel de ce que nous savons de cette diversité est connu par l'analyse du dossier de la nomination par Antiochos III de grandes prêtresses du culte de la reine Laodice dans chacune des satrapies du royaume. Trois exemplaires d'une lettre royale ont été retrouvés, ainsi que les lettres d'envoi des responsables de satrapies, adressées à celui qui assurerait dans chaque circonscription de base la publicité, par affichage, en un lieu remarquable, de la décision royale. La première s'adressait au responsable d'une circonscription qui était sans doute une *hyparchie*, la seconde à une cité, Laodicée de Médie, la dernière au commandant d'une *phylakè*, sans doute un district militaire situé dans une région stratégique essentielle, dans les monts du Zagros, sur la grande voie qui joignait Ecbatane à Séleucie du Tigre. La diversité des destinataires indique bien qu'il serait vain de vouloir imaginer que l'empire était découpé d'une façon qui l'aurait fait ressembler à la France révolutionnaire uniformément départementalisée ; chaque terroir était en effet organisé selon la façon qui convenait à sa nature, et au degré possible d'implication des habitants eux-mêmes dans le processus de prise de décision et d'exécution. Dans tel endroit, le pays était, comme en Syrie, divisé en nomes ou en hyparchies ; il pouvait en être de même dans les campagnes d'Anatolie ou d'Orient : certaines zones pouvaient être laissées à la responsabilité de militaires, alors que, dans les secteurs les plus évolués, des cités, dont les magistrats et les assemblées pouvaient servir directement de relais au pouvoir, constituaient les circonscriptions administratives primaires. Celles-ci devaient être très nombreuses puisque Séleucos ne laissa aucun lieu de Babylonie ou de Perside qui fût vide de villes et qu'il en semait partout où le terrain était propice.

❑ ***Des cités sujettes.*** Ces villes, fondées au profond du continent, étaient des cités sujettes : le mot ne faisait rougir personne, il était employé par tout le monde, par les ambassadeurs grecs comme par les rois (Welles, *Royal Correspondance in the hellenistic Period*, n° 34). On trouvait à leur tête des administrateurs nommés par le souverain, des « préposés aux affaires », des *épistates* et, parfois, divers agents chargés de fonctions spécialisées, militaires ou financières, dont on sait qu'ils pouvaient être nombreux. Ces commissaires locaux étaient souvent appréciés et pouvaient servir d'intermédiaires entre leurs administrés et les responsables royaux plus haut placés quand les décisions qu'ils envisageaient de notifier étaient contestées. Ils jouaient le jeu du politique, intervenaient dans le débat des assemblées et des collèges de magistrats, se voulant membres du corps des citoyens qu'ils régissaient sans prétendre le faire, puisque leurs ordres pouvaient être présentés comme des propositions de décrets soumis à l'approbation des instances ordinaires de la cité. C'est sur « la proposition de l'épistate Asclépiadès et des archontes » qu'un « décret fut pris » par la cité de Laodicée sur mer, et qu'il avait été « décidé par les anciens » que « ceux qui voudraient ériger leur statue dans tel sanctuaire privé, ne paieraient pas pour en acheter l'emplacement », ce qui aurait posé de graves problèmes de droit de propriété du sol sacré, mais pour l'existence même de la statue (*L'hellénisme*, p. 152). Quand la proposition de l'*épistate* était suscitée par un ordre formel du roi, l'expression de sa volonté devenait normalement un attendu du décret politique, comme si sa capacité normative restait subordonnée à la ratification par la cité ; cela permettait à l'assemblée politique de prétendre avoir conservé une certaine autonomie de décision. Pourtant, l'ordre royal pouvait parfois apparaître comme la seule source du droit dans la ville : il suffit, par exemple, qu'un ordre royal ait été transmis à Séleucie de Piérie pour qu'elle vote un décret sur proposition de « l'épistate Théophilos et des magistrats », prescrivant que « l'épistate et les magistrats indiquent à quel emplacement dans leur local sera placée la statue d'Aristolochos », mais avouant que celle-ci avait été « accordée par l'ordonnance royale » et non par le décret lui-même.

Le monde, soumis de cette façon à l'autorité directe du roi et de ses agents, constituait l'essentiel du royaume ; néanmoins les Séleucides avaient compris que le tissu territorial pouvait n'en être pas continu. De même que les Achéménides, de même que les autres rois, ils avaient admis que, dans le monde qu'ils régissaient, il pouvait exister des zones où leur pouvoir prétendait ne point devoir s'exercer, parce qu'ils les déclaraient libres. Ils distinguaient ainsi, dans l'ensemble de leur domaine, ce qui ressortissait de la responsabilité propre de leur administration, la *chôra*, de ce qui appartenait à « l'alliance » (*symmachia*) : c'est-à-dire des villes, cités grecques ou non, des peuples comme le peuple juif, des dynastes ou des temples jouissant de privilèges et d'une liberté concédée selon des modalités diverses.

❑ ***Des enclaves libres.*** Ces États conservaient « leurs lois propres et leur gouvernement traditionnel », mais le langage de leur liberté cachait mieux encore que pour les systèmes étatiques assujettis, la réalité de leur obéissance. L'autorité des rois n'y était, en effet, pas contestée. Car la liberté qu'ils accordaient n'était pas l'institutionnalisation de l'existence d'un rapport de forces défavorable au souverain ; ce n'était pas celle des Galates d'Anatolie auxquels ils payaient tribut pour qu'ils renoncent à piller le pays utile (Tite-Live, *Histoire romaine*, 38, 16, 1), ni celle des cités syriennes, qui reçurent, au premier siècle, dans les moments de luttes dynastiques et de décomposition du royaume des privilèges qu'elles auraient pu prendre d'elles-mêmes. Les États de liberté concédée se trouvaient dans la situation de pays réputés étrangers, projetés à l'extérieur du royaume du fait même que le roi prétendait les traiter comme tels, mais ils étaient bien intégrés, pourtant, à l'espace propre du pouvoir. Il suffit d'un exemple pour s'en rendre compte. Ainsi, la cité d'Arados en Phénicie avait d'abord été soumise à l'autorité des agents de l'administration territoriale séleucide ; des fonctionnaires de la satrapie d'Apamée surveillaient la façon dont elle gérait les ressources de son domaine et notamment comment elle administrait le sanctuaire de la divinité poliade, Zeus Saint Céleste de Bætocécé. Puis durant le règne d'Antiochos II, en 259, la ville reçut du roi l'autonomie, frappa des monnaies datées de l'ère de sa liberté ; elle comptait désormais au nombre des « villes amies » des rois et se considérait comme appartenant à son « alliance ». Plus tard, lors des luttes entre Séleucos II Callinicos et Antiochos Hierax, elle reçut le privilège supplémentaire de pouvoir accueillir sur son territoire les « gens qui fuyaient le royaume », le roi s'engageant à ne pas les prendre au corps et à les laisser tranquilles en leur refuge. Pourtant, ils n'avaient pas le droit, une fois qu'ils y étaient entrés, de quitter la cité sans son aval. Cela signifie très clairement que le souverain n'avait pas renoncé à son droit de regard sur la ville et sur son territoire, alors qu'elle était réputée extérieure au royaume, puisqu'elle était dite libre, et alors que, par ailleurs, n'importe qui aurait pu, s'il l'avait souhaité, la quitter à son gré, sans avoir à traverser le pays soumis à l'administration directe du roi, puisqu'elle était un port. Ville de l'alliance, Arados n'en était pas moins une cité du royaume, parfaitement englobée dans son territoire puisqu'elle restait ouverte à l'exercice d'une certaine forme de souveraineté. Comme les anciens rois de Perse qui savaient composer avec leurs tribus irrédentes, comme les autres rois successeurs d'Alexandre, dont nous ne savons pas s'ils l'avaient exprimé avec autant de clarté documentaire, comme Rome qui saurait en formaliser de façon très explicite l'expression juridique, les rois séleucides avaient compris, ainsi, qu'ils pouvaient, sans rien avoir à abdiquer de leur pouvoir réel, construire un territoire en y organisant certaines formes d'hétérogénéité ; les enclaves d'autonomie qu'ils y installaient ne leur faisaient pas perdre leur autorité sur les populations qui y vivaient.

❑ ***Des zones neutres.*** Les frontières proprement extérieures du royaume pouvaient ainsi, par défaut, être définies de façon très claire : l'étranger effectif commençait là où la parole royale n'était plus seule à définir les règles et l'usage de la liberté, c'est-à-dire là où se conjugaient plusieurs discours prétendant, concurremment, la faire naître et la garantir. Dès qu'il existait des espaces où deux discours étatiques de force équivalente interféraient, ceux qui se trouvaient dans la zone de diffusion commune, étaient dégagés de toute obéissance ou de toute allégeance, le temps que l'un ou l'autre l'emporte. Aussi, quand les Romains prétendirent, lors de la conférence de Lysimacheia, en 196, imposer à Antiochos de reconnaître que toutes les cités grecques d'Asie Mineure étaient libres, il refusa de s'accorder avec eux sur ce point, car « les villes d'Asie ne devaient pas tenir leur indépendance d'une décision des Romains, mais de sa seule générosité » (Polybe, *Histoires*, XVIII, 51). Il se disait prêt à leur donner des preuves de sa bienveillance, à leur accorder une liberté, qu'elles ne dussent qu'à lui, mais il n'admettait pas que cette liberté fût revendiquée par d'autres, car c'eut été accepter de penser qu'il n'en était pas le seul maître. L'étendue d'un État se limitait, de cette façon, aux frontières que constituait la capacité du roi à être seul à définir les statuts de ceux qui y vivaient.

Il n'était pas nécessairement besoin, d'ailleurs, que s'expriment, en un point, deux discours, pour que n'importe quel système étatique qui se disait apte à les recevoir y obtînt par l'effet de leur antagonisme, capacité à être libre. Il suffisait aussi, et symétriquement, qu'il pût être, lui-même, l'origine d'une parole recevable et reconnaissable par autrui pour qu'il accède à une indépendance effective. En 218, Ptolémée IV voulut que le cousin d'Antiochos III, Achaios, participât aux négociations entre les deux rois et fût partie prenante du traité qui devait empêcher que naquît entre eux la quatrième guerre de Syrie : Antiochos s'y refusa; car, si le fait qu'Achaios se fût proclamé roi et se fût, en quelque sorte autonomisé en Asie Mineure ne le gênait pas outre mesure, tant que cela n'avait pas de retentissements à l'extérieur de son domaine, il ne lui était pas possible d'accepter, en revanche, que le statut qu'Achaios s'était attribué fût avalisé par un autre que par lui.

Le jeu n'était pas, bien évidemment, limité à l'intervention de deux interlocuteurs, et pouvait se présenter sous forme d'interactions multipolaires; par la multiplication des instances, la procédure de reconnaissance pouvait prétendre fonder en un droit international, ce qui n'aurait été que l'équilibre d'impérialismes si deux parties, seulement, s'étaient trouvées en présence. Ainsi Lampsaque, pour se protéger des revendications d'Antiochos III s'en était allé demander aux Romains, par l'intermédiaire des Marseillais, « qu'ils pussent être inscrits dans les traités conclus entre eux et le roi Philippe » : cette cité savait que sa capacité à émettre un discours libre serait garantie par la reconnaissance, de la part des diverses parties contractantes, de son droit à apparaître comme associée au traité sans avoir à demander l'autorisation de quiconque sinon des participants eux-mêmes, et que son indépendance effective serait assurée de l'impossibilité, où se trouverait vraisemblablement Antiochos III, de mettre en cause les dispositions prises par l'ensemble des contractants à un accord dont par ailleurs il n'était pas, lui-même, partie prenante, sauf à vouloir s'opposer ouvertement à eux. Il suffisait ainsi qu'une cité, un dynaste ou un peuple participe à des négociations internationales pour qu'elle pût prétendre être sortie du royaume auquel il avait appartenu ; la puissance ou l'impuissance du roi se révélait à sa capacité ou à son incapacité à lui faire comprendre qu'il était le seul à pouvoir parler en son nom, car l'existence d'un État se manifestait tout autant à sa capacité de fermer ses frontières au discours d'autrui qu'à émettre, à partir de son territoire, un discours unique.

Vitalité des marges du monde hellénistique

Les royaumes hellénistiques n'ont pas réussi à durer, malgré leur puissance initiale. Les rois ont dû, dès l'origine, limiter l'espace de leurs interventions, et progressivement ont dû faire face à la dissolution des structures étatiques qu'ils avaient mis en place. C'est surtout sur ses marges, en effet, que l'hellénisme semblait vivant, capable de garder son enthousiasme et sa capacité d'entreprendre.

❑ ***Retour en Méditerranée orientale.*** On sait comment les diadoques étaient revenus, les uns après les autres, vers la Méditerranée orientale qui fut le champ clos de leurs ambitions affrontées et dont le contrôle fut leur préoccupation essentielle, alors qu'il existait pourtant d'autres besoins qu'ils devaient satisfaire, car les espoirs qu'avaient fait naître l'ouverture de terres nouvelles aux entreprises des Grecs étaient grands. Si les soldats conquérants, en effet, fatigués de leur course, aspiraient au retour dans leurs foyers, la nécessité de peupler l'espace conquis et même de l'étendre était évidente. Quand Ophellas, officier au service de Ptolémée Lagide, partit, en 310, depuis Cyrène vers Carthage, « beaucoup d'Athéniens s'engagèrent dans cette campagne et de nombreux autres Grecs qui espéraient pouvoir coloniser la plus riche part de la Libye et piller les richesses de la ville, car la Grèce se trouvait dans une situation de grande faiblesse, de sorte que, s'ils cherchaient à trouver quelque avantage en la quittant, ils cherchaient surtout à échapper à leur misère. Il se mit donc en route avec une troupe de dix mille fantassins, six cents cavaliers, cent chars avec trois cents cochers et assistants, les accompagnaient une foule de non combattants au nombre de dix mille au moins, car les soldats emmenaient femmes et enfants avec leurs bagages, de sorte que cette expédition ressemblait bien au départ d'une colonie » (Diodore, *Bibliothèque*, 20, 3, 42). Séleucos Ier avait favorisé la colonisation de la Bactriane en y fondant de nombreuses cités et Antiochos Ier sut lutter avec énergie contre les Barbares des steppes pour leur permettre de s'implanter durablement dans leur lointaine résidence. Les rois séleucides successifs, soucieux d'affirmer leur autorité sur les Hautes satrapies, menèrent, depuis le règne de Séleucos II jusqu'à celui d'Antiochos VII, cinq grandes expéditions de guerre en Iran, et même aux Indes. Les Lagides fondèrent de nombreux comptoirs sur les côtes de la mer Rouge pour ouvrir l'Afrique à leurs entreprises. Pourtant, c'est en toute bonne conscience qu'ils vinrent, tous, s'empêtrer dans les complications d'une politique égéenne et balkanique dérisoire, qui fit paraître, par comparaison, médiocres leurs ambitions orientales ou africaines.

Dès le début du second siècle, les rois d'Égypte semblaient avoir rétréci leurs perspectives d'exercice du pouvoir, aux limites de leur palais, et même Ptolémée IV surnommé Philopatôr « se rendait inaccessible aux officiers de la cour, de même qu'aux fonctionnaires qui administraient l'Égypte, ne témoignant d'autre part qu'ennui et indifférence aux hommes qui avaient la charge des affaires extérieures » (Polybe, *Histoires*, 34). Les Lagides perdirent l'ensemble de leurs possessions maritimes, puis Cyrène et Chypre. Ils furent bientôt en butte à des difficultés en Égypte même, la Thébaïde fit durablement sécession. Dans le pays régnait le désordre le plus absolu qui dissociait la capitale de son territoire, chaque règne depuis celui conjoint de Ptolémée VI et de Ptolémée VIII étant l'occasion pour l'Égypte de « divorcer d'avec la ville ». C'est à Rome, d'ailleurs, car le palais lui-même avait cessé d'être le centre d'un pouvoir quelconque sur le pays qu'il prétendait régir, que les uns et les autres des souverains qui se disputaient le diadème allaient chercher l'autorisation de régner à Alexandrie ; c'est à Éphèse que, réfugié dans le temple d'Artémis, Ptolémée XII le Flûtiste, attendit que le gouverneur romain de la province de Syrie voulût bien le faire rentrer chez lui.

❑ ***L'effondrement du pouvoir séleucide en Orient*** avait commencé durant le règne de Séleucos Callinicos (246-226). Il était en grande partie la conséquence de ce que les responsables des satrapies orientales, Andragoras ou Diodote, comprirent qu'ils n'avaient plus rien à attendre d'un souverain retenu en Occident par une guerre fratricide qui l'opposait à Antiochos Hiérax. Ils devaient protéger leurs administrés contre les menaces venues des steppes, préserver la vigueur d'une culture grecque qui s'accommodait sans s'affadir d'une étroite symbiose avec les indigènes, mais dont il eût peut-être été mal compris qu'elle voulût imposer de surcroît une fidélité inutile à des souverains lointains et impuissants. Quand les royaumes grecs de Bactriane furent assez forts pour devenir expansionnistes, leur maître, Démétrios, se fit représenter sur les monnaies coiffé du scalp d'éléphant : il assumait ainsi, pour son compte, la succession d'Alexandre, et devint roi dans l'Inde. Son successeur Ménandre, dans la seconde moitié du IIe siècle, sut se rendre capable d'atteindre, au-delà des bornes posées par le conquérant, le delta du Gange. L'un et l'autre démontraient, par leurs actes, que l'hellénisme était capable de survivre, de construire et de prospérer malgré les difficultés procurées par les immenses mouvements de peuples qui bouleversaient l'Asie, de concevoir des projets ambitieux sans oublier d'y faire participer leurs sujets d'origine locale. Ils le faisaient sans contact politique avec les rois hellènes descendants des diadoques repliés sur leur mer intérieure et l'espace réduit de leur capitale, avant même que les Romains ne fussent venus les priver de tout pouvoir.

❑ *Les nouveaux royaumes.* Les cités grecques de Chersonnèse, au nord de la mer Noire, savaient de quel secours leur était Mithridate, roi du Pont descendant des sept sages perses qui « fut le premier à dresser un trophée de la défaite des Scythes » que l'on croyait invincibles et contre lesquels un préfet d'Alexandre le Grand lui-même avait perdu sa vie et son armée. Ce roi d'origine barbare, de culture grecque, qui ne renia jamais ses racines orientales, réussit à inverser pour un temps le cours de l'histoire dont Polybe avait cru qu'il était irréversible et conduisait sans rupture à la domination de Rome sur le monde. C'est lui qui fut le dernier des grands conquérants grecs. Il obligea les Romains à quitter l'Asie Mineure que leurs gouverneurs, les collecteurs d'impôts et les profiteurs de tout acabit qu'ils protégeaient pillaient de façon éhontée, à les combattre en Grèce même. Il réussit à se faire accepter comme roi par l'ensemble des cités de l'ancienne province d'Asie qui le désignèrent comme « bienfaiteur et sauveur », et même dans la cité d'Athènes. Sans doute pensait-il avoir le droit de rêver lui aussi à une grande expédition vers l'Occident et pouvoir se présenter comme un nouvel Alexandre.

C'est grâce à lui, grâce à des souverains comme Tigrane d'Arménie que les rois réussissaient, au Iᵉʳ siècle, à prouver, aux cités grecques, que leur présence était utile. Quand les villes de Syrie furent lasses de l'anarchie qui régnait dans le royaume séleucide, quand la liberté que les souverains (Antiochos VIII et IX, Démétrios III, Philippe Iᵉʳ) leur offrait généreusement pour se les concilier ne suffit plus à leur faire oublier qu'il aurait fallu que l'ordre y règne, les gens d'Antioche firent appel au roi d'Arménie (83) pour régir le pays. Il régna sur la Syrie (hors Séleucie de Piérie qui lui ferma ses portes), l'administrant par l'intermédiaire d'un homme de confiance, pendant quatorze années qui furent prospères et heureuses. Il laissait leur liberté aux villes qui continuèrent de frapper monnaie à leur type. Pour se rapprocher de ses nouvelles possessions il avait déplacé la capitale de son empire, fondant Tigranocerte qu'il avait peuplée d'Hellènes venus de Cilicie et de Cappadoce. Pompée l'obligea à quitter la région. Antiochos XIII, qui n'était qu'une marionnette dans les mains d'un prince arabe d'Émèse fut, après lui, le dernier souverain de la dynastie séleucide, mais les Romains le chassèrent car « il n'était pas convenable que les Séleucides que Tigrane avait chassés de leur royaume, continuent de régir la Syrie alors que les Romains venaient de vaincre Tigrane » (Appien, *Syriakè*, 48-49).

On pourrait aussi rappeler que les Parthes, lorsqu'ils écrasèrent Crassus, à la bataille de Carrhes, en 53, le firent selon le mode de guerre caractéristique de leur barbarie. Car, de même que les Scythes savaient le faire, ils avaient pratiqué l'art de tuer avec leurs flèches tout en s'enfuyant dans les solitudes de sables où les Romains n'avaient été capables ni de voir leur ennemi ni de marcher assez pour lui échapper. C'est en Hellènes, néanmoins, qu'ils célébrèrent leur victoire et même les outrances de leur joie furent plus grecques que barbares. Ils firent participer la cité de Séleucie du Tigre aux réjouissances et, dans cette ville où l'on connaissait si bien ce qu'était la culture hellénique, leur cortège parut « parthique » par son caractère exubérant, mais le raffinement de son organisation le faisait comparer à ce qui se faisait lors des fêtes de Sybaris, l'antique cité de la Sicile. À la cour d'Orodès dont on prétendait que les ancêtres avaient eu pour mère des « courtisanes ioniennes de Milet », on connaissait parfaitement la langue et les lettres grecques : quand on lui apporta la tête de Crassus, le roi venait de se lever d'un banquet où il avait pour invité le roi d'Arménie, Artavasdès, qui « composait des tragédies et des œuvres de prose » comme jadis Denys de Syracuse. « Un acteur tragique, Jason, originaire de Tralles de Lydie, chantait, devant eux, le rôle d'Agavè dans les *Bacchantes* d'Euripide et y remportait un grand succès. Jason prit dans ses mains la tête de Crassus et, jouant à nouveau le délire dionysiaque, chanta ces vers avec transport » ; « Nous apportons de la montagne au palais, un lierre fraîchement coupé, heureux trophée de chasse » : telle fut la fin à laquelle aboutit l'expédition de Crassus, se dénouant en tragédie (Plutarque, *Vie de Crassus*, 32-33), en un jeu d'une culture se développant à plusieurs niveaux pour déposséder l'adversaire de sa belle mort et l'outrager à la manière dont les héros de l'épopée homérique savaient le faire.

C'est sous le commandement d'un prince de Commagène, enfin, que des Macédoniens parurent pour la dernière fois au combat en unités constituées. Ce fut lors du siège de Jérusalem, en 70 après J.-C. ; « tous de haute taille, à peine sortis de l'adolescence, ils avaient été armés et instruits à la macédonienne bien que beaucoup ne fussent pas de race macédonienne » ; pour être dignes de leurs anciens, ils s'élancèrent derrière leur chef, le prince Antiochos, et furent tous durement éprouvés. Ils mirent un point d'honneur à continuer le combat mais, finalement, ils battirent en retraite, « apprenant que même d'authentiques Macédoniens devaient avoir, pour vaincre, la fortune d'Alexandre » (Flavius Josèphe, *La Guerre des Juifs*, 5, 11, 3).

Les Hellènes avaient, d'une certaine façon, le choix entre deux pôles auxquels se rattacher. Ils auraient pu vouloir lier leur hellénisme à celui des princes orientaux qui le prolongeaient. Ils furent amenés à se soumettre à Rome qui se prétendit capable de succéder à la Grèce des vainqueurs de Marathon, quand elle décrivit la guerre qu'elle mena contre Antiochos III comme de nouvelles guerres médiques, et voulut faire croire que c'est en songeant « aux Perses et à l'Orient, à Xerxès et à Darius » (Florus, I, 24, 2) que ses armées franchirent l'Égée pour passer en Asie, au début du IIe siècle. Ainsi fut mis en place un système euro-centrique qui rejetait les rois d'Orient quelque hellénisés qu'ils fussent dans le monde des Barbares. À la fin de la première guerre contre Mithridate, la province d'Asie se reconstitua dans le cadre idéologique et territorial qu'Isocrate avait défini pour Philippe de Macédoine, quand il lui demandait de « détruire le royaume perse tout entier, ou du moins, d'y borner un territoire qui fût le plus grand possible, en coupant l'Asie de la Cilicie à Sinope, d'y fonder des cités et d'y établir tous ceux qui sans ressources erraient à travers la Grèce, de faire qu'elles soient la frontière de la Grèce, et qu'elles la protègent » (Isocrate, *Philippe*, 125). Ce monde assiégé, protégé par une ligne de cités forteresses, c'est celui que décrivirent les gens d'Éphèse quand, soucieux de s'excuser auprès des Romains de ce qu'ils se fussent sans coup férir soumis au roi du Pont, ils expliquèrent qu'ils n'étaient tombés en son pouvoir que parce que la ceinture des villes qui protégeaient la province d'Asie, l'Ionie, s'était ouverte, qu'ils avaient conservé « leurs anciens sentiments de dévouement envers les Romains sauveurs communs et se conformaient volontiers à tous leurs commandements, mais que Mithridate, contrevenant aux traités avec les Romains et ayant rassemblé ses forces, tenta de s'emparer d'un territoire qui ne lui appartenait pas, il avait pris les villes situées en avant de la leur par ruse et avait réussi aussi à s'emparer de leur ville, la frappant de terreur » (*Inscriptions historiques grecques*, n° 142). Les Romains apprenaient ainsi des Grecs que les bornes de la civilisation qu'Alexandre avait portées aux limites de la terre étaient de nouveau proches, et que les Barbares étaient aux portes de l'empire.

DOCUMENTS

■ Le domaine royal

– Don de terres

Sous la prêtrise de Kydias, Cassandre, roi de Macédoine, donne à Perdiccas, fils de Koinos, le domaine situé dans le territoire de Sinos, et celui qui est près de Trapézous, terrains que Polémocratès, son aïeul, a reçu comme allocataire, celui aussi que son père a reçu sous Philippe, à titre de bien patrimonial, aux conditions auxquelles Philippe les a donnés à eux et à leurs descendants, avec le droit de les garder en leur possession ou de les aliéner par échange ou par vente; de même le domaine situé à Spartolos qu'il a acquis pour de l'argent de Ptolémaios, Cassandre le lui donne à titre patrimonial, pour lui et pour ses descendants, avec le droit de le garder en leur possession ou de l'aliéner par échange ou par vente, aux conditions auxquelles Alexandre l'a donné à Ptolémaios, père de Ptolémaios; il lui donne également l'immunité fiscale, à lui et à ses enfants, pour toute sortie ou entrée de biens dans son domaine.

J.-M. Bertrand, *L'Hellénisme*, p. 175.

— *Dossier de la vente de terres à Laodice (253)*

Copie de l'ordre, obéis aux termes de la lettre royale, donne à contrat la gravure de la stèle sur laquelle sera gravée la vente et le bornage, sur deux stèles et fais les ériger, l'une dans le sanctuaire d'Artémis d'Éphèse, l'autre dans celui d'Apollon à Didymes, prend pour ce faire sur les fonds du trésor royal. Occupe-toi de ce que la gravure se fasse le plus vite possible, et écrit-nous quand cela sera fait. Nous avons écrit à Timoxénos l'archiviste, d'enregistrer la vente et le bornage dans les archives royales de Sardes, comme le roi a écrit de le faire. Année 59, mois de Daisios.

Le roi Antiochos à Métrophanès, salut. Nous avons vendu à Laodice le village de Pannos, la maison forte, et le territoire appartenant au village, borné par le terroir de Zélitide, celui de Cyzique, l'ancienne route, celle-ci conduisait au village de Pannos, mais elle a été labourée par les paysans des alentours qui voulaient s'approprier le terrain, quand le village de Pannos n'existait pas encore, ainsi que tous les lieux-dits qui appartiennent à ce terroir, les paysans qui y sont attachés, y compris les paysans du village qui sont allés ailleurs, avec leurs biens et les revenus de l'année cinquante-neuf, soit trente talents. Pour ce domaine, elle ne paiera pas de taxe au trésor royal, et sera en droit de le rattacher à la cité de son choix, ceux qui le lui achèteront ou le recevront d'elle de quelque façon que ce soit, seront en droit de le rattacher à la cité qu'ils voudront si Laodice ne l'a pas encore fait, dans le cas contraire, ils jouiront de leur droit de propriété au lieu auquel Laodice aura effectué le rattachement. Nous avons ordonné que paiement sera effectué à la trésorerie de Strateia, en trois versements, le premier, au mois d'Audnaios de la soixantième année, le second au mois de Xandicos, le troisième dans les trois mois qui suivront. Ordonne que soient transmis à Arridaios, l'intendant des propriétés de Laodice, le village, la maison forte, le terroir attenant, et les paysans qui y habitent avec leurs biens, que la vente soit inscrite dans les archives royales, à Sardes, et sur cinq stèles qui seront érigées, la première, dans le sanctuaire d'Athéna, à Ilion, la seconde, dans celui de Samothrace, la troisième à Éphèse dans le temple d'Artémis, la quatrième à Didyme, dans le sanctuaire d'Apollon, la cinquième à Sardes, dans le sanctuaire d'Artémis. Ordonne que le domaine soit rapidement mesuré et délimité par des bornes, et que ce bornage soit repris sur les stèles susdites.

Copie du bornage, village de Pannos, la maison forte, les paysans qui s'y trouvent ; ont été transmis à Arridaios qui gère les propriétés de Laodice par — cratès, l'hyparque, le village, la maison forte et le territoire attenant, selon l'ordre de Nicomachos, l'économe, de procéder à ce bornage, auquel était joint celui de Métrophanès et celui que le roi avait écrit à celui-ci. Limite : depuis le levant jusqu'au territoire de Zélitide adjacent au territoire de Cyzique, la route royale ancienne qui mène au village de Pannos et à la maison forte, elle nous a été montrée par Ménékratès fils de Bacchios de Pythocômè, Daos fils d'Azarétos, et Médeios fils de Métrodoros du village de Pannos, elle a été labourée par les voisins de l'endroit ; de là jusqu'à l'autel de Zeus qui se trouve au-dessus de la maison forte, sur la droite de la route, de même que le tombeau ; du tombeau, la route royale qui mène à travers l'Eupannèse jusqu'au fleuve Aisèpos. Le terrain a été borné au long des limites ainsi définies.

Ibid., p. 176.

— *Failaka, île du golfe Persique*

Anaxarchos, aux habitants d'Ikaros, salut. Nous vous transmettons, ci-dessous, copie de la lettre que nous a envoyée Ikadion, aussitôt que vous l'aurez reçue, faites-la graver sur une stèle et exposez-la dans le temple. Année 109 (204), le 27 d'Artémision.

Ikadion à Anaxarchos. Salut. Le roi s'occupe de l'île d'Ikaros. Ses ancêtres ont consacré les terrains et ont décidé de déplacer le sanctuaire de la protectrice, et ils ont écrit aux fonctionnaires de le faire ; ceux-ci, soit pour n'avoir pu le faire, soit pour une autre raison, ne l'ont pas déplacé. Nous, dès que le roi nous l'a demandé par une lettre, nous l'avons fait et nous avons établi un concours gymnique et musical, voulant faire ce qui est conforme à la volonté politique du roi et de ses ancêtres. Veille à ce que les résidents dans l'île, les desservants du temple, et les autres — qu'ils obtiennent ce à quoi ils ont droit, que personne ne leur fasse du tort ni ne les fasse partir. Si tel d'entre eux veut acquérir une propriété privée dans l'île, désigne-leur une terre qu'ils pourront conserver à titre de bien patrimonial, quand ils l'auront travaillée et plantée d'arbres; qu'ils jouissent aussi de l'immunité que les ancêtres du roi leur ont accordée pour tout ce qu'ils feront venir du royaume dans l'île; mais (que personne n'ait le droit d'exporter du grain?) ni rien d'autre vers l'Arabie — qu'ils n'aient pas de difficultés — ordonne que cette lettre soit inscrite et exposée dans le sanctuaire.

Ibid., p.178.

Conclusion

Les royaumes hellénistiques ne surent pas succéder à l'empire perse et durer. Ils disparurent relativement vite du paysage politique et Rome installa sur leurs ruines un empire qui sut occuper seul la totalité d'un espace géographique clair, homogène et clos. Le monde romain passa donc pour avoir englobé la terre entière. Cela contredisait l'évidence et le vécu des Orientaux, mais cela faisait oublier que les souverains avaient dû, pour accomplir leur mission de roi, rêver de conquêtes indiennes. Les parcours étaient aisés dans l'empire, que ce fût en lignes intérieures, ou sur les rocades qui en définissaient les contours. Le centre originel, Rome, resta longtemps l'unique capitale. Il put organiser le système des échanges avec ses diverses zones périphériques et maintenir la cohésion de l'ensemble.

Les Grecs avaient été incapables de faire fonctionner des systèmes impériaux : ils avaient réussi à en élaborer la théorie, ils s'étaient révélés inaptes à les faire durer et ils en étaient restés, tout naturellement, à l'idée que la cité était la seule forme étatique viable. N'ayant jamais pu renoncer à l'idée que le monde devait être polynucléaire et que la liberté individuelle et collective impliquait que fût préservée l'existence d'une multiplicité de groupements humains vivant de façon autonome dans un espace segmenté, ils ne purent établir de royaume qui prît le droit de nier l'évidence, toujours répétée, toujours perçue, qui faisait de chaque homme grec, par nature, le membre d'un groupe politique.

Alexandre n'eut pas le temps d'aller contre ce principe ou bien de le dépasser. Le jeu des cités fidèles à leur tradition, que l'incapacité des *diadoques* à proposer d'autres modes de réflexion laissa maîtres du discours idéologique, consista à mettre en place et à faire fonctionner les équilibres nécessaires pour rendre inefficaces les grands pouvoirs. Les royaumes finirent ainsi par se décomposer, se divisant au long des lignes de partage naturelles qu'ils n'avaient pas su effacer : divers peuples indigènes trouvèrent alors une forme étatique et acquirent dans les cadres qui leur furent propres dignité et liberté ; les cités grecques survécurent aux rois. Ceux-ci semblèrent n'avoir eu, de cette façon, dans le cours de l'histoire, qu'une nécessité transitoire. Leur intervention avait été souhaitée pour qu'un terme fût mis aux perversions de la division entre les Hellènes ; ils disparurent quand un pouvoir plus fort put les remplacer pour remplir la fonction qu'on leur avait confiée.

Durant les bouleversements de l'époque hellénistique, le rapport de la cité à l'espace de son territoire s'était quelque peu modifié. L'idée que la ville et la campagne étaient bien deux mondes séparés était désormais parfaitement admise. On savait bien que l'une dominait l'autre, que l'unité du corps politique était un leurre et que l'espace politique ne pouvait pas être homogène dans sa diversité. Cela clarifiait le rapport de l'homme au terroir; l'urbanité acceptait sa spécificité fonctionnelle et idéologique, au lieu de prétendre en nier la nécessité et de rêver à une égalité formelle et inapplicable avec les peuples des campagnes. Pourtant, s'il acceptait ainsi de rendre compte du réel, le discours politique continuait d'être capable de bâtir les mondes à la dimension des rêves des hommes, quand il le fallait.

À la fin du IIe siècle après J.-C., les Byzantins avaient choisi de rester fidèles à Pescennius Niger qui venait d'échouer à prendre le pouvoir dans l'Empire romain. Ils durent soutenir, durant plus de trois ans, un siège contre Septime Sévère et contre « la terre entière » (Dion Cassius, *Histoires*, 75, 12, 1). Quand ils ne surent plus comment garder closes leurs murailles, ils décidèrent de fuir en bateau pour s'installer ailleurs, dans un lieu dont ils voulaient qu'il existât, un territoire mythique qu'ils espéraient découvrir parce qu'ils avaient pensé qu'il était fait pour eux puisqu'ils avaient été capables de dire qu'ils y allaient. Le monde était entièrement contrôlé par Rome et par son prince, mais le territoire du politique n'était pas un donné de la géographie ; il pouvait se construire à la mesure des discours d'une assemblée.

C'est pour cela que la culture grecque, ne cessant jamais de construire des images de la cité parfaite, put continuer de décrire l'ensemble de l'espace politique comme un terroir consubstantiel à elle, vécu dans l'harmonieuse conjonction de toutes ses composantes, par tous les membres qui la constituaient, que toute perception de la réalité continua de céder à la nécessité de décrire un monde social parfaitement organisé pour la jouissance d'une urbanité qui ne fût pas séparation d'avec la nature cultivée ; car on n'acceptait pas, en son âme, de devoir perdre le contact charnel avec la terre nourricière. Ælius Aristide, dans son *Éloge de Rome*, sut présenter, parce qu'il souhaitait qu'il pût être dit tel, l'empire romain comme une cité unique, homogène malgré son immensité, la présence de la mer et la division entre les continents qui le constituaient. Tous les hommes y vivaient la même démocratie, et se rassemblaient « sur une agora commune », Rome (*Éloge de Rome*, § 60). La ville n'était pas séparée de l'ensemble des terres qu'elle régissait par un rempart, et les murailles de la cité étaient rejetées aux bordures mêmes de la terre habitée : la forme politique se résolvait ainsi en cadre urbain englobant la totalité des terroirs possibles. Pour effacer l'existence des différences entre les hommes des villes et ceux des champs, pour amener tous les humains au même degré d'humanité, le rhéteur-philosophe niait la nécessité pour une ville d'avoir une campagne. La question de savoir si la ville continuerait d'exister dans cette forme extensive n'était pas posée.

Les jeux de la description continuaient ainsi de construire la cité et de la déconstruire, en jouant de la définition de ses frontières intérieures, jeux de découpe territoriale toujours repris, toujours revécus, depuis l'époque des premiers colons, depuis celle de Clisthène, d'Hippodamos ou bien de Périclès. Pourtant, hommes et terres, villes et campagnes, ne réussissaient jamais à se situer en pratique à une place qui parût satisfaisante : ce que prétendit être la cité, aussitôt qu'elle sut parler, n'existait jamais, en effet, ailleurs que dans le désir que l'on avait d'elle. Elle ne put ainsi trouver à se fixer en une forme qui ne fût pas image, ou discours, ni se satisfaire, non plus, des rapports que le quotidien établissait entre les divers espaces qui la constituaient.

Glossaire

agora : place où se réunissent les citoyens; dans certaines cités, on distingue l'agora politique réservée aux loisirs et aux discussions des citoyens, de l'agora marchande où se tient le marché.

anachorèse : en Égypte hellénistique et romaine, fuite des paysans, qui abandonnent leurs champs pour Alexandrie ou les confins déserts du territoire.

archonte : magistrat, titre générique ou spécifique.

asty : ville, centre urbain, en général fortifié.

boulè : dans un très grand nombre de cités grecques, désigne une assemblée restreinte qui a pour fonction de préparer le travail de l'assemblée plénière des citoyens.

chôra : au sens littéral, place, espace; dans le langage technique, territoire d'une cité grecque; dans un royaume hellénistique, désigne l'ensemble des terres assujetties et exploitées par le souverain.

cléros (pl. cléroi) : lot de terres attribué au membre d'une cité, coloniale ou non; dans le monde hellénistique, le mot désigne un domaine donné à un colon militaire pour son entretien.

clérouque : dans l'empire athénien et en Égypte hellénistique, détenteur d'un cléros.

colonie : cité fondée par les Grecs hors de leur zone de peuplement originel.

dème : petit territoire, village; le mot, en Attique, désigne, après la réforme de Clisthène, les plus petites des subdivisions administratives du territoire politique.

diœcisme : éclatement d'une cité en unités politiques indépendantes.

dôrea : cadeau, le mot désigne tout territoire attribué par un souverain à un organisme politique ou à un particulier.

épistate : magistrat, le mot désigne notamment les commissaires nommés par les rois hellénistiques pour surveiller l'administration de certaines cités sujettes.

eschatiai : territoires de confins.

hégémôn : État, ou souverain, chargé de diriger les opérations militaires d'une coalition; il peut profiter de sa puissance pour assujettir ses alliés.

hérôon : temple construit en l'honneur d'un héros.

hilotes : à Sparte, paysans dépendants.

hoplite : fantassin lourd; pour combattre, les hoplites se rangent en une formation serrée, la phalange.

hyparchie : dans le royaume séleucide, l'une des circonscriptions territoriales primaires.

liturgie : impôt payé par les plus riches d'entre les citoyens sous forme de prestation de service (armement d'un navire, entretien d'un chœur tragique).

métropole : cité d'où partent les fondateurs d'une colonie; en Égypte, principal village d'un nome qui lui tient lieu de capitale.

nome : en Égypte, principale circonscription de l'administration territoriale.

œciste : fondateur d'une colonie, il est à sa mort honoré d'un culte héroïque.

pérée : partie du territoire politique séparé du reste du terroir par un obstacle naturel significatif (bras de mer, fleuve).

périèques : littéralement habitants du pourtour ; désigne, dans la cité lacédémonienne, les membres des cités situées à la périphérie de Sparte et lui obéissant; dans certaines régions d'Asie Mineure, les périèques sont des paysans vivant sur le territoire de la cité : habitant les villages, ils sont associés aux décisions de l'assemblée politique.

polis : au sens restrictif, ville; au sens le plus courant, cité.

prytanée : salle où se réunissent les magistrats assurant la permanence ; c'est là que l'on invite les hôtes publics à des repas ; ce lieu est donc considéré comme le foyer de la cité.

satrapie : province du royaume perse, dirigée par un satrape ; le mot sera conservé dans le vocabulaire administratif des rois séleucides.

symmachia : alliance, désigne l'ensemble des alliés d'une cité hégémonique ; peut désigner un empire ; dans le royaume séleucide, sert à désigner les diverses régions jouissant de la liberté octroyée.

synèdre : membre d'une assemblée confédérale ou fédérale.

synœcisme : regroupement de plusieurs villages pour constituer une cité ; le mot peut signifier aussi le regroupement en une seule de plusieurs cités indépendantes ou l'absorption d'une cité par une autre.

trittye : subdivision du territoire athénien inventée par Clisthène lors de la réforme de 508 ; on distingue les trittyes de l'intérieur (mésogée), de celles de la côte (paralie) et de celles de la ville (asty).

Bibliographie

Les manuels traitant des divers aspects de l'Histoire grecque sont désormais nombreux.

On conseillera celui de M.C. Amouretti et F. Ruzé, *Le Monde grec antique,* col. Hachette Université, Paris, 1991, celui de C. Mossé et A. Schnapp-Gourbeillon, *Précis d'Histoire grecque,* Paris, 1990, qui fait une grande place à l'histoire de la Grèce archaïque. Ed. Will a procuré, sous le titre *Le Monde grec et l'Orient, I, Le Cinquième siècle; II, Le Quatrième siècle et le monde hellénistique* (avec la collaboration de C. Mossé et P. Goukowski, pour ce second volume), une histoire de la Grèce classique, de l'empire d'Alexandre et de l'époque hellénistique ; l'un et l'autre volumes ont été réédités récemment et la bibliographie en est importante (Paris, 1989 et 1990).

Pour une connaissance plus approfondie de l'époque hellénistique, on doit lire C. Préaux, *Le Monde hellénistique, la Grèce et l'Orient,* Paris, 1978-1988 (2e édition avec une mise à jour bibliographique).

La plupart des textes anciens que nous citons sont publiés et traduits dans la CUF aux éditions G. Budé, les quelques inscriptions auxquelles nous renvoyons sont publiées dans W. Dittenberger, *Sylloge Inscriptionum graecarum,* 3e édition, 1915-1924, (*Syll*^{3}) et *Orientis graeci Inscriptiones selectae,* 1903-1905 (OGI), J. Pouilloux, *Choix d'inscriptions grecques,* Paris, 1960, Institut Fernand Courby, *Nouveau choix d'inscriptions grecques,* Paris, 1971, ou bien, dans deux recueils que nous avons procurés, *L'Hellénisme. Rois, cités et peuples,* A. Colin, Paris, 1992 et *Inscriptions historiques grecques*, Paris, Les Belles Lettres, 1992.

Les ouvrages, essentiellement en langue française, dont nous faisons ci-dessous état, permettent de suivre nos raisonnements et de les prolonger. Cette bibliographie n'a pour seule prétention que d'être une ouverture vers d'autres lectures.

Achaemenid History, Kuhrt A. et Sancisi-Weerdenburg H., ed., Leyde, 1986 et années suivantes.

Architecture et société de l'archaïsme grec à la fin de la République romaine (Colloque international du CNRS, Rome, 1980), Rome, 1983.

Atti del Convegno Internazionale, Grecia, Italia e Sicilia nell'VIII e VII secolo a. C., Annuario della Scuola Archeologica di Atene, Rome, 1981.

BALLABRIGA A., *Le soleil et le Tartare. L'image mythique du monde en Grèce archaïque,* Paris, 1986.

BERTRAND J.-M., « Territoire donné, Territoire attribué. Note sur la pratique de l'attribution dans le monde impérial de Rome », *Cahiers du Centre G. Glotz,* II, 1991, pp. 125-164.

BICKERMAN E., *Les Institutions des Séleucides,* Paris, 1938.

BRIANT P., *Rois, Tributs, Paysans,* Annales littéraires de l'Université de Besançon, Paris, 1982.

CALAME C., *Thésée et l'imaginaire athénien,* Paris, 1990.

CASEVITZ M., *Le Vocabulaire de la colonisation en grec ancien,* Paris, 1985.

DAVERIO-ROCCHI G., *Frontiera e confini nelle Grecia antica,* Rome, 1988.

DÉTIENNE M., ed, *Tracés de Fondation,* Louvain, 1990.

DOWNEY S.B., *Mesopotamian religious architecture. Alexander through the Parthians,* Princeton, 1988.

DUCAT J., *Les Hilotes (Bulletin de correspondance hellénique,* Supplément XX), Athènes, 1990.

DURAND J.L., *Sacrifice et labour en Grèce ancienne,* Paris, 1986.

FINLEY M. ed., *Problèmes de la terre en Grèce ancienne,* La Haye-Paris, 1973.

GARLAN Y., *Recherches de Poliorcétique grecque,* Paris, 1974.

GNOLI G., VERNANT J.-P., ed., *La mort, les morts dans les sociétés anciennes,* Paris, 1982.

GOUKOWSKY P., *Essai sur le mythe d'Alexandre,* Nancy, 1978-1981.

HAMMOND N.G.L., *The Macedonian State,* Oxford, 1989.

HUOT J.L., ed., *La Ville neuve, une idée de l'Antiquité,* Paris, 1988.

ILARI V., *Guerra e diritto nel mondo antico,* Turin, 1980.

KIRSTEN E., *Die griechische Polis als historisch-geographisches Problem,* Colloquium geographicum, V, 1956.

KOJÈVE A., *Esquisse d'une phénoménologie du droit,* Paris, 1981.

KUHRT A., SHERWIN WHITE S., ed., *Hellenism in the East,* Londres, 1987.

La Città e il suo Territorio. Atti del Settimo convegno di Studi sulla Magna Grecia, Tarente, 1968.

La Fortification dans l'histoire du monde grec (colloque international du CNRS, 1982), Paris, 1986.

La Géographie administrative et politique d'Alexandre à Mahomet (colloque de Strasbourg), Strasbourg, 1979.

Le Plateau iranien et l'Asie centrale, des origines à la conquête islamique (Actes du colloque international du CNRS, 1976), Paris, 1977.

LÉVÊQUE P., VIDAL-NAQUET P., *Clisthène l'Athénien,* Paris, 1983.

LE RIDER G., « Les Alexandres d'argent en Asie Mineure et dans l'Orient séleucide au IIIe siècle av. J.-C. », *Journal des Savants*, 1986, pp. 1-51.

MALKIN L., *Religion and colonization in ancient Greece,* Leyde-New York, 1987.

MARTIN R., *L'Urbanisme dans la Grèce antique,* Paris, 1974.
MARTIN R., *Architecture et urbanisme,* Paris, 1987.
MARTIN V., *La Vie internationale des cités grecques,* Paris, 1940.
MÉLÈZE-MODRZEJEWSKI J., « Le statut des Hellènes dans l'Égypte lagide », *Revue des Études Grecques,* 96, 1983, pp. 241-268.
Modes de contact et processus de transformation dans les sociétés anciennes (Colloque de Crotone, 1981), Pise-Rome, 1983.
NICOLET Cl., *L'Inventaire du Monde,* Paris, 1988.
OSBORNE R., *Classical Landscape with Figures. The ancient greek City and its Countryside,* Londres, 1987.
OSBORNE R., *Demos. The discovery of classical Attika,* Oxford, 1985.
PIÉRART M., *Platon et la cité grecque. Théorie et réalité dans la constitution des Lois,* Bruxelles, 1974.
POLIGNAC F.DE, *La Naissance de la Cité grecque,* Paris, 1984.
SCHNAPP A., éd., *L'Archéologie aujourd'hui,* Paris, 1980.
Sociétés urbaines, sociétés rurales dans l'Asie Mineure et la Syrie hellénistiques et romaines (Colloque de Strasbourg, 1985), Strasbourg, 1987.
SORDI M. ed., *Il confine nel mondo classico,* Istituto di Storia antica, 13, Milan, 1987.
VAN EFFENTERRE H., *La Cité grecque des origines à la défaite de Marathon,* Paris, 1985.
VERNANT J.P., ed., *Problèmes de la guerre en Grèce ancienne,* La Haye-Paris, 1968.
VIDAL-NAQUET P., *Le Chasseur Noir,* Paris, 1981.
WHITEHEAD D., *The demes of Attica,* Princeton, 1986.
WILL E., *Histoire politique du monde hellénistique,* 2e éd., 1979-1982.

Table

Table des documents

Table des cartes et des planches

Collection CARRÉ HISTOIRE

- Benoît GARNOT, *Société, cultures et genres de vie dans la France moderne, XVIe-XVIIIe siècle.*
- Gérard CHOLVY, *La Religion en France de la fin du XVIIIe à nos jours.*
- Pascal GRISET, *Les Révolutions de la communication. XIXe-XXe siècle.*
- Jean-Philippe GENET, *Le Monde au Moyen Age.*
- Jean LEDUC, *Histoire de la France : l'enracinement de la République, 1879-1918.*
- Guy PERVILLÉ, *De l'Empire français à la décolonisation.*
- Hubert NÉANT, *La Politique en France, XIXe-XXe siècle.*
- Pierre ALBERTINI, *L'École en France, XIXe-XXe siècle.*
- Jean-Luc PINOL, *Le monde des villes au XIXe siècle.*
- Danièle ZÉRAFFA-DRAY, *Histoire de la France, d'une République à l'autre : 1918-1958.*
- André GUESLIN, *L'État, l'économie et la société française, XIXe-XXe siècle.*
- Jacques MAURICE, Carlos SERRANO, *L'Espagne au XXe siècle.*
- Raphaël CARRASCO, *l'Espagne classique, 1474-1814.*
- Gérard NOIRIEL, *Population, immigration et identité nationale en France. XIXe-XXe siècle.*

Imprimé en France par I.M.E. - 25110 Baume-les-Dames
Dépôt légal n° 0259-11/1992
Collection n° 80 - Edition n° 01
14/4698/8